명 언 철 학 사

그래서 철학자는 이렇게 말했다

CIP : 「이 도서의 국립중앙도서관 출판예정도서목록(CIP)은 서지정보유통지원시스템 홈페이지(http://seoji. nl.go.kr)와 국가자료공동목록시스템(http://www.nl.go.kr/kolisnet)에서 이용하실 수 있습니다.(CIP제어번호: CIP2017003166)」

명언 철학사

ⓒ강대석 2017

초판 1쇄 발행일 2017년 2월 24일

지 은 이	강대석
펴 낸 이	이정원
책임편집	선우미정
디 자 인	배기열
마 케 팅	나다연 · 이광호
경영지원	김은주 · 박소희
제 작	송세언
관 리	구법모 · 엄철용
펴 낸 곳	도서출판 들녘
등록일자	1987년 12월 12일
등록번호	10-156
주 소	경기도 파주시 회동길 198번지
전 화	편집부 031-955-7385 마케팅 031-955-7378
팩시밀리	031-955-7393
홈페이지	www.ddd21.co.kr
페이스북	www.facebook.com/bluefield198
I S B N	979-11-5925-233-4 (43100)

인문
교양
015

명언 철학사

名言 哲學史

그래서 철학자는
이렇게 말했다

강대석 지음

푸른들녘

이 책은 철학과 친해지고 싶은 마음은 굴뚝같은데, 아직 방법을 찾지 못해 방황하는 철학 초보자와 청소년을 위해 쓴 것입니다. 저는 어떻게 하면 여러분에게 서양 철학의 참맛을 제대로 전달할 수 있을까 고심하다가 명언이나 간명한 문장을 통해 철학의 핵심적인 내용을 이야기하는 것이 좋겠다고 생각했습니다. 여태껏 한 번쯤 들어보았거나 앞으로 곧 만나게 될 '철학자의 말'들을 통해 접근한다면 초보자나 청소년들에게도 철학이 좀 만만하게 보이지 않을까 싶었기 때문입니다.

그러나 철학은 원래 비판적인 학문이기 때문에 철학자들의 말을 그대로 외우는 것은 큰 의미가 없습니다. 모든 철학 내용은 항상 비판적으로 음미되어야 하며, 또한 면면히 전해지는 사상의 책장에서 꺼낸 생각의 자료들을 내가 살아가는 지금 이 시점에 적용할 줄도 알아야 하지요. 저는 그런 의미에서 철학자들의 말을 단순히 소개하는 데 그치지 않고, 그 내용을 비교적 자세히 해설하고, 더 나아가 각 철학자들의 사상을 이해하는 데 도움이 될 만한 범위에서 철학자들의 생애도 간략하게 소개했습니다.

저는 서양 철학을 전공했습니다. 따라서 이 책에서는 주로 서양 철학자들의 사상이 다루어집니다. 하지만 서양에서만 훌륭한 철학자들이 활동한 것은 아니에요. 인도, 중국, 일본 등 아시아는 물론 아라비아에도 뛰어난 철학자들이 많았어요. 이들에 대한 좋은 안내서가 곧 나와 이 책을 보충해주었으면 좋겠습니다.

이 책에 나와 있는 명언들은 철학자들이 직접 했던 말이거나 철학자들의 중심 사상을 제가 요약한 문장들입니다. 어떤 문장이 어떤 철학자의 사상을 잘 요약했다면 그가 직접 한 말과 큰 차이가 없을 테지요?

저는 요즘 많은 청년들이 확고한 신념을 갖지 못한 채 인생의 길에서 방황하고 있는 모습을 종종 목격합니다. 지상에서 유일하게 분단된 국가에서 비극적인 삶을 살아가고 있다는 것도 중요한 이유 가운데 하나일 텐데요. 이러한 상황에서 "어떻게 살아가는 것이 현명한 삶인가?"라는 질문에 대한 답을 동서고금의 철학자들을 통해서 찾을 수 있으면 좋겠습니다.

마지막으로 이 책이 유연하고 재미있는 모습을 지닐 수 있도록 편집과 교정에서 많은 수고를 해준 푸른들녘에 진심으로 감사드립니다.

2017, 강대석

| 차례 |

저자의 말...4

1장 | **생각하는 인간의 탄생** _고대 그리스 철학

탈레스	ID 서양 철학의 아버지...12
크세노파네스	ID 시 쓰는 철학자...18
파르메니데스	ID 없는 것은 없다...21
제논	ID 역설은 나의 힘...24
헤라클레이토스	ID 변증법의 시조...28
데모크리토스	ID 아버지의 유산을 책 속에!...32
프로타고라스	ID 소피스트의 대표 선수...38
트라시마코스	ID 사회 철학의 효시...44
소크라테스	ID 진리의 산파...47
플라톤	ID 동굴의 비유...54
아리스토텔레스	ID 고삐가 필요한 인물...62
디오게네스	ID 4차원 걸인 철학자...69
에피쿠로스	ID 즐거움의 철학자...73
아우렐리우스	ID 명상하는 황제...78
피론	ID 판단 중지...83

2장 | **신의 진리 vs. 인간의 진리** _서양 중·근세 철학

아우구스티누스	**ID** 반전(反轉) 인생...87	
아벨라르	**ID** 중세 스캔들 메이커...94	
아퀴나스	**ID** 말 없는 황소...101	
브루노	**ID** 진리의 순교자...112	
베이컨	**ID** 아는 것이 힘...120	
홉스	**ID** 리바이어던...126	
로크	**ID** 타블라 라사...130	
버클리	**ID** 존재하는 것은 지각되는 것...135	
흄	**ID** 지각의 묶음...139	
데카르트	**ID** 근세 철학의 아버지...145	
스피노자	**ID** 쓸쓸한 범신론자...151	
라이프니츠	**ID** 수학하는 철학자...159	
비코	**ID** 근대 사회학 및 역사 철학의 시조...164	

3장 | **이성의 세례를 받다** _프랑스 계몽 철학

베일	ID 프랑스 초기 계몽 사상가...169	
볼테르	ID 프랑스 계몽주의의 상징...175	
루소	ID 자연을 동경한 철학자...190	
라메트리	ID 인간 기계론...199	
콩디야크	ID 계몽 시대 감각론의 대표자...203	

디드로   ID 다재다능한 철학자...206
달랑베르   ID 아카데미로 들어가는 대기실 주인...214
엘베시우스   ID 프랑스 유물론 철학자...217
홀바흐   ID 인간미 넘치는 무신론자...220

4장 | 관념에서 혁신으로 _독일 고전 철학

칸트   ID 물자체(Ding an sich)...231
피히테   ID 독일 국민에게 고함...244
셸링   ID 방약무인한 천마(天馬)...248
헤겔   ID 미네르바의 올빼미...251
포이어바흐   ID 천국과 지옥을 왕래한 휴머니스트...258

5장 | 민중 속으로 _러시아 철학

체르니셰프스키   ID 삶이 곧 예술...271
플레하노프   ID 노동은 예술을 앞선다...275
레닌   ID 혁명하라!...282

6장 | 현실로 돌아가라 _서양 현대 철학

쇼펜하우어   ID 염세주의 만세...289
니체   ID 망치와 다이너마이트...297

베르그송 　ID 삶의 약동…307
맑스 　ID 무산자(無産者)의 단결…311
엥겔스 　ID 위대한 영혼…321
콩트 　ID 현상을 기술하자…332
후설 　ID 본질을 직관하다…335
프로이트 　ID 잠재의식이 너무해…340
야스퍼스 　ID 초월자의 암호…344
하이데거 　ID 언어는 존재의 집…351
퍼스 　ID 유용한 것이 진리…354
제임스 　ID 우니까 슬프다…361
듀이 　ID 아동 중심 교육…365
러셀 　ID 행동하는 양심…370
비트겐슈타인 　ID 언어야 놀자…376
카뮈 　ID 시시포스의 반항…379
사르트르 　ID 서구의 양심…385

맺는 말…394
참고 문헌…396

📋 미리알림

- 인명의 표기는 관용적인 표기법을 따랐습니다.
- 마르크스의 경우 독일어 발음에 가까운 '맑스'로 표기했습니다. 우리말로 원음에 가까운 표기가 가능한데 굳이 일본식 표기를 따라야 할지 의문이 생겼기 때문입니다.
- 저작물 가운데 단행본으로 출판된 것은 겹격쇠를, 논문이나 개별 작품은 홑격쇠로 표기했으며, 미술/음악 작품의 제목도 홑격쇠로 표기했습니다.
- 신문의 제명은 〈 〉, 잡지는 《 》로 표기했습니다.
- 본문에 사용한 모든 이미지는 〈위키피디아〉와 〈셔터스톡〉이 제공하는 자유저작권 이미지를 사용했습니다.

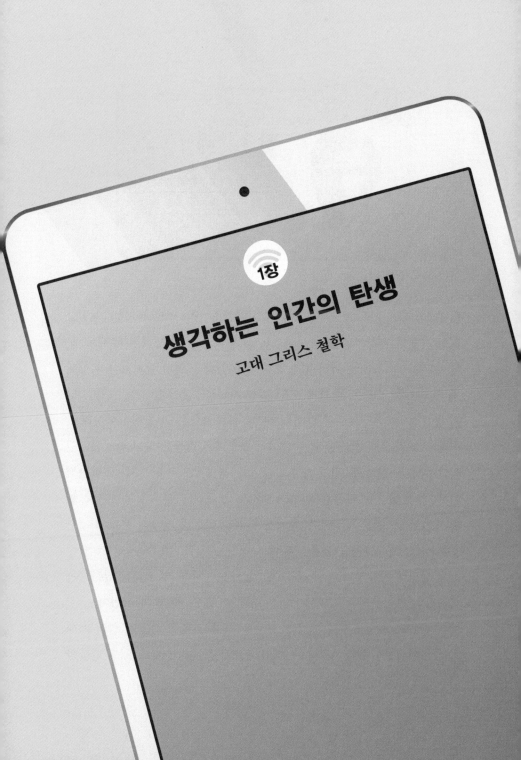

1장

생각하는 인간의 탄생

고대 그리스 철학

탈레스(Thales, 기원전 624~545)는 '서양 철학의 아버지'로 불리는 고대 그리스 최초의 철학자입니다. 사람들은 왜 탈레스를 '최초의 철학자'로 부를까요? 그 배경을 이해하려면 그가 살았던 곳을 먼저 살펴보아야 합니다. 탈레스는 그리스의 항구 도시 밀레토스에서 활동했어요. 그곳은 당시 중요한 상업 도시로서 경제적으로나 문화적으로 크게 번성했는데요. 이때 무역을 통해 전해진 많은 외국 문물들이 사람들로 하여금 전통적인 사고방식에 '딴죽'을 걸게 해주었습니다. 철학적으로 말하자면 '비판적인 시각'을 열어준 거예요. 철학의 발생이 경제적 조건과 결부된다니, 놀랍지 않나요? 물론 탈레스 이전에도 인간의 삶이나 세계의 본질에 대한 물음은 늘 제기되었습니다. 나름대로 해답도 있었지요. 하지만 그 답은 대개 상상에 의해 신화적인 방식으로 전해졌답니다. 그 시대를 살아가는 사람들이 무의식적으로 받아들인 신화일 뿐 결코 철학은 아니었어요. 철학은 신화적 사고로부터 논리적 사고로, 혹은 과학적 사고로 넘어갈 때 비로소 탄생하니까요. 이처럼 신화가 주도하던 시대에 탈레스는 "만물의 근원이 무엇인가?”라는 물음에 처음으로 ‘과학적인 방식’으로 대답한 사람입니다. 우주와 삶의 수수께끼를 신이나 기타 초월적인 존재의 작용으로 ‘안이하게’ 해석하는 기존의 사고방식에서 벗어나 그 자체의 원인을 분석하려 했거든요. 그를 최초의 철학자라 부르는 이유입니다.

만물의 근원은 물이다.

탈레스는 “만물의 근원인 아르케(arché, 원질)는 무엇인가?”라 묻고, 그것이 ‘물’이라고 대답했습니다. 물론 탈레스는 저술을 남기지 않았으므로 이 말은 훗날의 철학자 아리스토텔레스의 기록에 의한 것이라고 보아야 해요. 탈레스는 세상의 모든 것이 물이라는 원질(原質)에서 발생했다고 주장했는데, 그가 말하는 물은 오늘날처럼 화학적으로 분석되는 물이 아니라 생명력을 가진 어떤 살아 있는 물질이었습니다. 신화에 나오는 것처럼 신비적인 물이 아니라 자연에 존재하는 것이었지요. 이처럼 그의 사고방식에는 물활론*적인 요소가 있었다고 보아야 하고, 따라서 완전히 과학적이라 말할 수는 없지만, 생각의 새로운 지평을 연 것만큼은 분명합니다.

*모든 물질은 생명이나 혼, 마음을 가지고 있다고 믿는 자연관. 범심론(汎心論)의 한 형태로, 그리스의 탈레스, 독일의 헤겔 등이 주장했다.

　탈레스 이후의 그리스 철학자들도 자연 자체에서 인간의 생명을 비롯한 만물의 근원을 찾았습니다. 어떤 사람은 흙에서 모든 것이 발생한다고 주장했고, 어떤 사람은 공기에서 발생한다고 주장했어요. 엠페도클레스라는 철학자는 ‘물, 공기, 불, 흙’이라는 네 가지 기본 원소를 가정하고 그것을 ‘만물의 뿌리’라

불렀고요. 이처럼 만물의 근원이 무엇인가를 묻고 해답하는 철학 연구가 '존재론(ontology)'이라는 이름으로 수행되었는데요. 존재론은 크게 만물의 근원이 물질적인 것이라고 주장하는 '유물론(materialism)'과 정신적인 것이라고 주장하는 '관념론(idealism)'으로 나누어집니다.

세상에서 가장 어려운 일은 자기 자신을 아는 것이고, 가장 쉬운 일은 남에게 충고하는 것이다.

철학 연구는 만물의 근원이 무엇인가를 묻는 존재론에만 국한되지 않았어요. 따라서 인간이 어떻게 살아야 하는가를 탐색하는 도덕적인 문제도 나타났고, 우리가 어떤 방법으로 지식을 얻는가 하는 문제도 나타났습니다. 올바른 지식을 얻어가는 방법을 다루는 분야를 철학에서 '인식론

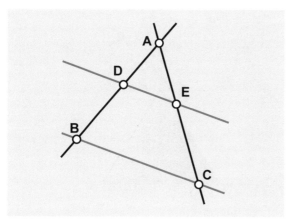
▲탈레스의 정리

(epistemology)'이라 부르는데, 근세 철학에서는 인식론이 철학 연구의 중심이 되었답니다.

그리스의 7현인 가운데 한 사람인 탈레스는 만물의 근원을 추구했을 뿐만 아니라 실천적인 지혜도 탐구했어요. 실제로 탈레스는 매우 실천적인 인물이었습니다. 자연 현상을 관찰하여 올리브 나무가 풍작이 되리라는 것을 예견하고 올리브기름을 짜는 압착기를 많이 만들어 돈을 벌기도 했고, 기원전 585년에 일어난 일식을 수학적으로 계산하여 예측하기도 했지요. 또한 "원의 지름을 빗변으로 하면서 꼭짓점이 원 둘레에 놓이는 삼각형은 모두 직각삼각형이다"라는 기하학적 원리를 발견했는데요. 이처럼 직각삼각형의 빗변에 해당하는 반원을 오늘날 '탈레스 원'이라 부릅니다.

많은 사람들이 남에게 충고하기를 좋아하지만 실제로는 자기 자신에

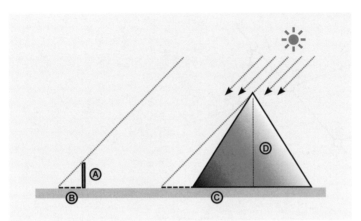

▲ 햇빛 때문에 나무 막대(A)와 똑같은 길이의 그림자(B)가 생겼다. 마찬가지로 피라미드(D)와 같은 길이의 그림자(C)가 생긴다. 탈레스는 피라미드의 그림자 길이를 측정하여 피라미드의 높이를 알아냈다.

대해서도 잘 모릅니다. "세상에서 가장 어려운 일은 자기 자신을 아는 것이고, 가장 쉬운 일은 남에게 충고하는 것이다"라는 이 말은 우리가 남에게 충고하는 데서 즐거움을 느끼기보다 자기 자신을 알려는 노력을 게을리 하지 말아야 한다는 뜻이겠지요?

철학 꿀딴죽
6hrs · 🌏

 # 최초의 철학자, 물, 탈레스의 원

물과 불은 상극인데 모든 것이 물에서 발생한다면 불도 물에서 발생하는 건가요?

탈레스가 말하는 물은 우리가 지금 사용하는 물이 아니라 원질로서의 물입니다. 그리고 불에서 물이 나오는 것보다 물, 즉 습한 것에서 건조한 것이 나온다고 생각하는 편이 더 옳지 않을까요?

👍 Like　💬 Comment　➡ Share

크세노파네스

IDENTIFICATION
시 쓰는 철학자

크세노파네스(Xenophanēs, 기원전 580~488)는 탈레스가 활동했던 밀레토스보다 조금 위쪽에 있는 콜로폰 출신의 철학자입니다. 음유시인*으로 방랑하다가 그리스의 식민 도시 엘레아에 정착하여 엘레아학파의 선구자가 되었지요. 크세노파네스는 여러 나라를 방문하여 거기서 얻은 지식을 토대로 육지가 처음에는 바다 속에 있었으나 점차 건조되어 산과 들이 생겨났다고 주장했습니다. 그 증거로 산중턱에서 발견된 물고기의 뼈를 예로 들면서 "바다가 건조하여 진흙이 되고, 진흙이 굳어서 돌이 된다. 그러나 어떤 때는 육지가 다시 바다에 침몰되어 인간을 포함한 모든 생물이 사멸한다. 이렇게 지구는 생성과 사멸의 운동을 계속한다"고 역설했어요. 철학적인 저술은 남기지 않았으나 그의 종교 비판은 후대의 철학자들 사이에서 많은 인기를 얻게 됩니다.

*중세 유럽에서 여러 지방을 떠돌아다니면서 시를 읊었던 시인. 각 지역마다 부르는 말이 달랐는데, 남프랑스의 트루바두르, 북프랑스의 트루베르, 독일의 미네쟁거 등이 유명하다.

에티오피아 인들은 신이 피부가 검고 납작한 코를 갖는다고 상상하고 트라키아 인들은 푸른 눈과 빨간 머리털을 갖는다고 상상한다. 소와 말 혹은 사자가 손이 있어 인간처럼 그림을 그릴 수 있다면 말은 말을 닮은 신을, 소는 소를 닮은 신을 그릴 것이다.

신이란 결국 인간이 자기 자신의 모습을 상상하여 창조한 산물이라는 사실을 소박하게 표현한 말이에요. 모든 종족은 자신의 모습에 따라 신의 모습을 상상합니다. 크세노파네스는 그것을 동물에까지 확대했어요. 소설적인 상상력을 물씬 발휘한 것을 보니 매우 창의적인 사람이었던 모양입니다. 크세노파네스의 종교 비판은 훗날 독일의 철학자 포이어바흐에 의하여 체계적으로 수행되었는데요. 포이어바흐 역시 신이 인간을 창조한 것이 아니라 인간이 상상력을 동원하여 신을 창조했다고 주장했답니다.

철학 꿀딴죽
6hrs · 🌏

음유시인, 엘레아학파, 종교 비판

 유한한 인간이 어떻게 무한한 신을 상상해낼 수 있습니까?

 인간의 생명은 유한하지만 인간의 상상력은 끝이 없습니다. 그러므로 유한한 인간은 무한한 어떤 것을 상상할 수 있습니다.

👍 Like Comment Share

파르메니데스(Parmenides, 기원전 540~480)는 만물의 변화를 부정하는 엘레아학파의 창시자예요. 그는 우리가 지각하는 현상들은 개별적이고 우연적일 뿐, 세계의 본질이 아니라고 보았습니다. 움직이고 변화하는 사물의 세계는 우리의 주관적인 생각에 합당한 것으로서 객관적인 진리의 세계가 될 수 없다는 주장이지요. 그래서 파르메니데스는 "철학은 주관적인 생각을 극복하여 참된 존재를 인식하게 해주는 것이며, 참된 존재를 인식하게 해주는 기초는 지각이 아니라 사유다"라고 말합니다. 사유의 통찰 속에 나타나는 세계만이 변화하지 않는 고정된 세계이고, 운동과 변화는 그 자체로 존재하는 것이 아니라 인간의 감각이 만들어내는 착각의 산물에 불과하다는 것이지요.

있는 것만 있고, 없는 것은 없다.

왠지 궤변처럼 들리는 이 말은 엘레아학파의 '유론(有論)'을 잘 설명해줌니다. 세상에는 존재만 있고, 비존재는 없다는 뜻인데요. 유(有)만 있고 무(無)는 없다니, 당연한 것 아니냐고요? 그런데 매우 당연한 것처럼 보이는 이 말에 변화와 운동을 부정하는 의미가 들어 있답니다. 운동이란 유가 무로 변하는 것인데, 무가 없다면 그것이 불가능하지 않겠어요?

만물은 다 변할까요, 변하지 않을까요? 만물이 변한다면, 세상도 변하고 도덕이나 습관도 변해야 합니다. 그런데 변화를 부정하는 철학은 변하지 않는 영원한 어떤 것을 찾으려 하고, 그러한 철학은 대개 사회적인 변화를 두려워하는 보수적인 관념론으로 흐르게 마련이지요. 파르메니데스의 제자 제논은 "변화와 운동은 불가능하다. 그것은 인간의 착각이 빚은 현상에 불과하다"는 스승의 주장을 교묘한 논리로써 증명하려 했는데요. 그것이 바로 다음에 살펴볼 '제논의 역설'입니다.

철학 꿀딴죽
6hrs · 🌏

사유, 운동과 변화 부정

없는 것은 당연히 없지요. 그것을 부정하는 것은 없는 것이 있다고 하는 주장과 같은 것이 아닌가요?

문제는 있는 것만 있다고 하는 주장입니다. 있는 것은 있지 않는 어떤 것으로 변할 수 있거든요.

👍 Like   💬 Comment   ➤ Share

제논(Zenon, 기원전 490~430)은 스승인 파르메니데스의 이론을 옹호하는 데 주력했어요. 파르메니데스가 운동을 부정하자 그의 반대파들이 나타나 발을 동동 구르며 "이것이 운동이 아니면 무엇이란 말인가?" 하고 시위했는데요. 이때 제논은 먼저 반대편의 입장을 인정하고 나서 그럴 경우 어떤 모순에 빠지는가를 직접 보여주었습니다. 이렇게 해서 상대방의 주장이 그릇되고 자기의 주장이 옳다는 것을 역설적으로 설명했어요.

*일반적으로는 모순을 야기하지 아니하나 특정한 경우에 논리적 모순을 일으키는 논증. 모순을 일으키기는 하지만 그 속에 중요한 진리가 함축되어 있는 것으로 간주한다.

앞서 가는 거북이를 아킬레스는 결코 따라잡을 수 없다.

제논은 여러 가지 역설(逆說, paradox)*을 사용했습니다. 그중에서 가장 유명한 것이 거북이와 아킬레스의 경주입니다. 아킬레스가 거북이보다 조금 뒤에서 출발하여 달리기 시합을 벌인다고 가정합시다. 아킬레스가 달려서 거북이가 있는 곳까지 간다 해도 거북이는 이미 그곳에 없어요. 조금이나마 앞으로 나아갔을 테니까요. 아킬레스는 또 다시 거북이가 있는 곳을 향해 달려갑니다. 하지만 소용없어요. 이번에도 거북이는 제자리에 있지 않고 조금 더 앞으로 나아갔을 테니까요. 이런 식으로 운동이 계속 반복되는 한 둘 사이의 간격이 좁혀질 수는 있어도 아킬레스는 결코 거북이를 따라잡지 못한다는 것이 제논의 주장입니다. 물론 실제로는 아킬레스가 거북이를 곧바로 따라잡고 추월도 할 것입니다. 제논도 그것을 알고 있었어요. 하지만 제논은 논리적 증명을 통해서 현상적으로 나타나는 운동이 본질에 있어서는 모순이라는 점을 제시하려 했던 거예요.

　그러나 얼핏 부정할 수 없는 것 같은 제논의 논리에는 오류가 있습니다. 항상 계속되기 때문에 고정시켜 생각할 수 없는 운동을 고정시켜 생

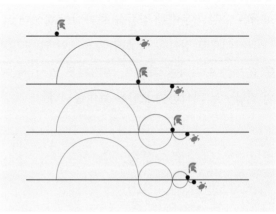

▼제논의 역설을 나타낸 그림. 아킬레스는 거북을 따라잡지 못할까?

▲엘레아의 제논이 젊은이들에게 진실(Veritas)과 거짓(Falsitas)으로 들어가는 문을 보여주고 있다.

각했으니까요. 다시 말해 제논은 아킬레스가 달려 거북이가 있던 지점에 오는 순간을 고정시키면서 논리를 전개했는데, 운동에서는 이런 것이 불가능하잖아요? 인간의 생각 속에서는 가능하지만 현실적으로는 가능하지 않지요. 비슷한 논증으로 제논은 날아가는 화살의 예를 들었습니다. 화살은 고정된 무수한 점들을 통과해야 하는데 그 점들은 운동과 상관없는 공간이므로 점들이 아무리 많이 모여 있어도 그것은 점들의 집합체일 뿐 운동은 아니라는 거예요. 여기서도 역시 제논은 운동을 고정시켜 점의 집합으로 해석하는 오류를 보여줍니다.

철학 꿀딴죽
6hrs · 🌐

역설, 아킬레스, 거북, 운동

 아킬레스가 거북이보다 달리는 속도가 빠르니까 당연히 추월하지 않을까요?

 제논도 속도를 계산에 넣었습니다. 그러니까 거북이와 아킬레스의 사이가 줄어들지요.

 👍 Like   💬 Comment   ➤ Share

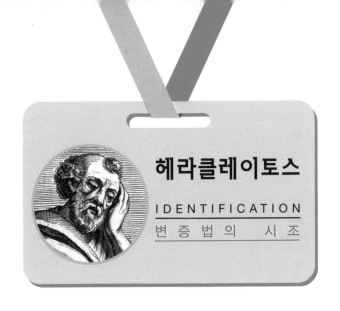

항구 도시 에페소스 출신인 헤라클레이토스(Heracleitos, 기원전 544~483)는 파르메니데스와 정반대의 입장에 서서 변화와 운동을 설명했습니다. 그는 세계의 원질이 '불'이며, 불이 움직이는 것처럼 세계는 항상 변화하고 발전한다고 생각했어요. 모든 것이 변하는데 변하지 않는 것이 있다고 주장하는 것이 오히려 착각이라고요. 따라서 그는 "진리란 변하지 않는 어떤 것"이라는 말을 관념론자들이 만들어낸 억지에 불과하다고 여겼습니다.

만물은 흐른다.

헤라클레이토스에 의하면 만물은 항상 변하는 유동 상태에 있습니다. 마치 흐르는 강물처럼요. 우리는 흐르는 똑같은 물속에 두 번 발을 들여놓을 수 없습니다(You cannot step twice into the same river). 물은 이미 흘러가 버렸기 때문이에요. 가장 견고하다는 금강석도 세월이 가면 변하고, 철석같이 믿었던 남녀 간의 사랑도 세월이 흐르면 변하게 마련입니다(변화에는 외적인 변화와 내적인 변화가 있어요).

세상에는 변하는 것과 변하지 않는 것처럼 보이는 것이 서로 결부되어 있습니다. 엘레아학파는 세상을 변하지 않는 정지된 것으로 보았기 때문에 운동과 변화를 우리의 감각에서 나오는 착각에 불과하다고 보았지요. 이성으로 파악된 참된 세계에는 운동과 변화가 없다고 주장했고요. 반면 헤라클레이토스는 세상에 변하지 않는 것이 있다고 생각하는 것이야말로 인간의 착각 혹은 환상이며, 이성적인 사유로 파악된 참된 세계엔 오직 변화만이 있을 뿐이라고 주장했습니다.

헤라클레이토스는 "변하지 않는 것이 있다면 바로 모든 것은 변한다는 사실 그 자체뿐이다"고 말했어요. 제 생각엔 헤라클레이토스가 "변화를 무서워하는 사람은 철학을 하지 말라"고 말하는 것처럼 보여요. 도덕

▼울고 있는 철학자 헤라클레이토스

▲눈물 흘리는 헤라클레이토스와 웃고 있는 데모크리토스(이탈리아 밀라노에서 발견된 프레스코, 1477)

과 정치 문제를 예로 들어볼까요? 세계의 본질은 항상 고정되어 있다는 엘레아학파의 입장에서 판단한다면 도덕이나 정치는 변해서도 안 되고 다양해서도 안 됩니다. 이렇게 하면 매우 복고주의적이고 보수적인 주장을 정당화할 여지가 생기지요. 이에 비해 변화와 투쟁을 강조하는 헤라클레이토스의 입장에서는 진보적이고 혁명적인 도덕관과 정치관을 옹호할 수밖에 없고요. 훗날 독일의 철학자 헤겔이 혁명적 변화의 발전 법칙인 변증법의 시조로서 헤라클레이토스를 든 것은 우연이 아닙니다. 여러분은 변화를 인정하고 거기에 적응하고 싶나요, 아니면 변하지 않는 진리를 찾고 싶나요?

철학 꿀딴죽
6hrs · 🌏

 # 변증법의 시조

 진리는 변하지 않는 어떤 영원한 것이 아닌지요?

 세상의 모든 것이 변하니까 변하지 않는 것이 있으면 좋겠다고 생각하는 사람들이 그것을 진리라고 규정합니다. 그러나 그것은 인간의 소원이고 현실이 아니지요. 소원과 현실을 착각하면 안 됩니다.

👍 Like　　💬 Comment　　➤ Share

데모크리토스(Democritos, 기원전 460~371)가 활동하던 압데라는 트라키아와 페르시아 사이에 있는 중요한 무역항이자 문화의 중심지였습니다. 데모크리토스는 유명한 소피스트인 프로타고라스 및 의사 히포크라테스와 친교를 맺으면서 자연 연구에 참가했어요. 객관적 지식을 추구했던 그칠 줄 모르는 그의 열정은 소피스트들의 주관주의 및 상대주의와 상반되는 경향을 나타냈는데요. 그의 특징은 바로 백과전서적인 박식함이었습니다. 데모크리토스는 견문을 넓히기 위해서 이집트, 바빌로니아, 페르시아, 인도 등 여러 나라를 여행했는데, 그 결과 아버지로부터 물려받은 유산을 탕진하게 됩니다. 당시에는 부모에게 물려받은 유산을 탕진하는 것이 법으로 금지되어 있었기에 데모크리토스는 재판을 받게 되었어요. 재판정에 선 데모크리토스는 아무런 변명도 하지 않은 채 자기가 저술한 책들을 낭독했다고 합니다. 그러자 재판관도 그가 아버지의 유산을 책 속에 저축했다는 사실을 깨닫고 무죄를 선고했다고 해요. 데모크리토스는 수학, 물리학, 천문학, 항해학, 지리학, 해부학, 생리학, 심리학, 음악,

미학, 의학, 철학 등에 관한 60여 종이나 되는 책을 저술했는데, 아쉽게도 우리에게 전해지는 것은 일부에 불과합니다.

모든 것은 원자로 구성되어 있고, 원자 사이에는 텅 빈 공간이 존재한다.

데모크리토스는 고대 그리스 철학의 유물론을 체계화한 철학자입니다. 탈레스에서 시작하여 데모크리토스에 이르는 그리스 철학은 거의 유물론적이었어요. 다시 말하면 세계의 근원을 물질적인 어떤 것에서 찾았지요. 이러한 전통은 데모크리토스에 와서 정점을 찍습니다.

'원자(atom)'란 그리스어로 "더 이상 쪼개질 수 없는 것(no more indivisible)"이라는 의미를 지니는데요. 데모크리토스에 의하면 세계는 더

▼자신의 이론을 설명하는 데모크리토스, 루카 조르다노의 그림이다(c. 1600).

이상 쪼개질 수 없는 물질적인 알맹이인 원자(atom)와 공간(space)으로 이루어졌어요. 이러한 원자들이 결합하고 분리되어 세계가 발생하고 소멸하는 것이지요. 원자들이 움직이려면 텅 빈 공간이 필요합니다. 원자들의 운동은 원자에 내재되어 있는 힘에 의존하고요. 그러므로 데모크리토스는 원자를 움직이는 외부의 힘은 필요하지 않다고 보았습니다. 원자는 질적으로 동일하며 형태와 배열의 차이만 있을 뿐이라 했지요. 오늘날의 과학에서는 원자를 분리하는 것이 가능합니다. 하지만 데모크리토스 시대에는 꿈도 못 꿀 일이었어요. 그런 만큼 데모크리토스의 이론은 당시로서 매우 탁월한 것이었을 뿐 아니라 현대물리학을 예견한 지혜로운 철학이었다고 볼 수 있습니다.

영혼은 육체와 함께 사멸한다.

데모크리토스는 인간의 영혼도 육체와 마찬가지로 원자로 구성되어 있다고 생각했습니다. 다만 이 원자들은 둥글고, 미끄러우며, 불과 같이 운동이 민활할 뿐이라고 보았지요. 그는 이러한 원자들을 '영성 원자(spiritual atom)' 혹은 '화성 원자'라 불렀습니다. 인간의 영혼을 구성하는 영성 원자가 육체를 구성하는 원자와 질적으로 다른 것이 아니라 좀 더 섬세하고 민첩할 뿐이라고 본 거예요. 예를 들어 1cm³에 1천 개의 원자가 들어 있는 경우와 1억 개의 원자가 들어 있는 경우는 다르잖아요? 데모크리토스는 뒤의 경우에 해당하는 원자들을 매우 섬세한 '영성 원자'라고 간주한 거예요.

또한 그는 "영성 원자는 우주 어느 곳에나 흩어져 있으므로 어떤 물체이든 다소간 이것을 포함한다"고 말했습니다. 모든 물체에는 약간의 영성 원자가 포함되어 있다는 뜻인데요. 인간의 육체 속에 그것이 비교적 다량으로 포함되어 있기 때문에 인간만이 영혼이나 정신을 갖는 것으로 생각하기 쉽다는 거예요. 또한 그는 영성 원자가 육체 안에 충분히 들어 있는 동안만 인간이 생존한다고 보았답니다. 영혼과 정신은 근본적으로 동일한 것이며 인간의 사후에는 영성 원자가 흩어져버리기 때문에 개인의 영혼은 사라지고 만다는 것이지요. 그러므로 데모크리토스는 "인간의 영혼이 불멸한다는 생각은 옳지 않다. 불멸하는 것은 오직 원자뿐이다"라고 단언한 것입니다.

인간의 영혼이 육체와 함께 사멸한다고 주장하며 영혼 불멸설을 부정하는 것은 유물론의 가장 큰 핵심입니다. 그렇기에 유물론은 종교를 비판하고 인간을 중심에 놓으려는 철학 정신과 가장 가깝지요. 데모크리토스는 이 사실을 잘 보여줍니다. 여기서 우리가 주목해야 할 점은 유물론이 결코 관능적인 쾌락이나 황금 만능사상인 물신주의(fetishism, 物神主義)*와 연관되지 않는다는 사실입니다. 데모크리토스도 인간의 정신적인 가치를 귀중히 여겼거든요. 다만 그것이 물질적인 것을 토대로 한다고 역설했을 뿐이지요.

*물신주의 사상은 사유재산을 기초로 하는 근대 시민 사회의 경제 질서가 만들어놓은 가치 이념으로 존재론적인 의미의 유물론과 직결되지 않는다.

신학자들은 데모크리토스의 원자론을 향하여 다음과 같이 질문할 수 있을 것입니다. "원자가 만물을 형성하는 최초의 근원이라고 가정하자. 그러면 원자는 도대체 어떻게 만들어졌는가?" 이러한 질문을 통해서 신학자들은 원자를 만들어낸 창조주를 암시하려 합니다. 하지만 데모크리토스라면 이렇게 반문했

▲헨드릭 테르브루그헨이 그린 웃는 철학자 데모크리토스(1628)

을 것 같아요. "원자가 신에 의해서 만들어졌다고 가정하자. 그러면 신은 도대체 어떻게 만들어졌는가?"라고 말입니다. 그러면 또 신학자들은 이에 대해 "신은 누구에 의해서 만들어진 것이 아니고 처음부터 존재한다"고 대답할 테지요. 그러면 데모크리토스를 비롯한 유물론자들은 아마 이렇게 응수할 것입니다. "원자는 누구에 의해서 만들어진 것도 아니고 처음부터 존재하는 불생, 불멸의 영원한 존재다"라고요.

철학 꿀딴죽
6hrs · 🌎

 # 백과전서적 박식함, 유물론 체계화

 사후에 육체는 물질로 되돌아가지만 영혼은 어디로 가나요?

 영혼도 물질로 되돌아가지요. 영혼과 물질이 질적으로 다르다고 생각하는 사람은 이해하기 힘들 테지만, 데모크리토스처럼 영혼도 물질에서 발생했다고 인정한다면 물질로 되돌아가는 것이 자연스러운 이치가 아닐까요?

 사후에 인간의 육체와 영혼이 모두 사라져버린다면 삶이 너무 허무하지 않을까요?

 그러니까 인간은 살아 있을 때 인류를 위해 무엇인가 가치 있는 것을 남겨야 합니다.

👍 Like   💬 Comment   ➤ Share

그리스는 페르시아 전쟁에 승리한 후 상공업이 발달했고, 특히 아테네는 정치, 문화, 경제의 중심지가 되었습니다. 상품 생산이 증가하면서 아테네를 중심으로 하는 도시국가에서 국내외 무역이 활발해지자 아테네에는 민주적인 헌법이 제정됩니다. 자유 시민들에게 비슷한 기회가 주어짐에 따라 이에 부응할 수 있는 고도의 교양이 요구되었고요. 또한 이 시기에는 경제·정치적 지식과 이런 지식들을 사용하여 상대방을 잘 설득할 수 있는 기술이 곧 출세의 비결로 여겨졌어요.

우리가 주목해야 할 점은 이처럼 민주적인 도시국가의 발전이 절정에 달한 시기에 소피스트들이 등장해 활동했다는 사실입니다. 소피스트와 더불어 철학이 처음으로 상품화했고요. 소피스트는 지혜를 가르치는 교사였습니다. 그들은 교양, 덕, 수사학, 웅변술 등을 가르치면서 그 대가로 돈을 받았어요. 이들은 지식을 상품화했기 때문에 '소피스트(sophist)'라는 말은 후에 '지혜를 사랑하는 자(philosophos)', 곧 철학자에 대비되는 '지혜의 소유자'라는 의미로 사용되었지요.

소피스트의 대표자인 프로타고라스(Protagoras, 기원전 481~411)는 데모크리토스와 같은 압데라 출신이었습니다. 그는 그리스의 많은 도시를 돌아다니면서 철학을 가르쳤는데요. 뛰어난 웅변술 덕분에 아테네까지 명성을 떨쳤지요. 그는 웅변을 통해 약한 것을 강한 것으로, 미운 것을 아름다운 것으로, 부도덕한 것을 유덕한 것으로 역전시킬 수 있는 힘을 지니고 있었습니다. 한편 그는 제자들을 가르쳐 돈도 벌었는데, 그 당시 교육의 유일한 도구는 말[言語]이었어요. 그러니까 프로타고라스는 언어를 관심 있게 연구한 최초의 문법학자이기도 했습니다.

돈을 벌고 제자들을 가르친 소피스트들의 태도를 비꼬는 에피소드가 하나 전해집니다. 소피스트들은 일정한 기간 동안에 제자들을 가르쳤는데 가르침을 시작하면서 보수를 받는 것이 아니라 교육이 끝나고 제자들의 실력이 향상되었을 경우에만 보수를 받기로 약속했대요. 그런데 프로타고라스 밑에서 교육을 받은 어떤 제자가 자신의 지식이 증가되지 않았음을 주장하면서 수업료 지불을 거절한 거예요. 결국 제자와 스승은 법정까지 갔는데요. 법정으로 가면서 스승이 제자에게 이렇게 말했다고 합니다. "그대는 여하튼 나에게 돈을 지불해야 한다. 그대가 재판에 질 경우에는 재판의 판결에 의하여 나에게 돈을 지불해야 되고, 설령 재판에 이기는 경우가 있다고 하더라도 그것은 그대가 나의 수업을 통해 재판에 이길 수 있는 능력을 획득한 결과이니 약속대로 수업료를 바쳐야 한다." 곰곰이 생각하던 제자가 스승에게 말했습니다. "저는 여하튼 돈을 지불할 수 없습니다. 제가 재판에서 이기는 경우에는 재판의 판결에 의하여 지불할 수 없고, 재판에 지는 경우에는 제가 그동안 재판에 이길 수 있는 지식을 충분히 배우지 못했다는 사실이 증명된 셈이니 약속에 의하여 수

업료를 지불할 수 없습니다."

이 이야기는 논리학에 나오는 유명한 '딜레마(dilemma)'*의 예로 쓰이는데요. 딜레마는 어떤 조건을 가정한 두 개의 대전제와 각 대전제에 상응하는 서로 모순되는 두 개의 소전제로 구성되어 있어 정 반대되는 두 개의 결론이 나올 수 있어요. "만일 재판에 이기면"이라는 대전제 속에 "법의 판결에 의해서 지불할 의무가 없다"와 "약속에 의해서 지불할 의무가 있다"는 소전제가 각각 포함되어 있고, 재판에 지는 경우에도 반대되는 소전제가 포함되어 있으므로 전체적인 논증 자체가 모순이 되잖아요? 서로 생각하기에 따라 사태의 진위가 바뀌므로 진리나 정의가 모두 상대적이라는 소피스트들의 주장이 과연 어떤 자가당착(自家撞着)*에 빠졌는가를 보여주는 예이지요.

*선택해야 할 길은 두 가지 중 하나로 정해져 있는데, 그 어느 쪽을 선택해도 바람직하지 못한 결과가 나오게 되는 곤란한 상황. '양도논법(兩刀論法)' 혹은 '양두논법(兩頭論法)'이라 부르기도 한다.
*같은 사람의 말이나 행동이 앞뒤가 서로 맞지 아니하고 모순됨.

인간은 만물의 척도다.

아테네에 확립된 민주적인 사회질서는 개인주의적 풍조를 조성했습니다. 따라서 자유로운 시민들은 자신감에 차서 전통적인 세계관에 대한 회의를 드러내기 시작해요. 신이나 자연 법칙이 더 이상 행위의 기준이 될 수 없음을 자각하고, 모든 행위의 근거는 스스로를 관철시키려는 의지에 있으며 사물의 본질 또한 인간에게 보이는 바로 그것이라는 사실을 받아들인 것입니다. 인간 스스로가 만물의 척도라는 것을 인정한 셈이지요. 이기적이며 개인적인 자신감은 소피스트들로 하여금 아직 상품 생산이 발전되지 않았던 이전의 비민주적 사회로부터 전수된 종교관과 도덕관에 반기를 들게 했어요. 소피스트들은 바로 이러한 자신감을 환영했고, 그것을 철학적으로 표현한 사람들입니다.

소피스트들의 철학은 전체적으로 감각주의, 회의주의, 상대주의의 성격을 지녔지만, 그들은 그리스의 계몽 정신을 이끌어간 것으로 평가됩니다. 그러나 프로타고라스를 중심으로 한 소피스트들은 "인간이 만물의 척도다(Man is the measure of all things)"라 주장했는데 이들이 내세운 인간은 보편적인 인간이 아니라 개별적인 인간이었어요. 이들이 주장한 이기적이고 개인적인 자신감이란 보편적인 인간의 덕과 배치되는 경우가 많았는데요. 소크라테스, 플라톤, 아리스토텔레스가 소피스트들을 비판한 것은 바로 이런 특성 때문입니다. 특히 소크라테스는 처음에 소피스트들

▼ "인간은 만물의 척도다."

▲데모크리토스(가운데)와 프로타고라스(오른쪽) (살바토르 로사 그림, 17C)

과 교제하면서 이들로부터 많은 것을 배웠으나 차츰 개별적인 인간을 만물의 척도로 삼는 이들의 상대주의를 비판하고 보편적인 인간의 덕을 추구하게 됩니다.

철학 꿀딴죽
6hrs · 🌍

 # 최초의 문법학자, 소피스트, 웅변술

"인간은 만물의 척도다"라는 주장은 인간을 세계의 중심에 두는 인본주의 사상과 연관되나요?

연관됩니다만 여기서 말하는 인간이 개별적인 인간인 경우에는 혼란이 생기고 도덕적인 규범도 무너지게 됩니다.

👍 Like 　　💬 Comment 　　➡ Share

트라시마코스

IDENTIFICATION

사 회 철 학 의 효 시

칼헤톤 출신의 트라시마코스(Thrasymachus, 기원전 5세기경)는 별로 알려지지 않은 철학자입니다. 그는 주로 사회적인 문제에 눈을 돌린 소피스트로 기억되는데요. 자연, 사회, 인간을 통찰하면서 사람이 어떻게 살아야 올바른 삶을 영위할 수 있는가를 포괄적으로 제시해주려고 노력한 만큼 연구 분야도 다양합니다. 세계의 근원이 무엇인가를 연구하는 존재론, 인간이 어떤 방법으로 올바른 지식을 얻는지 연구하는 인식론, 사고의 올바른 형식을 연구하는 논리학, 의식과 사고가 발생하는 과정을 연구하는 심리학, 예술의 본질을 연구하는 미학, 인간 행위의 규범을 연구하는 윤리학 등이 그가 관심을 기울인 주요 분야예요. 또한 개인 간의 자발적인 행동 규범인 도덕과 함께 국가가 개인에게 강제로 요구하는 법과 정의의 문제도 고찰 대상으로 삼았고요. 소피스트들은 존재론보다 인간의 문제에 더 많은 관심을 돌리면서 실천적인 철학을 제시했는데, 트라시마코스는 인간이 살아가는 사회 자체에 문제를 제기함으로써 사회 철학의 효시가 되었습니다.

법은 강자들의 이익을 옹호하기 위해 존재하는 것이다.

|

트라시마코스는 이 말을 통해 법 혹은 사회적 정의가 강자들이 스스로의 이익을 옹호하고 약자들을 통치하기 위해 만든 수단에 불과하다는 것을 폭로했습니다. 노예 제도에 기반을 둔 당대의 경제·정치적 상황을 잘 간파한 것이지요. 트라시마코스의 진단은 오늘날의 사회에도 어느 정도 적용됩니다. "법과 정의가 과연 공평하게 적용되고 있는가? 오히려 강자에게 유리하게 적용되지 않는가? 유전무죄, 무전유죄라는 말이 고대로부터 현대에 이르기까지 통용되는 경우가 많지 않은가?" 등등의 질문들입니다.

여러분, 한국의 소설가 황석영이 쓴 『어둠의 자식들』을 읽어보았나요? 그 책에 이에 대한 해답이 암시되어 있어요. "우리가 감옥을 학교라 부르는 것과 마찬가지로, 학삐리가 다니는 곳을 우리는 빵간이라 부를 용의가 있다. 도대체 거기서 가르쳐주는 게 뭐란 말인가. 글자 한 자 더 배워서 자기보다 못한 놈을 여하히 억누르고 밟아서 출세하느냐 하는 방법만 가르쳐주지 않는가. 글쎄, 역설이라면 역설이겠지만, 나는 일단 두툼한 책을 끼고 몰려가는 대학생 애들을 보면 저것들은 이제 내 아우나 새끼들을 누르는 자가 되겠지 하는 생각을 한다. 또 여대생들이 지나가는 모습을 보면 저 애들은 우리 새끼를 억누를 자들을 낳아 기르겠지 하는 생각이 드는 것이다." 힘없고 못 가진, 우리 사회에서 소외된 청년이 던지는 이 말에 우리도 한 번쯤 귀를 기울여보아야 하지 않을까요?

 # 사회 문제, 사회 철학

 법은 원래 강자와 약자 모두를 위해서 존재하는 것이 아닙니까?

 맞아요. 법의 목적은 원래 약자와 강자 모두에게 공평하게 적용하여 정의를 실현하는 데 있습니다. 그런데 현실적으로 강자들이 법을 운용하기 때문에 공평성을 잃기 쉽다는 것이 문제입니다.

 👍 Like 💬 Comment ➤ Share

아마 소크라테스를 모르는 사람은 없을 거예요. 그리스 철학 하면 으레 소크라테스를 먼저 떠올리게 마련이니까요. 소크라테스(Socrates, 기원전 469~399)의 고향은 아테네입니다. 당시 아테네에는 제한적일망정 민주 정치가 시행되고 있었는데요. 아버지가 조각가로 활동한 덕분에 소크라테스 역시 기술을 습득하여 꽤 오랫동안 이 직업에 종사했다고 합니다. 조각술이 상당한 경지에 도달했다는 기록도 남아 있고요. 하지만 그는 나중에 조각가를 포기하고 철학에 전념하게 됩니다. 소크라테스의 어머니는 산파였대요. 그는 훗날 스스로의 철학 방법을 산파술에 비유했는데요. 자신의 어머니가 하나의 생명이 탄생하도록 도와준 것처럼 소크라테스 자신은 '진리의 산파 노릇'을 한다고 생각한 것입니다. 후대 사람들이 그의 철학적 방법을 '산파술(Mäeutik)'이라 부르는 배경이랍니다.

소크라테스는 델피의 아폴로 신전에 새겨진 "너 자신을 알라!(Know yourself!)"라는 격언을 철학적 출발점으로 삼았어요. 그러고는 철학에 관심을 가진 한가한 사람들과 만나 올바른 삶에 관하여 토론하면서 사람

▲ 「소크라테스의 죽음」(자크 루이 다비드, 1787)

들이 자기 자신을 알아가도록 충동했습니다. 그는 먼저 상대방의 얘기
를 잘 듣고 난 다음 질문을 통해 상대방을 혼란스럽게 만드는 방법을 사
용했어요. 자신이 믿고 있는 사실이나 통념처럼 받아들인 생각에 의문을
던짐으로써 "정말 그런가?" 하는 탐색의 길을 보여준 거예요. 요즘 식으
로 보자면 SNS를 통해 서로 의견을 주고받는 행위와 비슷하겠지요? 이
렇게 하여 소크라테스는 '덕 있는 생활이 무엇인지 안다'고 생각하던 상
대방의 자만을 여지없이 무너뜨렸지요. 그러면 상대방은 자기의 지식이

옳지 않음을 깨닫고는 "이런, 내가 아는 게 전부가 아니었어! 내가 뭘 몰라도 한참 몰랐군!" 하면서 '무지의 지(無知의 知)'에 도달하게 되는 것입니다. 즉 "나는 아무것도 모른다"는 깨달음을 얻게 되지요. 이것이 바로 철학에서 말하는 산파술이랍니다.

소크라테스는 수십 년 동안 이러한 생활을 향유했는데요. 때로 많은 사람들로부터 조소와 미움을 사기도 했고, 때로는 경탄과 존경을 받기도 했습니다. 그는 잘 알려진 것처럼 '다이몬(daimon)'이라는 양심의 소리에만 귀를 기울이면서 행동하다가 고발되어 재판에 회부되고 사형을 언도 받은 후 유유하게 독배를 마시고 죽었어요. 유죄 판결을 받은 이유는 그가 국가가 공인한 신을 믿지 않았으며 청년들을 유혹하고 타락시켰다는 것이었는데요. 하지만 소크라테스는 "악법도 국법이니까 따라야 한다" 면서 자신의 운명을 받아들였답니다. 하지만 저는 이 장면이 별로 마음에 들지 않아요. 너무나 소극적인 태도잖아요? 악법이 존재한다면 그것을 철폐하기 위해서 투쟁했어야 옳지 않을까요?

나는 아무것도 모른다는 것을 안다.

아테네 시민들에게 소크라테스는 귀중한 시간을 빼앗을 뿐만 아니라 전통적으로 금기된 일들에 쓸데없이 의문을 제기하는 귀찮고 정신 나간 사람으로 보였어요. 소크라테스도 이러한 분위기를 잘 알고 있었지요. 그래서 자신을 '잠자는 소를 깨워 귀찮게 하는 쇠파리'에 비유하기도 했답니다. 물론 어떤 사람들은 소크라테스의 질문 속에 그게 무엇인지 정확히 알 수는 없지만 위대한 진리가 숨어 있다는 것을 느꼈지만요.

*신이 사람을 매개자로 하여 그의 뜻을 나타내거나 인간의 물음에 대답하는 일을 이른다.

당시 아테네 사람들이 경배하던 신전의 신탁(神託)*은 스스로 아무 것도 모른다고 고백한 소크라테스를 아테네 사람들 가운데 가장 현명한 사람임을 확인해주었는데요. "나는 아무것도 모른다는 것을 안다"라는 이 말은 곧 '무지의 지'를 표현하는 소크라테스의 명언이 되었습니다. 비교적 같은 시기, 곧 기원전 500년경에 동양에서도 공자(孔子)라는 철인이 나타나 서로 만나거나 서신 왕래를 하지 않았으면서도 소크라테스와 비슷한 말을 남겼어요. 『논어』 위정(爲政) 편에 "아는 것을 안다고 하고 모르는 것을 모른다고 하는 것이 바로 아는 것이다(知之爲知之 不知爲不知 是知也)"라는 말이 나오거든요. 비슷한 뜻을 가진 표현이지만, 객관적으로 판단해보면 공자의 말이 소크라테스의 말을 앞서고 있음을 알 수 있어요. 왜냐하면 소크라테스의 말에는 다소간의 모순이 내포되어 있기 때문입니다. 내가 아무것도 모른다면 아무것도 모른다는 사실도 몰라야 되니까요. "아무것도 모른다는 것을 안다(I know that I know nothing)"는 것은 적어도 한 가지 사실, 곧 아무것도 모른다는 그 사실만큼은 아는 셈이니까요.

알면서 악을 행하는 사람은 없고 모르는 사람은 선을 행할 수 없다.

소크라테스는 아무도 자발적으로 악행을 행하지 않는다는 근본적인 믿음을 가지고 있었습니다. 따라서 이 말은 "인간의 본성은 선하며 스스로의 이해관계나 목표를 이성적으로 추구한다"는 의미라고 해석할 수 있어요. 그러나 실제 인간의 삶은 수많은 악으로 가득 차 있지 않나요? 그 이유는 어디에 있을까요? 소크라테스는 악의 원인이 인간의 무지에 있다고 보았답니다. 인간은 물론 선이 무엇인지 알고 있다고 생각해요. 인간 내면의 정열이 인간에게 이러한 착각을 제공합니다. 그러나 인간의 정열이란 것도 항상 변하게 마련이지요. 따라서 영원한 척도가 될 수는 없어요. 어떤 순간에 개인에게 선으로 나타난 것이 그 사람의 일생 전체나 사회생활로 미루어보면 정반대로 작용하는 경우도 자주 나타납니다. 그러

▼소크라테스가 감각적인 쾌락에 빠져 지내던 알키비아데스를 끌고 나오고 있다. 알키비아데스는 당시 아테나이의 정치가이자 웅변가, 장군으로 활약한 인물이다(장 밥티스트 레뇨, 1791).

므로 여러분, 철학한다는 것은 우연한 순간에 한 개인에게 해당되는 선을 추구하는 것이 아니라 보편적이고 필연적이며 항구적인 선을 추구하는 것이어야 합니다. 이러한 철학적인 추구는 선, 정의, 용기에 대한 개인적인 생각이 결코 진리가 아니라는 통찰, 곧 '무지의 지'에 대한 각성을 전제로 해야 하고요.

"아는 자는 악한 행위를 할 수 없고 무지한 자는 선을 행할 수 없다"는 소크라테스의 주장은 보통 '주지주의(intellectualism)'로 불립니다. 그것은 '지=덕=행복'이라는 도식으로 표현될 수 있는데요. 다시 말하면, 아는 것과 덕과 행복이 일치한다는 뜻으로, 주지주의 철학에서는 이성적인 지식이 모든 것의 척도가 됩니다. 훗날 독일의 철학자 니체는 소크라테스의 주지주의를 혹독하게 비판했어요. 인간의 위대성이나 행복은 지식과 직결되지 않는다고 말입니다.

철학 꿀딴죽
6hrs · 🌐

무지의 지, 너 자신을 알라, 주지주의

알면서도 악을 행하는 경우가 있다면 그것은 올바르게 알지 못하기 때문이 아닙니까?

맞습니다. 오늘날의 사회상을 보면 일류 대학을 나온 사람들이 더 교묘하고 큰 사기 행각을 하는 경우가 많습니다. 그것은 그들이 옳게 배우지 못했거나 배운 것을 옳게 적용하지 않았기 때문입니다.

소피스트들이 개인주의 도덕을 옹호한 것 같은데 개인주의는 이기주의와 달리 사회에 해로운 작용을 하지 않잖아요?

사회보다도 개인의 이익을 중요하게 여기면서 남에게 해를 끼치지 않는 개인주의는 개인의 자유를 허용하기 때문에 이기주의가 아니라는 주장이 일부 부르주아 지식인들 사이에 나타납니다만 그것은 하나의 궤변에 불과합니다. 왜냐하면 사회생활을 하다 보면 개인의 이익이 타인이나 사회의 이익과 배치되는 경우가 많으며 개인의 이익에만 눈을 돌린다는 것은 결국 이기주의를 보이지 않게 실천하는 것과 다를 바 없기 때문입니다. 자기 혼자만의 이익을 생각하는 사람이 사회 발전에 크게 공헌할 수 있을까요? 남에게 해를 끼치지 않고 자기의 이익을 취하는 일이 경쟁 중심의 사회에서 가능하겠습니까? 개인주의와 이기주의는 동전의 양면처럼 항상 결부되어 있으며 사회생활을 유지하는 데 필요한 올바른 도덕을 경시하게 만듭니다. 소크라테스가 소피스트들을 비판한 이유도 여기에 있어요. 철저하게 개인주의를 표방하는 소피스트들이 말하는 정의와 도덕은 결국 건전한 사회의 결속을 무너뜨리고 말았습니다. 소크라테스가 우려한 것처럼 그리스 사회는 점차 혼란에 빠지고 다른 나라의 침략에 의해 무너지고 말거든요.

👍 Like　　💬 Comment　　➡ Share

플라톤(Platon, 기원전 427~347) 이전의 그리스 철학은 계몽적이고 유물론적인 색채가 짙었습니다. 이오니아의 자연 철학, 헤라클레이토스의 만물 유전 사상, 엠페도클레스와 아낙사고라스에서 출발하여 데모크리토스에서 완성된 원자론 등이 그것을 말해주지요. 물론 피타고라스학파, 엘레아학파, 소피스트 및 소크라테스의 사상에도 관념론적 해석을 가능하게 하는 몇 개의 요소들이 포함되어 있었으나 대체로 플라톤 이전의 철학에는 유물론적 색채가 우세했다고 말할 수 있습니다. 따라서 관념론의 기초는 플라톤에 의하여 비로소 성립되고 그것이 곧 서양 철학에서 관념론을 지탱해주는 뿌리가 되었다고 보아야 해요.

귀족 가문 출신인 플라톤은 정치에 참여할 수 있었지만, 아테네의 정치적인 혼란상을 목격하면서 소크라테스의 제자가 되어 철학에 전념합니다. 그는 "내가 야만인이 아니라 그리스 인으로 태어난 것, 노예가 아니라 자유인으로 태어난 것, 여자가 아니라 남자로 태어난 것, 그리고 무엇보다도 소크라테스 시대에 태어난 것을 신에게 감사한다(I thank God, that I was born Greek and not barbarian, freeman and not slave, man and not woman, above all, that I was born in the age of Socrates)"라고 말할 정도였습니다. 그렇기 때문에 스승 소크라테스가 처형되자 아테네에 등을 돌리고 여러 나라를 방랑하던 끝에 고향에 돌아와 '아카데메이아'란 철학 학원을 설립하고 제자들을 가르쳤지요. 독신으로 일생을 마친 탓에 동성애자라는 의심을 받기도 했습니다.

아름다운 사물이 아름답게 되는 것은 미(美) 때문이다.

이 말은 "장미를 아름답게 만드는 것은 바로 미의 이데아다(What makes a rose beautiful, is simply the idea of beauty)"라는 말과 같습니다. 플라톤의 철학적 핵심은 '이데아론'입니다. 정신적이고 영원한 이데아가 개별 사물에 앞서 존재하고 사물은 그것을 모방하여 발생한다는 플라톤의 주장은 훗날 영국의 경험론에서 나타나는 주관적 관념론과 대비되는 객관적 관념론의 대표적인 예입니다. '이데아(Idea)'라는 말을 우리는 보통 '관념' 혹은 '기발한 생각' 등으로 번역하지만, 플라톤의 이데아론은 단순히 '관념론'으로 번역할 수 없어요. 물론 플라톤의 철학이 하나의 관념론인 것은 분명하지만, 그가 말하는 '이데아'는 인간의 생각 속에 들어 있는 관념의 범위를 벗어나서 독자적으로 존재하는 독특한 성격을 지니고 있기에 번역된 표현보다는 '이데아'라는 말을 그냥 사용하는 것이 적합합니다.

플라톤은 "우리 눈에 보이는 가시적인 변화의 세계는 참된 세계가 아니다"라는 가정에서 출발해요. 그리고 우리 눈에 보이는 현상계와 대비되어 현상계의 근원이 되는 세계인 '이데아계'가 있다고 주장합니다. 즉,

현상계는 모두 이데아계를 모방한 것이라 보는 거예요. 아름다운 사물은 '미(美)'라는 영원한 이데아를 모방하여 만들어진 것이고, 개별 인간도 '인간'이라는 이데아를 모방하여 탄생한 것이라 말합니다. 예를 들어 여러분과 함께 사는 반려견이 있어요. 녀석의 이름은 토마입니다. 그런데 플라톤은 우리가 밥을 주고, 같이 산책하고, 목욕을 시켜주며 애지중지 키우는 토마는 '진짜'가 아니라고 봅니다. 토마는 '개'의 이데아를 모방한 현상일 뿐이라는 거예요. 이데아는 영원하며 변하지 않는데 우리와 함께 사는 토마는 시간이 지나면 늙고 병들고 그러다가 죽음을 맞이하잖아요? 플라톤이 볼 때 그처럼 변화하고 소멸하는 것들은 이데아가 아닌 거예요. 따라서 플라톤의 이데아는 ①보편적 개념, ②생성과 소멸을 모르는 영원히 변화하지 않는 것, ③그 자체로 존재하는 실체, ④영원히 스스로와 동일한 것, ⑤만물의 원인, ⑥만물의 원형, ⑦모든 것이 추구하는 목표 등의 의미를 지닙니다.

　문제는 절대로 변하지 않는 이데아와 생성·소멸하는 현상계가 어떻게 연관을 맺느냐 하는 점이에요. 좀 어렵지요? 플라톤은 이 관계를 설명하기 위해 '모방(模倣, mimesis)', '분유(分有, methexis)', '임재(臨在, parousia)'라는 개념을 가져옵니다. '모방'은 말 그대로 어떤 원형을 따라 하는 것이고, '분유'는 일부분을 가지는 것, '임재'는 어떤 특성이 존재에 잠시 머무는 것으로 보면 됩니다. 하나씩 살펴볼게요. 먼저 모방이란 어떤 사물이 원형인 이데아를 불완전하게 복사한 거예요. 사물(개들)은 다양한 모습(골든레트리버, 삽살이, 웰시코기 등)으로 나타날 수 있지만, 어떤 일정한 종류의 사물에 해당하는 이데아(개의 이데아)는 단 하나뿐이라는 것입니다. 다시 말해 이데아는 같은 유(類) 아래 속하는 개별물에 공통되는 일자

(一者)이지요. 그러므로 하나의 동일한 이데아를 모방하는 사물은 다수일 수 있고요. 이를 테면 모양은 다르지만 각각의 개들은 하나같이 '인간에게 충직한', '집을 잘 키지는', '사람을 잘 따르는' 등과 같은 '개의 이데아'의 보편적 본질을 갖고 있잖아요? 즉, 개별물이란 이데아의 보편적 본질을 나누어 가진(=분유)다고 파악하는 것입니다. 그런데 플라톤은 이데아의 특성이 나타나는 현상을 개별물의 입장에서 보느냐, 이데아의 입장에서 보느냐에 따라 다른 개념을 적용합니다. 개별물 쪽에서 볼 때엔 이데아를 나누어 가지는 것(=분유)이고, 이데아 쪽에서 볼 때엔 개별물에 임시로 머무는 것(=임재)이니까요.

그런데 플라톤의 이데아론에는 많은 모순이 담겨 있습니다. 우선, 모든 개별적인 사물은 각각 차이가 나는데 똑같은 이데아를 모방한 개별물이 어떻게 해서 그런 차이를 드러내는가를 설명하는 게 쉽지 않지요. 또 모든 사물이나 사건에 공통되는 하나의 이데아가 있다면 악이나 악인의 이데아도 있어야 하지 않겠어요? 그러나 악의 이데아라는 것은 그 자체로 모순입니다. 왜냐하면 이데아는 완전하고 동시에 선한 것이기 때문이에요. 또 이데아가 불변이라면 고대에 존재했던 공룡의 이데아는 대체 어디로 간 것일까요? 아직도 어떤 다른 차원에 존재하고 있으면서 다만 현상계의 모방을 차단하는 것일까요? 왠지 플라톤의 이데아는 인간의 소원과 현실이 혼동된 것으로 보이지 않나요? 세계를 처음부터 고정되어 있는 불완전한 것으로 보고 이러한 세계를 넘어서 있는 완전한 어떤 것을 상상하다가 그것이 바로 참된 존재라고 주장하는 주객전도가 이루어진 셈이지요. 관념론은 대개 이러한 입장에 서 있답니다.

철학자가 왕이 되거나 왕이 철학을 해야 한다.

플라톤이 자신의 이데아론을 정치 문제에 적용하여 집필한 책이 『국가
론』입니다. 여기서 '이상국가론'을 펼쳤지요. 플라톤의 국가관은 그의 영
혼론과 연관됩니다. 플라톤에 의하면 인간은 영혼의 상태에 따라 평등하
지 않고 차별이 있다고 해요. 그리고 영혼의 차이가 사회적인 위치의 차
이를 결정하고요. 플라톤은 인간의 영혼을 '이성, 의지, 욕망'으로 나눈

▼「플라톤의 향연」(안젤름 포이어바흐, 1873)

다음, 이성의 덕은 지혜이고, 의지의 덕은 용기이고, 욕망의 덕은 절제라 말합니다. 그리고 이 세 가지 덕이 서로 조화를 이룰 때 정의의 덕이 발생한다고 보았는데요. 이것은 그리스에서 중요시한 네 가지 주요 덕목이기도 합니다.

플라톤은 국가도 이러한 영혼의 상태에 합당하는 세 계급으로 나누어 서로 조화를 이루어야 정의를 실현할 수 있다고 믿었어요. 이성에 해당하는 통치 계급(철학자, 왕), 의지에 해당하는 수호 계급(군인과 경찰), 그리고 욕망에 해당하는 생산 계급(농민과 노동자)이 각기 구분되어 자기 의무에 충실할 때 정의가 발생한다는 것인데요. 영혼의 세 부분처럼 국가의 세 계급도 서로 같은 관계에 있어야 한다고 주장했지요. 이성이 욕망을 지배하는 것처럼 통치 계급이 생산 계급을 지배해야 하고, 의지가 이성과 우호 관계에 있어야 하는 것처럼 군인과 경찰은 통치자의 명령에 따라야 한다고 말입니다.

플라톤의 주장에 따르면 한 국가의 지배자는 이론과 실천을 겸비한 50세의 남자여야 합니다. 그리고 지배 계급은 스스로의 이익이 아니라 국가의 이익에 모든 노력을 기울여야 하므로 소유나 사유재산이나 가족을 가지면 안 된다고 해요. 소유욕과 가족에 대한 배려가 때로 이기심을 조장하여 국사를 뒤바꿀 수 있다고 본 것입니다. 그리고 통치 계급은 생산 계급의 노동 결과 만들어진 산물을 이용하여 살면서 공동생활을 해야 한다고 주장해요. 아내도 공동으로 소유해야 한다면서, 뛰어난 여자들이 20세의 적령기에 우수한 남자들과 가능한 한 자주 결합하여 훌륭한 아이를 많이 탄생시켜야 한다고 말했답니다. 그러나 아이들이 누가 자기 아버지인지 또 수호자는 누가 자기의 자식인지를 구별할 수 없어야 한다고 주장했어요. 구별이 가능해지면 다시 가족 관념이 생겨 국사보다 개인적인 일에 관심을 쏟을 우려가 있기 때문이라나요? 그리고 이렇게 태어난 아이들을 공동으로 양육하고 교육시켜야 한다고 역설했답니다. 또한 생산 계급은 사유재산과 가족을 소유할 수 있으나 정치에는 참여할 수 없고요.

통치 계급이 사유재산을 갖지 않는다는 사실을 근거로 플라톤의 정치 사상이 때로 공산주의 사상의 시초로 해석되기도 하는데요. 이 경우의 공산주의는 문자 그대로 재산을 공동으로 관리하는 사회를 이상으로 하는 정치 이념입니다. 예컨대 슈퇴리히는 자신의 저서 『세계철학사』에서 플라톤을 비판하면서 "플라톤은 물질적인 소유나 아내와 연관된 남자의 소유욕을 과소평가한다. 그는 성적 영역이나 사유재산의 영역에서 한 계급이 철저한 공산주의에 만족할 것이라고 생각한다"라고 썼습니다. 재산과 아내의 공동 소유 문제만 생각한다면 플라톤을 공산주의 사상의 시초라고 생각할 수도 있어요. 그러나 맑스 이후의 현대 공산주의는 재산의 공동 소유뿐만 아니라 더 복잡한 정치관, 역사관을 포함하고 있으므로 사유재산 및 분업에 연관된 플라톤의 사상과 맑스의 사상은 반드시 비교·검토*되어야 합니다.

*맑스의 이상이 사회적 분업, 계급, 착취 등이 소멸된 사회 속에서 개인의 모든 능력과 재능을 전면적으로 개발시키는 데 있었다면, 플라톤의 이상은 세 계급을 가능한 한 잘 유지하고 모든 사람이 자기의 신분에 따라 자기의 임무를 다하게 하는 데 있었다. 곧 철학자는 통치자로, 수호자는 전사로, 그리고 나머지는 생산자로 최선을 다해야 한다는 것이다. 이런 의미에서 맑스와 플라톤의 이상은 현실적으로 상반된다고 말할 수 있다.

철학 꿀딴죽
6hrs · 🌐

아카데메이아, 이데아, 관념론, 기하학

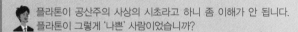 플라톤이 공산주의 사상의 시초라고 하니 좀 이해가 안 됩니다. 플라톤이 그렇게 '나쁜' 사람이었습니까?

앞에서도 설명이 나왔지만 여기서 말하는 공산주의란 재산을 다 함께 공유하는 이념입니다. 그리고 플라톤은 통치 계급에게만 그것을 적용하려 했습니다. 부정부패를 근절하기 위해서였지요. 오늘날에도 일정한 지위를 가진 사람은 사유재산을 가져서는 안 된다는 법이 존재한다면 부정부패가 줄어들겠지요.

👍 Like　　💬 Comment　　➤ Share

아리스토텔레스(Aristoteles, 기원전 384~322)는 의사의 아들로 태어났습니다. 아버지는 마케도니아의 왕 아만티스 2세의 궁정 의사였는데요. 양친의 직업은 아들의 정신세계에 많은 영향을 미쳤어요. 특히 의사라는 직업에서 오는 과학 정신을 아들에게 물려주었답니다. 아리스토텔레스 역시 어려서는 소피스트들의 수사학에 관심을 기울였어요. 편견 없이 당시에 가능했던 모든 구체적인 지식과 이론을 습득했습니다. 그는 17세에 플라톤의 아카데메이아에 입학하여 두각을 나타냈는데요. 플라톤이 "크세노크라테스에게는 박차(拍車)가 필요하고, 아리스토텔레스에게는 고삐가 필요하다"고 말했을 만큼 아리스토텔레스의 재능이 뛰어났다고 전해집니다.

아리스토텔레스는 해외여행을 많이 하면서 생물학, 특히 해양 생물의 다양한 생태를 계속 연구했습니다. 플라톤이 기하학을 중시한 반면 아리스토텔레스는 생물학을 중시하면서 현실에 눈을 돌린 거예요. 스승 플라톤이 내면을 강조하여 밖으로 향하는 감각을 모멸하고 이성과 영혼의 소

리에 모든 것을 걸었다면, 제자 아리스토텔레스는 외향적이며 지칠 줄
모르는 호기심으로 경험의 영역을 개발하려 했지요. 르네상스 시대의 화
가 라파엘로가 그린 유명한 벽화 「아테네 학당」을 보세요. 손가락으로 하
늘을 가리킨 플라톤이 천상적인 것에 관심을 둔 반면 아리스토텔레스는
땅을 가리키는 동작을 통해 지상적인 것에 관심을 두었음을 보여줍니다.

고향으로 돌아온 아리스토텔레스는 아버지와 관계를 맺고 있었던 마
케도니아 왕 필립 2세의 초청으로 그의 아들 알렉산더의 교육을 담당하

▼라파엘로의 「아테네 학당」

▲「아리스토텔레스의 학교」(구스타프 아돌프 슈팡엔베르크, 1883~1888)

게 됩니다. 당시 알렉산더의 나이는 13세였고 그는 장래 통치자로서의 덕을 닦아야 했어요. 따라서 그의 교육은 정치 문제를 소홀히 할 수 없었고, 그것은 훗날 아리스토텔레스의 정치학이 성장하는 계기로 작용합니다. 필립 2세가 죽은 뒤 알렉산더가 왕위를 계승하자 아리스토텔레스의 임무도 끝납니다. 따라서 그는 아테네로 돌아와 '리케이온'이라는 학원을 설립하고, 여기에 도서관을 세워 수많은 원고, 지도, 동식물 표본 들을 소장하면서 이것들을 강의에 사용했어요. 또한 아리스토텔레스는 비교를 할 목적으로 모두 158개에 달하는 헌법을 수집했다고 합니다. 그런데 기원전 323년 알렉산더 대왕이 죽은 후 반(反)마케도니아 운동이 아테네에까지 밀려오자 알렉산더 대왕과 밀접한 관계를 맺고 있었던 아리스토텔레스도 박해를 받게 됩니다. 소크라테스처럼 무신론자라는 이유로 고발되기도 했고요. 하지만 그는 "아테네 시민들이 철학에 대해 다시 한 번

죄를 짓게 하지 않도록"이라는 말을 남기고 칼키스로 피신한 뒤 그곳에서 기거하다가 위장병으로 사망합니다. 죽음에 임박한 그는 소크라테스처럼 침착했다고 하는데요. 친지들에 대한 배려를 보이며 노비들의 처우 문제를 상세히 언급한 유서를 남겼다고 합니다.

실체는 질료와 형상으로 구성된다.

아리스토텔레스는 그리스 철학의 양대 핵심인 데모크리토스의 유물론과 플라톤의 관념론을 조화시키려 했습니다. 따라서 스승인 플라톤의 이데아론을 가차 없이 비판했어요. 아리스토텔레스에 의하면 플라톤의 이데아란 개별적인 사물에 대한 '쓸데없는 중복'에 불과했습니다. 세상에는 개별적인 사물만 존재하지 이데아와 같은 것은 없다는 것인데요. 실체란 다른 것의 도움 없이 그 자체로 존재할 수 있는 어떤 것이라 생각하여 "실체는 개별자 속에서만 발견될 수 있다(Substantial reality is to be found in particular things)"라고 주장하면서 데모크리토스의 유물론을 추종했습니다. 그러나 개별자는 질료와 형상으로 구성된다고 주장하면서 플라톤의 이데아를 어느 정도 수용하는 모습을 보여줍니다. 개별물을 구성하는 형상은 물질적인 요소를 벗어나 이데아와 같은 성격을 지닌다고 생각하면서 플라톤의 '이데아-현상'의 관계를 '형상-질료'의 관계로 변화시켰어요. 그는 모든 사물의 생성과 변화를 질료와 형상의 두 계기로써 파악했는데, 여기서 질료는 필수불가결 요소이지만 수동적인 역할밖에 하지 못합니다. 즉, 질료는 형상의 작용을 통하여 비로소 실현되는 어떤 것이에요. 반면 형상은 질료를 움직이게 하는 목적인(目的因)이고요. 하지만 형

▲아리스토텔레스(프란체스코 하예츠, 1811)

상에 능동성을 부여했다는 점에서 아리스토텔레스는 여전히 플라톤의 영향을 완전히 벗어나지 못했습니다.

아리스토텔레스에 의하면 자연과 우주는 제1질료로부터 제1형상을 향하여 생성·변화하는 커다란 하나의 체계입니다. 그는 제1형상을 일컬어 "질료가 포함되지 않는 순수 형상이며, 모든 운동의 원인이 되는 근원으로서 그 자체는 운동하지 않는 '부동의 원동자'이고 모든 질료가 그것을 향해 움직이는 최고의 목표"라고 했습니다. 즉 순수한 사유이자 자족(自足)한 최고 존재라는 것인데요. 얼핏 신과 비슷한 모습을 지닌 것으로 보이지요? 그러나 아리스토텔레스는 그것이 신과 달리 스스로 움직이지 않는 존재라고 했습니다. 덕분에 아리스토텔레스적인 신의 개념은 '활동하지 않는 불행한 존재'라는 비판을 받기도 해요. 아리스토텔레스는 순수 형상과 함께 제1질료의 시원성과 영원성을 주장했는데요. 이것은 창조설과 어긋나는 유물론적인 통찰이었음에도 불구하고 중세의 신학자들이 그만 이 점을 간과한 거예요.

덕은 중용을 지키는 데 있다.

아리스토텔레스는 인간의 모든 행동이 지향하고 있는 최고선의 개념을 규명하는 것이 윤리학의 근본 과제라고 생각했어요. 그리고 최고선은 바로 행복과 연결된다고 보았습니다. 아리스토텔레스는 훗날 그의 아들인 니코마코스를 위해 윤리학을 기술했는데, 이 책이 바로 그의 사후에 아들이 편집한 『니코마코스 윤리학』입니다. 아리스토텔레스는 윤리적 규범을 제시하기보다 구체적인 행동 방식을 기술한 것으로 유명합니다. 그는 본능과 이성의 조화에서 윤리적 가치를 찾았는데요. 그것이 바로 '중용의 덕(golden mean)'입니다. 플라톤이 본능이나 감성을 억제하는 이성의 역할을 강조한 것과 대비되지요? 그는 "용기는 비겁과 만용의 중용이며, 자선은 인색과 낭비의 중용이다"라고 말했습니다. 하지만 인간의 행위에서 도를 넘지 않고 적당하게 절제하는 것은 안정된 사회생활을 유지할 수 있는 귀족 계급에게 유용한 도덕이었을 뿐 노예나 노동자들에게는 적합하지 않았어요. 그들에게 중용을 지키라고 강조하는 것은 비참한 상황을 변혁할 수 있는 행동을 포기하라는 뜻과 마찬가지였으니까요.

생물학, 경험, 리케이온, 형상, 질료

 중세에는 아리스토텔레스의 책이 위험한 것으로 간주되어 일반 인에게 공개되지 않았다고 하는데 그 이유가 무엇입니까?

 아리스토텔레스가 주장하는 제1질료 때문입니다. 제1질료는 창조 되지도 않고 소멸하지도 않는 물질입니다.

 아리스토텔레스가 말하는 중용이 중국 고대 철학에서 말하는 중 용과 같은 의미를 지닙니까?

 거의 비슷하지요. 도를 넘지 말고 본분을 지키라는 행동 지침을 말하니까요.

👍 Like　　💬 Comment　　➤ Share

디오게네스

IDENTIFICATION

4차원 걸인 철학자

일반적으로 철학은 한가한 사람들이 즐기는 지적 유희로 오해되기 쉬워요. 일반적으로 철학자 하면 긴 머리에 수염을 기른 사람들이 지팡이를 짚고 한적한 길을 산책하면서 사색에 빠진 모습을 떠올리잖아요? 비현실적인 인간으로 오해도 많이 받고요. 하지만 이것은 참다운 철학과 거리가 멉니다. 현실과 대결하면서 그것을 뚫고 나가려는 강인한 의지가 없는 사람은 철학을 할 수 없어요. 역으로 말하면 열심히 현실을 살아가려는 사람은 모두 훌륭한 철학자인 셈입니다.

키니코스학파의 걸인 철학자 디오게네스(Diogenes, 기원전 400~324)는 소크라테스의 영향을 받은 사람입니다. 나무통을 주거지로 삼았던 그는 모든 향락을 거부하고 최소한의 물질만 가지고 생활한 것으로 이름났지요. 그런데 그가 딱 무시한 것이 하나 있어요. 최소한의 물질이라도 얻으려면 어쨌거나 일을 하지 않으면 안 된다는 점입니다. 누군가 최소한의 음식을 제공하지 않았다면 그는 굶어 죽었을 테니까요. 통 속에 주저앉아 개처럼 살 수도 없었을 거고요. 그런 만큼 디오게네스는 기인 철학자

▲「통 속에 들어앉은 디오게네스」(장-레옹 제롬, 1860)

로 평가받을 수 있을지 몰라도 참된 철학자의 반열에 들어가긴 힘들 것
같아요.

햇빛이나 가리지 말고 비켜주시오.

알렉산더 대왕은 유명한 현자가 있다는 소문을 듣고 디오게네스를 찾아
갑니다. 그러고는 "소원이 무엇이냐?"고 묻자 디오게네스가 이 말을 했다
고 전해지는데요. 우리는 이것을 두 가지 의미에서 평가할 수 있습니다.

첫째, 철학자의 마음에는 세속적인 잣대로 평가할 수 없는 어떤 깊은
뜻이 들어 있으므로 그것을 부나 권력으로 가늠하려는 짓은 헛된 것이라
는 의미입니다.

둘째, 세상을 등지고 자기 자신의 내면에만 집중하는 철학은 참다운

▲정직한 사람을 찾고 있는 디오게네스(c. 1780)

철학이 될 수 없다는 점이에요. 세상이 모순으로 가득하고 삶이 고뇌로 이어진다 해도 인간과 삶을 진정으로 사랑하는 철학자라면 모름지기 세상을 향해 무엇인가 말하고 행동도 해야 합니다. "이것도 마음에 들지 않고, 저것도 마음에 들지 않아" 하면서 불평만 일삼고, 혼자 고고한 척하는 태도는 별로 좋아 보이지 않아요. 행동하지 않는 양심은 실제로 진짜 양심이 아니잖아요? 무기력할 뿐이지요. 디오게네스는 이 말을 통해 현실 개조나 변혁에 눈을 돌리지 않는 철학은 공허한 지적 유희나 자기 위안으로 끝날 뿐이라는 사실을 보여준 것에 불과하지 않을까요?

철학 꿀딴죽
6hrs · 🌎

키니코스학파

 철학자는 실천으로써가 아니라 이론으로써 세계를 변화시키는 것이 아닙니까?

 맞습니다. 단, 그 이론이 많은 사람들의 공감을 얻어야 합니다. 혼자만이 납득하는 주장은 아무런 힘도 없습니다. 실천을 겸비한 철학자는 더 훌륭하지요.

👍 **Like**   💬 **Comment**   ➤ **Share**

에 피 쿠 로 스

IDENTIFICATION

즐 거 움 의   철 학 자

마케도니아의 알렉산더 대왕이 지중해를 지배하면서 그리스의 도시국가는 멸망합니다. 하지만 그리스의 문화는 정복자를 오히려 정복해갔어요. 기원전 322년에 아리스토텔레스가 죽고, 323년에 알렉산더가 죽으면서 그리스는 종말을 고하고 로마의 시대로 넘어가는데요. 우리는 이 시기를 '헬레니즘-로마 시대'라 부릅니다. 이 시기의 철학적 특징은 실천적인 문제에 눈을 돌렸다는 점이에요. 그 가운데서도 가장 중요하게 떠오른 문제가 바로 "인간이 어떻게 행복해질 수 있는가" 하는 점이었는데요. 에피쿠로스는 이처럼 그리스의 전통적인 종교가 인간의 의식 속에서 완전히 무너져가는 시대에 등장한 사람입니다. 다신론적인 사고 대신 범신론적 혹은 무신론적 사고가 풍미하기 시작한 무렵이었지요. 자연에 대한 인식은 종교적인 환상이나 기적으로부터 인간의 눈을 돌려 자연 자체의 법칙에 집중하게 만들었습니다. 물론 알렉산더 대왕이 죽은 이후 영토 분할을 둘러싼 다툼에서 불안이 야기되자 그리스 인들은 다시 종교에 눈을 돌리게 되었지만, 전반적으로 볼 때엔 무신론적이고 유물론적인 사고가 당대를 주도했다고 봐야 해요.

데모크리토스의 원자론을 계승하여 현세 중심적이고 낙천적인 철학을 제시한 에피쿠로스(Epicouros, 기원전 342~270)는 아테네에 거처를 정하고 유명한 정원을 사들여 학원을 설립했는데요. 이것이 '에피쿠로스의 정원'입니다. 여기에 모인 사람들은 보통 '정원의 철학자들'로 불렸고요. '에피쿠로스의 정원'에는 노예와 부녀자도 합세하여 철학 논쟁에 동등한 자격으로 참여했는데, 이는 고대 그리스의 철학 전통을 보자면 매우 예외적인 일이었답니다. 특히 에피쿠로스는 그의 노예인 미스를 항상 철학적인 대화에 끌어들였어요. 알렉산더 대왕의 사후 제국의 분할 전쟁이 일어나는 동안 에피쿠로스는 우정으로 결속된 공동생활의 윤리를 실현했습니다. 스승과 제자들이 소박한 생활 속에서 결합한 거예요. 그것은 시대적 혼란에 대한 간접적인 반격이라고도 할 수 있으며, 동시에 이러한 윤리가 알렉산더의 제국에서 확충되기를 그들은 바라고 있었던 것입니다.

죽음은 인간에게 없는 것과 같다.

에피쿠로스에 의하면 '자연의 현상을 전체적으로 인식할 때만' 인간의 마음은 완전한 평온을 얻을 수 있어요. 인간의 영혼을 불안하게 만드는 가장 큰 요인은 미신과 기적인데요. 이것들은 자연 법칙을 잘 이해하지 못하는 데서 나옵니다. 따라서 에피쿠로스는 천체의 운동이 신의 의지에 따라 일어나는 것이 아니라 생성과 소멸이라는 자연 법칙, 곧 원자의 운동에 의해서 일어난다고 가르쳤어요. 자연의 영원한 법칙과 질서를 연구하는 것이 자연 과학자들의 임무이고, 이들이 얻어낸 인식을 근거로 인간이 행복을 누릴 수 있도록 도와주는 것이야말로 철학자들의 임무라고 역설했지요. 그런데 자연의 경과에 대한 단순한 지식은 별로 가치가 없습니다. 근본적인 원리를 알아야 해요. 단순한 지식은 인간을 공포와 미신으로부터 해방시킬 수 없으니까요. 변화의 원인을 많이 찾아낼수록 인간은 안정된 마음으로 자연을 관찰할 수 있고 그것이 곧 행복의 전제가 되지요. 사실 우리 인간은 변화와 소멸에 대하여 불안을 느끼기 쉽습니다. 그러나 사물의 변화를 자연의 필연적인 본질로 파악한 사람은 결코 불안을 느끼지 않아요. 인간의 가장 큰 불안은 결국 죽음과 신에 대한 공포에서 나오잖아요? 죽음에 대한 공포를 느끼는 많은 사람들이 종교에 귀의하는 이유이지요. 죽을 수밖에 없는 존재인 인간은 비참하고, 사후에 영혼이 살아 있어 계속 고통을 받는다는 상상 때문에 인간은 더욱더 죽음을 두려워하게 되는데, 이에 대해 에피쿠로스는 "인간은 죽음의 본질을 명확하게 인식해야 한다"고 말합니다. 죽음이란 인간에게 아무 상관도 없는 것이라면서요.

여러분도 가까운 사람의 죽음을 경험하게 되면 무척 두려울 거예요. '나도 언젠가 죽는다'는 사실 때문에 때로 절망에 빠질 때도 있을 테고, '어차피 죽을 거, 뭐 그렇게 열심히 공부하냐?'고 생각할 수도 있을 거예요. 이럴 때 생각을 조금만 바꿔보면 어떨까요? 우리가 살아 있을 때는 죽음이 존재하지 않으며, 죽음이 왔을 때 우리는 더 이상 존재하지 않는다고 말입니다. 그 자체로 아무런 의미가 없는 어떤 것이 다가온다고 해서 우리가 두려워할 필요는 없잖아요? 인간을 불안하게 만드는 것은 죽음 자체가 아니라 죽음에 대한 생각입니다. 그러나 이것은 무지에서 나오는 기우(杞憂)지요. 옛날 중국 기(杞)나라에 살던 어떤 사람이 "하늘이 무너지면 어디로 피해야 좋을 것인가?" 하면서 침식을 잊고 걱정했던 것처럼요.

인간이 영원히 산다고 가정해봅시다. 얼마나 무미건조하고 지루한 삶이 되겠어요? 도무지 끝을 찾을 수 없는 블랙홀에 빠진 것처럼 무한 반복되는 삶에 과연 의미가 있을까요? 주어진 시간에 끝이 있다는 것을 사실로 받아들이기에 인간은 하루를 더 열심히 사는 것 아닐까요? 죽음이 있기에 오히려 삶이 더 값집니다. 따라서 삶의 가치란 죽음의 본질을 통찰하고 삶의 유한성을 인정할 때 비로소 드러나게 마련입니다. 사실 현재의 삶에서 얻지 못한 행복은 훗날에도 주어지지 않아요. 그러니 아무런 의미도 없고 아직 다가오지도 않은 죽음을 생각하며 현재의 시간을 흘려보내는 일처럼 바보짓은 없을 거예요. 물론 그렇다고 해서 빨리 죽기를 바라는 것은 더욱 우둔한 생각입니다.

에피쿠로스는 이런 생각에 깊이 몰두했어요. 그래서 "죽음이 없으므로 내세도 없고, 신도 존재하지 않으며, 신이 존재할 필요도 없다"고 생각했습니다. 그러고는 죽음과 신에 대한 공포로부터 벗어나 삶의 기쁨과 쾌락을 향유하라고 가르쳤어요. 현명한 사람은 음울한 종교적 환상에서 벗어나 현세적 삶을 위축시키는 모든 것을 스스로의 이익을 위해 내던집니다. 인간의 능력이나 정신을 제한하는 것, 수행의 기쁨이나 육체적 쾌락을 방해하는 것, 스스로의 운명을 엮어가는 데 방해가 되는 모든 것을 과감히 떨쳐버릴 때 인간은 자기 운명의 주인이 되어 행복해질 수 있다고 보았지요. 그는 "즐거움이 행복한 삶의 출발이고 끝이다(Pleasure is the beginning and end of the blessed life)"라 말했습니다. 이런 의미에서 에피쿠로스는 염세주의의 적대자였고, 철저한 낙천주의자였습니다. 그의 저술이 『즐거움의 철학』이라는 제목을 달고 있는 이유, 이해되지요?

철학 꿀딴죽
6hrs · 🌐

 # 에피쿠로스의 정원, 낙천주의자

저는 시체만 보아도 무서움을 느끼는데 그것은 죽음이 있다는 증거가 아닙니까?

시체와 죽음은 다릅니다. 그리고 보통 사람은 죽음을 두려워합니다. 다른 사람의 죽음을 통해서 죽음이 무엇인가를 알고 있기 때문입니다. 그러나 죽음은 필연적인 자연 법칙에 속하고 누구도 벗어날 수 없기 때문에 미리 죽음을 걱정하지 말고 현재의 삶을 열심히 살아가라는 것이 에피쿠로스의 주문인 것 같습니다.

 👍 Like   💬 Comment   ➤ Share

아우렐리우스

IDENTIFICATION

명 상 하 는   황 제

로마의 황제 철학자 아우렐리우스(Marcus Aurelius, 121~180)는 로마 집정
관의 아들로 태어나 황제가 되었지만, 어렸을 때부터 품어왔던 철학에
대한 동경을 버리지 않았습니다. 당시 로마 제국을 통치한다는 것은 커
다란 책임감을 요구하는 과제였어요. 아우렐리우스는 정권을 인수한 때
부터 주위의 여러 민족들과 전쟁을 수행해야 했는데요. 특히 게르만 족
의 침입이 가장 귀찮은 일이었습니다. 침입자들을 격퇴하는 데엔 성공
했지만, 분쟁의 요소가 완전히 없어진 것은 아니었거든요. 그 와중에 아
우렐리우스는 위장병으로 건강이 약화됩니다. 그러자 황후가 장군 카시
우스와 모략을 꾸며요. 다행히 카시우스가 살해되어 화근은 없어졌지만,
그 사이 도나우 강변에서 다시 이민족이 침입해 들어옵니다. 179년의 전
투에서 결정적인 승리를 거둔 아우렐리우스는 안타깝게도 페스트에 감
염되어 사망하고요.

아우렐리우스는 많은 고통을 체험한 철학자이자 황제입니다. 그는 특
히 나약한 아들 때문에 괴로워했어요. 자신이 이루어놓은 과업을 아들이

▲마르쿠스 아우렐리우스의 동상

잘 유지할 수 없을 거라는 예감 때문에요. 아들에 대한 사랑이 크면 클수록 아버지로서 겪는 고통도 더욱 커졌습니다. 게다가 어렸을 때부터 품고 있었던 철학에 대한 동경을 황제의 의무 때문에 포기해야 했던 것도 고통스러운 일 중의 하나였어요. 황제라는 직분은 고귀한 것이지만, 그에게는 그다지 달갑지 않았습니다. 자기 방식대로 살아갈 수 없게 하는 많은 의무를 부과하니까요. 그래서 아우렐리우스는 무엇보다도 의무감에서 황제의 직분을 감당하고 수행했습니다. 비도덕적이고 개성이 없었던 부인과의 결혼 생활도 그에게는 불행감만 더해줄 뿐이었습니다. 경솔하고 무능한 의붓동생을 정치에 참여시키는 일 역시 괴로운 일이었고요. 그러나 아우렐리우스는 이 모든 것을 자기의 의무로 받아들였습니다. 황제, 남편, 형제, 아버지로서의 의무를 그는 충실히 수행하려 했고, 스스로의 감정을 억눌렀어요. 그러한 체험을 그는 명상 형식으로 기록합니다.

자연의 이법에 순응함으로써 마음의 평온을 얻어라.

아우렐리우스는 스토아 철학의 이념을 실천적으로 수행하려 했고, 그것을 『명상록』에 서술했습니다. 스토아 철학은 사회적, 인종적인 구분을 두지 않고 모든 인간들을 향한 정의와 사랑의 실현을 요구하는 점에서 휴머니즘적인 요소를 포함하고 있어요. 그러나 이러한 장점에도 불구하고 이 철학은 전반적으로 숙명론에 빠졌습니다. 그들의 이념은 추상적인 요구에 머물렀고 개인의 내면만을 강조하게 되었지요. 인간의 삶이란 한 순간에 불과하니 감정을 억누르고 자연의 이법에 순응하라는 이들의 요구는 결국 현존하는 질서에 순응하라는 요구와 다름없었으니까요. 그렇기에 스토아 철학은 대부분 로마의 지배층에서 옹호되고 호응을 받았습니다. 노예나 하층 시민들이 사회적인 불평등에 항거할 수 있는 힘을 스토아 철학이 마비시킨 것과 다름없는데요. 이는 다음 세대에 종교가 성장할 수 있는 요인을 만들어줍니다.

유물론에서 출발한 스토아 철학은 차차 플라톤적 관념론에 접근하면서 신비주의적 경향이나 숙명론적 염세관을 바탕으로 한 개인주의적인 도덕론으로 기울어져요. 우주의 역사에 비하면 인류의 역사는 한 점과 같고, 인류의 역사에 비하면 개인의 생애 역시 한낱 점과 같은데 아등바등 일생을 살아갈 필요가 있느냐고 물으면서 자연의 이법에 몸을 맡기고 조용히 살아가는 것이 최선이라 이야기했습니다. 따라서 스토아 철학은 에피쿠로스학파가 철저하게 극복하려 했던 미신과 기적을 용인해요. 골치 아프게 진위 여부를 따질 필요가 없다고 여긴 거예요.

이들이 이성을 강조하면서도 숙명론에 빠진 이유는 인간의 실천적 능동성을 경시했기 때문입니다. 다시 말해 인간이 이성을 통하여 세계와 자연을 파악하고 이들을 인간의 목적에 맞게 실천적으로 변혁해갈 수 있다는 계몽 정신으로부터 점점 더 멀어진 거예요. 에피쿠로스학파가 "삶을 가능한 한 많이 즐기도록 여러분의 감정을 잘 살려라!(Cultivate your sensibilities so that you may enjoy life as much as possible)" 하고 말한다면 스토아학파는 "삶이 가능한 한 적게 상처를 받도록 여러분의 감정을 억누르라!(Steel your sensibilities so that life will hurt you as little as possible)" 하고 호소하는 것 같은 인상을 줍니다.

철학 꿀딴죽
6hrs · 🌐

스토아 철학, 숙명론

순진한 어린아이가 갑자기 죽는 경우처럼 자연이 불공정할 때도 있는데 모든 것을 조용히 받아들이라는 말입니까?

자연의 의도는 인간의 파악 능력을 넘어서 있다는 말인 것 같습니다. 자연은 전체적으로 균형을 유지하려 하기 때문에 거기에 이의를 제기하는 것은 인간의 욕심이라는 것입니다.

에피쿠로스의 말대로라면 "사랑을 많이 하면서 즐거움을 느껴라"인 것 같고 아우렐리우스의 말대로라면 "사랑을 하면 상처받기 때문에 될 수 있는 대로 이성을 멀리해라!"인 것 같은데 젊은 이들은 누구의 말을 따라야 합니까?

어려운 질문입니다. 사랑을 하면서도 상처받지 않도록 노력하는 것이 좋을 것 같습니다.

👍 Like 💬 Comment ➤ Share

에피쿠로스학파와 스토아학파 이외에 헬레니즘-로마 시대에 제3의 철학 경향이 나타났는데요. 바로 피론(Pyrrhon, 기원전 390~270)을 중심으로 하는 회의학파입니다.

판단 중지가 최선의 지혜다.

이것저것 생각할 것 없이 아예 판단을 중지해버리는 것이 상책이라는 회의학파의 주장은 너무 소극적이었습니다. 옳은 것도 없고 그른 것도 없으며 진리란 아예 불가능하다는 이들의 주장대로라면 굳이 신념을 가질 필요도, 철학을 할 필요도 없어 보여요. 그냥 생각 없이 사는 것이 가장 행복한 것처럼 보입니다. 이들과 연관된 일화가 있어요. 이 학파의 스승 하나가 잘못하여 물에 빠졌습니다. 우연히 그곳을 지나가던 제자 하나가 그 모습을 보고 고민합니다. '위험을 무릅쓰고 스승을 구할 것인가, 말 것인가?' 하고요. 그때 제자는 순간적으로 판단 중지를 떠올립니다. 그

▲폭풍우가 몰아치는 바다 한가운데 있는 피론(페트라르카마이스터, 16세기)

래서 모든 판단을 중지하고 그냥 지나칩니다. 나중에 다른 사람에게 구조된 스승은 제자를 만나 이렇게 말했대요. "그대는 내 가르침을 가장 잘 실천했으니 조금도 죄의식을 가질 필요가 없다!"

셰익스피어도 "삶이란 느끼는 자에게는 희극이고 생각하는 자에게는 비극이다(Life is a comedy to those who feel, but tragedy to those who think)"라고 말했습니다. 그런데 과연 생각을 떠난 삶이 존재할 수 있을까요? 올바른 삶이 가능할까요? 저는 아무리 생각해도 불가능할 것 같아요. 하지만 우리 인생에 희극만 있을 수는 없어요. 요즘 많은 사람들이 생각하기를 싫어하고, 귀찮아하는 경향이 있는데요. 매우 무책임한 태도입니다. 자신이 직접 만들어나가야 하는 자기 인생에 대한 주인 의식을 포기하는 것이니까요. 그러므로 우리는 자신의 운명, 나라와 민족의 장래를 함께 고심해야 해요. 판단 중지는 체념보다 더 소극적입니다. 체념은 알면서 포기하는 것이지만 판단 중지는 알려고도 하지 않는 것이니까요.

철학 꿀딴죽
6hrs · 🌐

회의학파, 진리란 불가능하다

판단을 중지하는 것이 제일 쉬운 일인 것 같습니다. 그런데 왜 사람들은 머리를 써가며 판단을 하려 합니까?

인간에게는 항상 가치라는 것이 있고 그 가치를 추구하며 살고 있기 때문입니다. 판단은 일종의 생각이고, 생각이 없는 인간이 인간 구실을 하겠습니까?

👍 Like   💬 Comment   ➤ Share

2장

신의 진리 vs. 인간의 진리

서양 중·근세 철학

아우구스티누스

IDENTIFICATION

반 전 (反 轉) 인 생

중세 철학은 교부*들에 의해서 기독교의 교리가 세워지던 교부 철학 (patristic philosophy, 3~8세기) 시기와 스콜라 철학(scholastic philosophy, 9~14세기) 시기로 나누어집니다. 교부 철학의 대표자는 아우구스티누스 (Augustinus, 354~430)이고, 스콜라 철학의 대표자는 토마스 아퀴나스랍니다. 중세 철학은 신의 존재, 창조, 악, 구원 등과 연관된 교리를 세우는 데 전념했으므로 합리적인 이성의 세계 속에서 인간의 본질을 추구하는 본래의 철학과는 거리가 멀었어요. 그래서 결국 이 시대의 철학은 '신학의 시녀'로 전락하고 말아요. 중세 철학이 해결하려 했던 주요 과제는 신앙과 지식의 연관성 문제, 악의 근원을 밝히는 변신론(theodicy)*의 문제, 신의 존재 증명 문제, 개별자와 보편자의 관계를 다루는 보편 논쟁 등이었습니다. 중세 철학자들은 이 문제들을 해명하는 데에 그리스 철학, 특히 플라톤과 아리스토텔레스의 철학을 많이 이용했어요.

*고대 교회에서 교의와 교회의 발달에 큰 공헌을 한, 종교상의 훌륭한 스승과 저술가들을 이르는 말.
*세상에 존재하는 악(惡)에 대한 책임을 신이 져야 한다는 주장에 대하여, 악의 존재가 이 세상의 창조주인 신의 의지에 반(反)하는 것이 아니라고 신을 변호하는 이론이다.

▲어머니 모니카와 학교에 간 아우구스티누스(니콜로 피에트로, 1413~15)

아우구스티누스는 북아프리카의 타가스테*에서 기독교 신자인 어머니와 이교도 아버지 사이에서 태어났습니다. 소년시절에 그는 라틴 문학에 관심이 많았는데요. 특히 초대 황제 아우구스투스 시대의 서사시인인 베르길리우스를 좋아했습니다. 수사법(修辭法)*을 배우기 위해 대도시인 카르타고로 유학을 떠났던 아우구스티누스는 이곳에서 학문에 몰두하기보다 인생을 즐기는 데 몰두한 나머지 열여덟 살에 미혼부(未婚夫)가 됩니다. 하지만 그 와중에도 키케로, 플라톤, 아리스토텔레스의 저술을 읽으면서 철학에 관심을 가졌어요. 한때 마니교(摩尼敎)*에도 발을 들여놓았고 회의주의에 빠지기도 했으나 신플라톤주의 책을 읽고 그것을 극복했습니다.

*오늘날 알제리의 수크아라스라고 불리는 도시다.
*다른 사람을 설득하는 기술을 말한다.
*3세기 초 마니가 조로아스터교에 기독교, 불교 및 바빌로니아의 원시 신앙을 가미하여 만든 자연 종교의 하나. 선은 광명이고 악은 암흑이라는 이원설을 제창하고 채식(菜食), 불음(不淫), 단식(斷食), 정신(淨身), 예배 따위를 중요하게 여겼다. 마니의 처형과 함께 페르시아에서는 박해를 받았으나, 지중해와 중국에까지 퍼져 14세기까지 번성하였다.

▲아우구스티누스의 개종(프라 안젤리코)

아우구스티누스는 3년에 걸친 유학 생활을 마치고 20세에 고향으로 돌아와 사설 학원을 차립니다. 그러나 상황이 여의치 않아 카르타고로 돌아가 그곳에서 7년 동안 수사법을 가르치며 살아요. 그 후 아우구스티누스는 이번엔 로마로 떠납니다. 하지만 여기서도 잘 적응하지 못했어요. 결국 그는 일자리를 얻어 밀라노로 갔는데, 여기서 엄청난 인생의 변화를 경험하게 됩니다. 당시 밀라노에는 가톨릭교회에서 으뜸가는 실무가라고 자처하는 암브로시우스 주교가 절대적인 영향력을 행사하고 있었는데요. 아우구스티누스는 그리스·로마 문명을 이교의 문명으로 단죄하는 주교의 설교에 매료됩니다. 그래서 교사를 그만두고, 아들까지 낳은 애인과의 오랜 관계도 청산하고, 어머니가 권하는 결혼도 마다하고, 앞으로의 인생을 신에게 봉사하기로 마음먹어요.

기독교 세례를 받고 고향으로 돌아간 아우구스티누스는 9년 동안 수

▲학문 연구에 몰두한 아우구스티누스(비토레 카르파치오, 1502)

도원 생활을 한 뒤 397년에 히포레기우스의 주교가 됩니다. 기독교의 교리를 정립하고 옹호하는 데 앞장섰지요. 교리를 둘러싼 논쟁에서 그는 점점 전투적이 되었는데, 특히 그의 공격은 이단으로 몰린 도나투스파*에 집중되었습니다. 전에는 북아프리카의 기독교도 중에서 다수를 차지하던 도나투스파가 가톨릭의 공세 앞에서 소수파로 전락한 것도 아우구스티누스 때문이었어요. 결국 도나투스파는 430년에 북방의 반달 족과 함께 아우구스티누스가 살고 있는 도시를 공격했고, 그 와중에 아우구스티누스도 사망합니다. 그가 남긴 대표적인 저술에는 『신국』, 『고백록』 등이 있습니다.

*4세기 초기에 북아프리카 기독교회에 출현한 교파. 교회 문제에 대한 국가의 간섭을 반대하고 철저히 종교적이어서 참회의 삶과 순교를 주장하였으며, 7세기까지 존속하다가 이단으로 몰려 쇠퇴하였다.

▲아우구스티누스의 초상(필리프 드 샹파뉴, 17세기)

교회 외에는 구원이 없다.

이 말은 모든 다른 종교나 인간의 양심 등은 영혼을 구원하는 데 아무 쓸모가 없다는 배타적인 선언이었습니다. 아우구스티누스는 교회의 권위와 교리를 파괴하려는 모든 학설에 단호하게 맞서 싸우면서 교회를 중심으로 하는 신의 나라를 지상에 건설하려 했어요. 선과 악을 동시에 인정하는 마니교의 교리, 교회가 국가로부터 독립해야 한다고 주장하는 종파들의 주장이 그에게는 주요한 투쟁 대상이었지요. 아우구스티누스는 '원죄설'을 부정하는 신학적 입장에 맞서 구원이 이미 결정되어 있다는 '예정설(豫定說)'*을 고수했습니다.

*우주 사이의 모든 사물이나 역사적인 사건은 모두 신의 예정에 의하여 된 것이라는 학설. 장로교 창시자인 칼뱅이 주장하였다.

91

그러나 신국을 건설하려던 그의 의도는 아직까지 성공하지 못했어요. 많은 유물론 철학자들이 종교란 신의 이름으로 민중을 지배하려는 통치 이념에 불과하다고 주장했기 때문입니다. 이런 생각은 프랑스 계몽주의 철학자들의 종교 비판에서 특히 잘 드러나는데요. 결국 신국을 건설하려 했던 중세는 무너지고 자본주의 사회가 도래합니다. 하지만 이는 신의 의지에 의해서가 아니라 과학의 발전과 생산 구조의 변화에 힘입은 결과 였고, 이 같은 변화 앞에서 신은 무력했어요. 신이 정말로 존재한다면 지상이 아니라 천상에서 이미 모든 것을 다 이루지 않았을까요? 교회 외에 구원이 없다면 기독교가 전파되기 이전에 살았던 무수한 사람들은 지금까지도 지옥에서 아우성치고 있을 테지요.

영혼은 눈이고 신은 빛이다.

아우구스티누스는 "빛이 없다면 눈은 아무런 기능도 발휘할 수 없다. 인간의 영혼도 신이 없다면 어둠 속에서 방황할 수밖에 없다. 신의 은총을 통해서만 인간은 옳은 길을 갈 수 있다"고 말했습니다. 아우구스티누스의 이러한 확신은 정당할까요? 왜 신의 빛을 따라 살아간 사람들이 십자군 전쟁을 일으켜 무고한 사람들을 대량으로 죽음에 몰아넣었고, 수천만 명의 아메리카 원주민들을 속임수까지 써가며 잔인하게 살해했을까요? 다른 나라를 자신들의 입장에서 '미개하다'고 비하하면서 침략과 식민 지화를 일삼는 행위가 정말로 신의 빛을 따르는 구원의 행위일까요? 이렇게 믿는 사람은 광신적인 기독교 신자밖에 없을 것입니다.

철학 꿀딴죽
5hrs · 🌐

 # 교부 철학, 신국, 예정설

중세가 '암흑의 시대'로, 중세의 철학이 '신학의 시녀'로 불리는 데 이견이 있습니다. 서양 문명은 중세의 문명을, 서양의 철학은 중세의 철학을 기반으로 발전되었다는 사실을 부정할 수 없잖아요?

기독교 신자들과 서양 중심의 사상가들은 그렇게 주장하지요. 그러나 무신론자나 다른 종교인들, 그리고 많은 동양 사람들은 중세 문명이 전반적으로 신 중심이 되어 인간의 존엄성을 훼손했다고 생각합니다.

👍 Like   💬 Comment   ➡ Share

아벨라르

IDENTIFICATION

중세 스캔들 메이커

기사의 아들로 태어난 아벨라르(Pierre Abélard, 1079~1142)는 학문 연구를 존중했던 아버지의 영향으로 파리의 노트르담 성당의 학교에 들어가 철학을 공부했습니다. 아리스토텔레스의 철학을 존중하면서 그의 논리학에 특별한 관심을 가졌던 아벨라르는 당시 신학자들이 아리스토텔레스의 철학을 왜곡하려 하자 불화를 겪기도 합니다.

후에 노트르담 참사회의 위원이 된 그는 자신의 탁월한 능력을 인정했던 참사 위원 퓔베르의 질녀 엘로이즈의 교육을 맡아요. 39세의 선생과 17세의 제자는 곧 사랑에 빠졌고, 아벨라르는 공부보다 사랑에 열중하게 되지요. 결국 엘로이즈는 임신을 하고 아벨라르는 엘로이즈를 몰래 빼돌려 아이를 낳게 한 후 그 사실을 퓔베르에게 고백하고 결혼을 허락해달라고 요청합니다. 퓔베르는 이 사실을 비밀에 붙인다는 조건 아래 결혼을 허락했지만 내심 분노에 휩싸여 복수를 결심해요. 이때부터 극적인 사랑의 드라마가 펼쳐집니다. 아벨라르와 엘로이즈는 몰래 결혼했지만 이 사실이 알려지기 시작했고, 설상가상으로 태어난 아들이 사망하면서 엘로

▲「아벨라르와 엘로이즈」(에드먼드 블레어 레이튼, 1882)

이즈는 수녀원에 들어갑니다. 화가 난 퓔베르는 깡패들을 동원하여 아벨라르의 성기를 잘라버렸지요. 하지만 두 사람의 사랑은 계속되었어요. 수도원에 들어간 뒤에도 아벨라르와 엘로이즈는 편지로 서로의 사랑을 확인했고, 사후에 두 사람은 평생의 소원대로 묘지에 합장되었답니다.

나는 믿기 위해서 안다.

당시 학자들은 신앙의 이성, 믿음과 지식의 문제를 둘러싸고 많은 논쟁을 벌였습니다. 신앙의 불합리성을 강조했던 신학자 테르툴리아누스는 "나는 불합리하기 때문에 믿는다"라고 말했고, 안셀무스는 "나는 알기 위해서 믿는다"라 말했는데요. 아벨라르는 이성과 지식을 신앙의 전제로 내세웠습니다. 그런데 생각해볼 점이 있어요. '불합리하기 때문에 무조건 믿어야 한다'는 주장은 신앙과 미신의 차이를 간과한 것이니까요. 지식으로 밑받침되지 않는 신앙이란 결국 미신에 불과한 것 아닐까요? 아벨라르가 올바른 신앙을 가지려면 무조건 믿을 것이 아니라 먼저 알아야 한다고 주장했던 것도 이런 맥락이지요.

아벨라르는 기독교 신앙을 거부했던 무신론자는 아니었지만, 불합리한 교리를 비판하고 합리적인 방식으로 이를 해석하려 노력한 사람입니다. 그렇기에 종종 교회로부터 '이단'이라는 비난을 받았던 거고요. 중세 철학에서 가장 큰 논쟁을 일으켰던 '보편자' 문제에 대한 그의 주장을 살펴볼게요. 보편 논쟁이란 보편자가 실재하느냐 실재하지 않느냐, 혹은 보편자와 개별자의 관계가 어떠한가 등을 다루는 논쟁입니다. 보편자란 플라톤의 이데아처럼 개별적인 사물에 공통되는 일자(一者)예요. 예컨대 우리가 즐겨 먹는 감, 사과, 배 같은 개별적인 과일에 들어 있는 '과일'이라는 개념이 보편자입니다. 사는 곳이 다르고 생김새나 사용하는 언어가 다르며 피와 살이 있어 살아 움직이는 개별적인 인간에 대하여 인류를 나타내는 '인간'이라는 개념도 보편자랍니다. 보편 논쟁은 보편자의 실재에 관한 인식론적인 문제였지만, 동시에 신학적인 문제나 형이상학적인 교리 체계와 깊은 연관을 맺어요. 왜냐하면 개별자에 앞선 보편자가 부정되는 경우 기독교의 근간을 이루는 삼위일체설(三位一體說)이 부정되기 때문입니다. 즉, 개별적인 세 개의 신에 앞서는 보편적인 신의 존재가 의문시되니까요. 삼위일체냐 삼위삼체냐의 문제를 둘러싸고 교부들 사이에 많은 논쟁이 벌어졌지만, 325년 니케아 종교 회의에서 삼위일체설이 채택된 것은 여러분도 알고 있지요? 문제는 또 있어요. '인간'이라는 보편자가 존재하지 않을 경우 원죄설이 성립되지 않거든요. 아담의 죄는 아담 개인에게만 해당되므로 그것이 '인류'의 죄로 환원되지 않습니다. 뿐만 아니라 예수의 죽음을 통한 인류의 구원도 실재하지 않게 되어 신앙의 기초 역시 허물어지게 됩니다.

이와 같은 이유로 초기 스콜라 철학에서는 플라톤에 의존하여 보편자의 실재를 믿는 실념론이 우세했고, 스콜라 철학이 무너지면서 개별자를 앞세우는 유명론이 우세해진 것입니다. 보편 논쟁은 그 본질상 중세적인 토양에서 나타난 관념론과 유물론 사이의 논쟁이라고 말할 수 있어

▼학생들과 이야기를 나누는 아벨라르(장 아킬레스 베누빌, 1837)

요. 동시에 보수적인 사회 세력과 진보적인 사회 세력 간의 논쟁이라고 볼 수도 있고요. 유명론은 인간의 사고 및 사회 변동의 발전과 발을 맞추어 진보적으로 작용했던 반면, 실념론은 형이상학적이고 보수적인 세력의 이념으로 자리를 굳혔기 때문입니다. 하지만 봉건제도 및 중세의 스콜라 철학이 무너지는 근세에 이르면 유명론이 다시 우위에 섭니다. 이는 결코 우연의 산물이 아니었어요. 개별자가 보편자보다 중시될 때만 경험적이고 구체적인 자연 과학이 발전하며, 자연 과학의 성과를 도외시하지 않을 때에만 사회가 진보적으로 발전할 수 있는 기틀이 마련되니까요. 이 같은 유명론의 주장은 중세 가톨릭교회의 이념적 기초를 뒤흔들고, 이 이념에 의존하여 힘을 지탱하려 했던 봉건주의를 위협하게 되었기 때문에 결과적으로 교회로부터 이단으로 몰립니다.

아벨라르는 보편 논쟁에서 유명론을 지지했지만 실념론과 어느 정도 타협하려 했습니다. 즉, "신에 있어서는 보편자가 개별자에 앞서고, 인간에 있어서는 보편자가 개별자의 뒤에 오며, 사물에 있어서는 보편자가 개별자 속에 들어 있다"고 주장했거든요. 또한 그는 삼위일체설은 인정했지만 원죄설은 부정했는데요. 이것은 그가 합리적인 철학으로 교리를 개조하려 했다는 사실을 잘 보여줍니다. 아벨라르는 이 때문에 실념론을 주장하는 신학자들의 미움을 샀고요.

윤리적인 삶의 직접적인 안내자는 양심이다.

아벨라르는 논리 문제뿐만 아니라 윤리 문제에도 관심이 많았어요. 그는 모든 인간은 선과 악을 판단할 수 있는 자연적인 윤리 법칙을 지니고 있다고 생각했습니다. 기독교의 윤리는 이러한 자연적인 윤리의 개혁에 불과하고요. 그는 또한 "인간이 자신의 양심을 따르는 한 결코 죄인이 될 수 없다. 인간의 원죄란 있을 수 없으며, 윤리적 신념은 사물과 사회의 인식을 통해서 얻어진 것이다"라고 주장했습니다. 이처럼 이성과 지식을 신앙에 앞세웠던 그의 주장은 1121년과 1141년에 걸쳐 종교 회의에서 유죄 판결을 받아요. 그러나 신학과 철학을 합리적으로 조화시키려 애썼던 그의 이념은 중세 후기의 철학에 많은 영향을 미치게 됩니다.

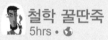

철학 꿀딴죽
5hrs · 🌐

원죄설 부정, 신학과 철학의 조화

신앙에는 지식이 아니라 믿음이 더 중요하므로 "알기 위해서 믿어야 한다"는 말이 더 맞지 않습니까?

무조건 믿는다는 것은 그 종교가 옳은지 그른지에 대한 판단이 없이 믿기 때문에 나중에 회의가 생길 수 있습니다. 또 미신과 종교의 구분도 애매하게 됩니다.

양심은 사람마다 다른데 그 옳고 그름을 가늠해주는 것은 무엇입니까?

그것을 찾아가는 것이 윤리학의 과제입니다. 양심의 보편적인 기준이 원래부터 존재한다고 주장하는 철학자도 있고 사회생활을 통해서 얻어진다고 주장하는 철학자도 있습니다.

자신의 조카와 연애를 했다고 사람을 붙잡아 성기를 잘라버리는 것은 종교적인 사랑과 어긋나는 너무 잔인한 일이 아닙니까?

종교가 광신으로 변할 때는 그보다 더 잔인한 일이 발생하며 중세의 마녀 사냥이 그 대표적인 예입니다.

👍 Like   💬 Comment   ➤ Share

아퀴나스
IDENTIFICATION
말 없 는 황 소

『신학대전』이라는 방대한 저술을 통해 중세 신학을 체계화한 아퀴나스
(Thomas Aquinas, 1225~1274)는 어렸을 때부터 고집이 세고 집착력이 강해
서 '말 없는 황소'라고 불렸대요. 16세에 나폴리 대학에서 공부하면서 아
리스토텔레스를 알게 되었고, 19세에는 양친의 반대를 무릅쓰고 도미니
코 수도회에 들어갑니다. 이후 20세부터 파리 대학과 쾰른 대학에서 공
부했는데 그를 가르쳤던 알베르투스 신부는 "말 없는 황소의 울부짖음이
온 세상에 가득할 것이다"라고 예언했다고 합니다.

48년의 생애를 사는 동안 토마스 아퀴나스는 60여
권의 저술을 남겼는데요. 이들은 현대에 이르기까지
가톨릭 철학의 근간이 되었어요.

아퀴나스도 처음에는 어려움을 많이 겪었습니다.
1257년부터 스승의 이론을 추종하며 아리스토텔레
스의 철학에 의존하는 신학을 파리 대학에서 가르쳤
는데요. 프란체스코 수도회*와 베네딕트 수도회*는

*1209년 교황 이노센트 3세의
인가를 얻어 이탈리아의 성 프
란체스코가 창설한 탁발 수도
회. 가난하고 비천하게 지낸
예수의 생활을 본받아 청빈 정
신을 강조하며, 편력설교(遍歷
設敎)를 통해 가난한 사람과 병
든 사람을 위로하고자 했다.
*529년경 몬테카시노에서 서
양에서는 처음으로 수도원을
시작한 베네딕트가 세운 교단.
청빈과 정결을 신념으로 수도
원에 조용히 머물면서 노동을
통해 자급자족함을 원칙으로
한다.

▲아퀴나스의 순결을 확인한 후 천사들이 신비로운 벨트를 들고 주위에 서 있다.
(디에고 벨라스케스, 1632)

여러 가지 수단을 동원하여 이를 방해했습니다.

　13세기부터 가톨릭교회는 아리스토텔레스의 저술을 허락 없이 읽거나 해석하는 일을 금지하면서 파문도 불사하겠다고 위협했어요. 아리스토텔레스의 철학에 들어 있는 유물론적 요소 때문이었습니다. 당시 파리 대학 철학부에서는 신학 논쟁이 금지되었어요. 아퀴나스가 죽은 지 3년 되는 1277년에도 그의 이론이 교리와 일치되지 않는다는 주장들이 나왔고, 옥스퍼드의 프란체스코 수도회 신부였던 마르(de la Mar)는 118개 항목을 조목조목 들면서 아퀴나스의 이론이 오류라고 비판했습니다. 그러나 반세기 후에는 가톨릭교회의 입장이 싹 바뀌지요. 1323년에 토마스 아퀴나스는 성인이 되었고, 1567년에 교부가 되었으며 '천사 박사'라는 칭호까지 부여되니까요. 그가 죽은 지 300년이 되는 1545년, 트리엔트 종교 회의장에는 아퀴나스의 『신학대전』이 성서와 함께 제단에 놓입니

▲아퀴나스의 승리(안드레아 디 보나이우토, 1366)

다. 스승 알베르투스 신부의 예언이 적중한 거예요. 그 후부터 아퀴나스가 구축한 '토마스주의'는 전 세계 가톨릭 신앙의 신학적인 지주가 됩니다.

신의 존재에 대한 확실한 증명은 우주에 나타나 제시되는 구체적인 증거에 기초해야 한다.

무신론자와 유신론자의 차이는 간단합니다. 무신론자는 신이 존재하지 않는다고 확신하고, 유신론자는 신이 존재한다고 확신해요. 그런데 확신이 주관적 환상에 머물지 않고 객관적 진리가 되려면 증거나 증명이 필요하고, 증명은 존재하는 어떤 것에만 해당됩니다. 존재하는 것은 여러 가지 속성을 지니며 그 속성을 확인하는 것이 바로 그 존재의 증명이 되니까요. 반면, 존재하지 않는 것을 증명한다는 것은 논리상 모순입니다.

▲토마스 아퀴나스(카를로 크리벨리)

왜냐하면, 어떤 것이 존재하지 않는다면 거기에는 아무런 속성도 없기 때문에 증명의 대상이 될 수 없는 것이니까요. 차근차근 생각해봅시다.

신은 그 존재를 증명할 수 있나요? 아니면 무조건 믿어야 하는 어떤 대상인가요? 개신교에서는 인식보다 믿음을 강조하는 경향이 강합니다. 다시 말해 신은 인식의 대상이 아니라 믿음의 대상이므로 신앙에서 중요한 것은 느낌과 사랑이지 분석과 이성이 아니라는 것이지요. 따라서 개신교 신학자들은 신의 존재 증명 같은 것은 무의미하고 불필요하다고 생각합니다. 그러나 중세 가톨릭에서는 이성적인 인식을 중요하게 다루었어요.

신 존재의 증명에 대한 가능성을 최초로 제시한 신학자는 아우구스티누스입니다. 그는 이른바 '존재론적 증명'에 몰두했는데, 이것은 개념으로부터 존재를 확인해가는 방법입니다. 즉, "신이라는 개념은 완전해야 한다. ⇨ 완전한 개념 속에는 필연적으로 존재라는 개념이 포함된다. ⇨ 존재를 포함하지 않는다면 불완전한 개념에 불과하다"는 식이었죠. 훗날 데카르트가 사용한 이 증명 방식을 칸트는 날카롭게 비판합니다. 개념으로부터는 존재가 증명될 수 없다고 말이지요. 왜냐고요? 개념 속에서는 가능한 것이 현실적으로 존재하지 않을 수 있기 때문이에요. 칸트는 그것을 상인의 상상력에 비유했습니다. 재산이 좀 부족하다고 느낀 어떤 상인이 머릿속에서 자기 장부에 '0'을 하나 더 붙인다고 해서 실제 자기가 가진 재산이 늘어나는 것은 아니라는 거예요. 그러면서 존재론적 증명 방식은 일종의 동어반복*에 불과하다고 일침을 놓습니다.

토마스 아퀴나스는 우선 이전의 존재론적 증명이 적합하지 않다고 생각하여 스스로 다섯 가지 증명 방식을 제시합니다. 이때 신의 존재를 증명하기 위한 도구로 아리스토텔레스의 철학을 이용해요. 신은 경험적으로 인식되는 존재가 아니고, 선험적인 관념 속에 존재하는 것도 아니며, 오직 존재자의 유추*를 통해서 증명되는 존재라는 것이 토마스 아퀴나스의 신념이었습니다. 아퀴나스가 사용한 유추 원리란 알려

*주사(主辭)와 빈사(賓辭)가 동일한 개념인 판단을 이른다.
*두 개의 사물이 여러 면에서 비슷하다는 것을 근거로 다른 속성도 유사할 것이라고 추론하는 일. 서로 비슷한 점을 비교하여 하나의 사물에서 다른 사물로 추리한다.

진 것으로부터 알려지지 않는 것, 경험적인 것으로부터 초경험적인 것, 대상적인 것으로부터 초월적인 것, 현세적인 것으로부터 내세적인 것, 세계로부터 신으로 유추해가는 방법이었는데요. 이에 따른 아퀴나스의 신의 존재에 대한 다섯 가지 증명 방식을 한번 살펴볼까요?

- 세상에 존재하는 운동으로부터 그 최종 원인을 유추해내는 방식
- 세상에 존재하는 인과 법칙으로부터 최종적인 원인을 유추해내는 방식
- 우연과 필연의 관계로부터 가장 필연적인 것을 유추해내는 방식
- 불완전한 것으로부터 완전한 존재를 유추해내는 방식
- 세상에 존재하는 합목적적인 것의 근거를 유추해내는 방식

그러나 이 다섯 가지의 증명 방식은 서로 중복되며, 엄밀한 의미에서 존재론적 증명 방식과 큰 차이가 나지 않습니다. 모든 증명에 이미 완전한 존재로서의 신이 전제되어 있는 탓이지요. 즉, 증명되어야 할 내용이 이미 전제 안에 포함되어 있는 것입니다. 이 다섯 가지 증명 방식 가운데 가장 중요한 두 번째의 인과적 증명과 다섯 번째의 합목적적 증명을 예로 들어볼게요.

인과적 증명은 모든 사물, 사건, 결과에는 애초 하나의 원인이 있다는 전제에서 출발합니다. 그렇다면 전체 세계도 하나의 원인을 가져야 하고, 이때 세계를 존재하게 하는 원인은 세계 안이 아니라 반드시 세계 밖에 있어야 합니다. 토마스 아퀴나스는 그것을 바로 신이라 봅니다. 그러나 사물이 존재하게 된 원인을 추구하여 그 최초의 원인으로 신을 유추

해내는 증명은 과학적으로 고찰해볼 때 많은 모순을 내포하고 있어요. 과학은 사물과 사건의 원인, 원인과 결과의 관계를 탐구하며 보편적이고 필연적인 인과 관계를 지니는 법칙을 찾아내는데요. 여기서 과학은 항상 물질적인 원인과 결과, 다시 말하면 물질세계 안의 인과적 연관성을 탐구합니다. 하지만 이러한 과학의 인과 관계는 가톨릭 신학에서처럼 세계 전체에 적용될 수 없어요. 과학적으로 증명되거나 측정될 수 없는 정신적인 신이 세계의 원인으로 미리 가정되는 경우에만 가능합니다. 예를 들면 이런 식이에요. 지금 우리 집에 사는 길냥이 까망에게는 엄마 아빠가 있어요. 그런데 까망이의 엄마 아빠에게는 또 자신을 낳아준 부모가 있었겠지요? 그 부모의 부모에게도 엄마 아빠가 있었을 테고요. 그런데 이렇게 앞선 원인을 끊임없이 소급하는 것은 불가능하므로 까망이네 가문의 모든 고양이를 있게 한 최초의 원인을 가정해야 하는 순간이 오게 마련입니다. 아퀴나스는 그것을 신이라고 본 거예요. 그런데 이런 식의 추론은 증명이 아니라 상상이자 독단입니다. 물질적인 요인들 사이의 관계를 설명하다가 어느 순간 물질적인 것과 비물질적인 것의 관계로 비약하니까요. 또 하나, 세계의 존재 원인으로 신을 가정한다는 것은 세계가 유한하고 영원하지 않다는 전제를 깔고 있는데요. 가톨릭 신학은 그것을 증명하지 않고 단순히 주장하는 데 머물고 있습니다. 세계의 원인이 되는 신의 존재는 사유 가능하긴 해도 현실적으로 증명될 수 있는 존재가 아니기 때문입니다. 동시에 이 증명 방식은 논리적 모순을 포함해요. 왜냐하면 모든 것이 실재하기 위해 원인을 가져야 한다면, 신도 자신의 존재를 가능하게 해준 원인을 가져야 하잖아요? 그런데 앞에서 본 것처럼 그 원인은 또 다시 원인을 가져야 합니다. 이 경우 최초의 원인으로 상정한 신의 존재 자체가 부정되고 말아요. 하지만 과학은 세계가 무한하고 영원하며 그 안에서 인과 법칙이 보편적으로 상호작용을 하고 있다는 결론으로 나아갑니다. 세계를 만들어내는 최초의 원인이나 충격은 세계가 유한하다는 전제 아래서만 가정될 수 있어요.

다음으로 합목적적인 증명을 볼게요. 이것은 가톨릭 신학뿐 아니라 개신교 신학에서도 제시되는 증명 방식입니다. 세계가 합목적적으로 만들어져 있으며 자연의 모든 사건들은 목적에 적합하게 이루어졌다는 사실을 기반으로 그것을 가능하게 하는 신의 존재를 상정하는 것이지요. 즉, 물질적인 자연 자체가 이 세계를 만들어낼 수는 없다는 뜻입니다. 자연의 아름다움이나 신비로움에 감탄하는 사람들이 그 원인을 초자연적인 신에서 찾으려 하는 경우도 비슷한 맥락이에요. 이 증명 방식은 자연을 곧잘 의인화하는 인간의 성향과 연관됩니다. 실제로 인간의 사고와 활동은 항상 목적을 지녀요. 공부, 일, 건축, 기계 작동, 예술 활동 등 인간의 모든 행위는 일정한 목적을 염두에 두고 이루어지니까요. 토마스 아퀴나스는 이러한 인간 활동을 자연으로 전이시켜서 자연의 변화 역시 정신적인 어떤 것의 의지에서 나오는 결과라고 추론합니다. 하지만 이것은 엄밀한 의미에서 증명이 아니에요. 순수한 상상에 불과합니다. 자연은 물질적인 법칙에 따라 변화하고 생성합니다. 자연 안에 일정한 의미나 목적은 있을 수 없어요. 자연의 신비는 자연 자체의 변화에서 나오는 산물이지요. 자연 속의 동식물 또한 생존을 위한 투쟁과 적응에서 지금 우리 눈에 신비롭게 보이는 그 모든 발전을 이루어낸 것이고요. 즉, 이 모두가 자체의 힘에 의한 것이지 자연을 벗어난 어떤 정신적인 존재의 의지나 힘에 따른 것이 아니라는 뜻입니다. 따라서 저는 신의 의지에 따라 자연이 발생하고 발전한다는 논리는 자연을 객관적으로 연구하여 인간의 삶을 풍요롭게 만드는 과학 발전에 방해가 된다고 생각해요.

아퀴나스의 합목적론적 주장은 자연의 재앙이나 질병 같은 비(非)합목적적인 사건에 직면할 때 할 말을 잃게 됩니다. 그 배경을 살펴보려면 먼저 이와 연관된 문제인 '변신론(辯神論)'을 이해해야 해요. 변신론은 여러분이 그리스 신화에서 자주 보는 신들의 변신(變身) 이야기가 아닙니다. 눈치 빠른 친구들은 '변'을 나타내는 한자가 다르다는 것을 알았을 텐데요. 우리가 지금 이야기하는 변신론은 악의 문제와 연관된 것입니다. 기독교에서는 신의 속성으로 전지(全知), 전능(全能), 전선(全善)을 들고 있어요. 그리고 신은 세계를 무에서 창조했다고 말합니다. 세계가 창조되기 전에는 악이 존재하지 않았다는 뜻이지요. 그렇다면 이 지상에 존재하는 악은 어디서 나왔을까요? 이에 대한 설명으로 신학자들은 인간의 자유의지를 듭니다. 만물을 창조하고 인간을 창조한 신은 인간을 사랑하여 인간에게 자유를 주었는데 인간이 이러한 자유를 잘못 사용하여 죄를 범했고 그러므로 세상의 악은 순전히 인간의 잘못으로 인하여 생겨났다는 논리예요. 바로 '원죄'이죠. 그러나 철학자들은 이러한 해석에 만족하지 못했습니다. 인간에게 자유를 줄 때 이 자유를 결국 인간이 잘못 사용하리라는 것을 신이 미리 알았느냐 몰랐느냐의 문제를 제기한 거예요. 그들의 이야기를 한번 들어볼까요? "만일 신이 이 문제를 몰랐다면 신의 속성인 전지와 어긋난다. 신은 과거나 현재뿐 아니라 미래에 나타날 일도 모조리 알아야 한다. 알고도 주었다면 그것은 신의 특성인 전선과 어긋난다. 선한 신이 인간에게 장난했을 리 없다. 만일 인간의 잘못으로 악이 생겨났다고 해도 신은 전능한 존재이기에 금방 없애버릴 수 있었을 것이다." 말싸움을 위한 말싸움 같은 느낌을 완전히 떨쳐버릴 수는 없지만, 여하튼 악의 문제는 당시 쉽게 해결되지 않았습니다. 지금도 여전하고요. 마니교가 악과 선을 주재하는 두 신을 받드는 것도 이런 맥락 아닐까요?

결국 토마스의 신 존재 증명은 증명될 수 없는 것을 증명하려는 노력이었으며 비록 그것이 논리적 체계를 지닌 현학적인 시도임에도 불구하고 과학을 신뢰하는 무신론자들에게는 아무런 확신도 주지 못하는 결과를 낳았습니다.

철학 꿀딴죽
5hrs · 🌰

중세 신학 체계화, 천사 박사, 신 존재 증명

 자연 속에는 정말로 불가사의하고 신비스러운 일이 일어납니다. 신이 아니고 누가 그것을 만들었겠습니까?

 자연 속에는 신비스러운 것뿐만 아니라 저주스러운 것도 존재합니다. 예컨대, 해충이나 박테리아 같은 것입니다. 그것을 누가 만들었겠습니까? 모두 물질의 변화와 발전에서 생겨난 결과가 아니겠습니까? 자연의 법칙이나 원리를 알지 못할 때 인간은 그것을 신비하게 느끼게 됩니다.

👍 Like　　💬 Comment　　➤ Share

브 루 노

IDENTIFICATION

진 리 의 순 교 자

이탈리아의 남부에 위치한 놀라에서 태어난 브루노(Giordano Bruno, 1548~1600)는 14살 때 나폴리의 한 도미니코 수도원에 들어갑니다. 거기서 우선 토마스 아퀴나스의 정신이 지배하던 정통적인 스콜라 철학을 섭렵한 후, 새로운 동향들을 배우게 되는데요. 수도원에서 그는 후기 르네상스의 전형적인 인물로 성장합니다. 그러나 당시의 이탈리아는 그에게 정신적으로 너무 협소한 지역이었어요. 그래서 로마 교황청으로부터 다소 독립되기 시작한 이웃 나라들에 시선을 돌리기 시작했습니다. 전하는 바에 따르면 그는 수도사로 있을 때 자기 침실에 붙은 성화를 떼어냈다고 해요. 18세 무렵 삼위일체설에 회의를 품게 된 브루노는 수도원에 체류하는 것 자체를 점점 더 불가능하게 느꼈고, 결국 28세에 이르러 수도원을 떠납니다. 그 후 여러 곳에서 뜨내기 생활을 하면서 연명하다가 고국마저 등지게 되지요.

1576년부터 1592년, 즉 그가 체포되어 종교 재판에 회부될 때까지 브루노는 주로 스위스, 프랑스, 영국, 독일에서 살았는데요. 브루노가 가장 먼저 선택했던 나라는 종교 개혁의 중심지였던 스위스 제네바입니다. 훗날 종교 재판에서 브루노는 자신이 개신교로 개종한 사실을 부인했지만, 이 도시의 개신교 종단 기록에는 그의 이름이 들어 있답니다. 이탈리아를 방랑하는 동안 이미 수도사의 옷을 벗어 던졌던 그는 제네바 아카데미 회원이 됩니다. 하지만 캘빈교도들이 성찬을 허용하지 않자 모욕을 느낀 브루노는 직위를 사임한 후, 새로운 종교적인 독단이 지배하던 이 도시를 1578년 가을에 떠납니다.

이어 프랑스로 간 그는 1580년까지 툴루즈에서 가르치다가 1583년 파리로 가요. 그 사이에 박사 학위를 획득하고 교수 자격을 얻었기 때문에 아직 반종교 개혁의 영향이 미치지 않은 소르본 대학에서 교수 자리를 얻을 수 있었지요. 거기서 그는 데모크리토스와 에피쿠로스를 근원으로 하여 에피쿠로스학파인 루크레티우스를 유대 철학자 아비케브론과 연결시켜 연구했고, 이탈리아 초기 르네상스 철학자였으며 '반대의 일치'를 주장하고 신비주의적인 범신론을 제창한 쿠자누스의 영향 아래 들어섭니다. 1584년 그는 네 권의 책을 저술했는데, 바로 이 책의 내용 때문에 정통 가톨릭의 미움을 받게 됩니다. 교수직을 이어가는 동안 매일 미사에 참석해야 된다는 의무 규정에 반감을 품게 된 브루노는 "에이, 차라리 잘됐다"면서 엘리자베스가 통치하던 런던으로 떠나는데요. 그곳에서 브루노는 프랑스 대사의 도움으로 고위층 사람들과 교제할 수 있었습니다. 옥스퍼드 대학에서 당시 성행하던 토론에 참가하여 코페르니쿠스의 우주관을 변호해요. 천동설을 주장한 프톨레마이오스의 천체론에 대한 그의 신랄한 비판은 결국 대학에서 강의를 그만두어야 하는 계기가 됩니다. 하지만 그는 계속하여 코페르니쿠스를 능가하는 우주론을 전개했고, 일상적인 규칙에서 벗어난 활력 넘치는 영국 정신은 이탈리아의 르네상스 정신과 결합되어 드디어 그에게서 빛을 발하기 시작하지요. 당시 영국에서는 『유토피아』를 쓴 모어가 하인리히 8세의 재상이 되어 자신의 이념을 실현하려 했는데요. 런던에 체류하던 짧은 기간 동안 브루노는 가장 훌륭한 철학 저술을 남길 수 있었기에 그는 누구보다 자신만만했습니다. 2년도 안 되는 짧은 기간에 여섯 권의 철학책을 이탈리아어로 저술했으니까요. 이 책들은 그에게 '당대의 가장 위대한 철학 저술가'라는 이름표를 달아줍니다.

하지만 프랑스 대사가 본국으로 귀환하자 브루노도 대사를 따라 1585년 파리로 돌아갑니다. 이것이 바로 그의 불행이 시작되는 출발점이었지요. 자신의 저술에서 확신을 얻은 그는 당시 상황을 제대로 판단하지 못하고 소르본 대학의 학장 앞으로 우주관에 대한 공개 토론에 참석하겠다는 청원을 내고 이를 허락 받습니다. 1586년 오순절의 공개 토론에서 그는 제자 에네캥의 지지 아래 지구의 운동, 세계의 무한성, 자신의 일원론적 철학을 변호했어요. 하지만 이 문제로 결국 파리를 떠나야만 하는 처지에 놓이게 되어 개신교 세력이 강했던 독일로 건너갑니다.

독일 마인츠에 자리를 잡은 브루노는 학문 연구를 계속하려 했으나 일자리를 얻지 못합니다. 그래서 마르부르크로 가서 아카데미 회원이 되지요. 마르부르크 대학의 총장이 정치적 이유로 그에게 강의를 허락하지 않자 그는 다시 회원직을 사퇴하고 이번에는 비텐베르크로 갑니다. 여기서야 그는 비로소 아리스토텔레스, 결합법, 수학, 물리학, 형이상학에 관하여 강의하게 되는데요. 브루노는 독일 철학의 핵심을 쿠자누스,* 파라셀수스,* 코페르니쿠스, 루터 등에서 찾았습니다. 그러나 무보다도 코페르니쿠스의 세계관이 그의 사상에 깊은 영향을 미쳤어요. 그는 로마 교회와 칼뱅주의를 다 같이 싫어했지만 종교 개혁의 정신 때문에 루터를 칭찬하면서 2년간 자유로운 연구와 교수 생활을 하다가 이 도시를 떠나요. 왜냐하면 그곳의 정치적인 상황은 여전히 브루노의 자유사상을 수용할 만큼 성숙해 있지 못했기 때문입니다.

　프라하로 간 브루노는 과학과 실험을 중시하던 황제 루돌프 2세에게 「이 시대의 수학자 및 철학자에 반하여」라는 160개 조항의 건의서를 전달하고 보상으로 300탈러를 받습니다. 그러고는 6개월 후 당시 막 설립되었던 헬름스테트 대학에 초빙되어 신학과 동등한 위치에 있던 자연 과학을 가르치게 되지요. 3개월 후 브루노를 초청한 제후는 죽었지만, 그의 후계자 역시 브루노를 우대했으므로 계속해서 자유로운 학문 생활에 정진하게 됩니다. 당시 이 지역에서는 많은 광맥이 발견되었는데요. 대학이 그 기술적인 근거를 제공한 것으로 유명합니다. 또한 각지에서 몰려든 광부들이 많은 종파로 나뉘었으므로 종교 역시 관용적인 분위기를 유지했지요. 그러나 어디에든 있게 마련인 정통을 자처하는 광신자들이 브루노에 반대하는 설교를 했고, 대학 총장마저 브루노에 반기를 들게 되면서 그는 마침내 프라하를 떠나 프랑크푸르트로 갑니다. 당분간 교수 생활을 포기한 채로요.

　친구들의 만류에도 불구하고 1591년 고국 이탈리아에 돌아간 브루노는 초청자 베니스 인의 밀고로 체포되어 이단자로서 종교 재판에 회부됩니다. 1593년엔 로마로 이송되지요. 로마 교황청은 브루노가 자

*쿠자누스(Nicolaus Cusanus, 1401~1464)는 독일의 신학자이자 철학자다. 근대철학으로의 길을 연 신비주의적 철학자로, 교회의 개혁을 추진하고 동서(東西)교회의 화합에도 앞장섰다. 저서에 『무지의 지(知)』 『신의 환시』 등이 있다.
*파라셀수스(Philippus Aureolus Paracelsus, 1493~1541)는 스위스의 화학자이자 의학자다. 의화학을 창시하였으며, 금속 화합물을 처음으로 의약품 제조에 채용하여 연(鉛), 구리 따위의 금속 내복약과 팅크를 만들었다.

▲재판 받는 브루노(캄포 디 피오리 광장, 로마)

신의 철학적인 주장을 철회하도록 설득하려고 6년간이나 재판을 질질 끌었으나 결국 그는 승복하지 않았어요. 드디어 1600년 2월 9일, 그에게 사형이 선고되고, 그로부터 열흘 뒤인 2월 19일 브루노는 폼페이우스의 고대 극장 앞에서 화형을 당합니다. 아무런 소리도 내지 않고 담담하게 죽음을 맞이했던 그에게 한 신부가 십자가를 가져다주자 브루노는 비웃는 표정으로 얼굴을 찡그리면서 고개를 돌렸다고 해요. "진리의 순교자로서 즐거이 죽을 수 있으며 나의 영혼은 장작더미의 불꽃과 함께 천

당으로 갈 것이다"고 말하면서요. 이후 1889년 바로 그 자리엔 브루노를 추모하는 기념비가 세워집니다.

우주는 무한하다.

브루노는 "우주가 무한하다(The cosmos is infinite)"고 주장했기 때문에 화형을 당했습니다. 우주가 무한하다면 무한한 신과 동격이 되고 신의 지위도 격하되잖아요? 따라서 당시 가톨릭교회는 이러한 우주 무한설을 용인할 수 없었습니다. 그러나 자연 과학적인 관찰과 연구에 의해 우주에 끝이 없다는 사실이 점차 밝혀졌고, 브루노 역시 '우주는 한계도 없고 중심점도 없는 무한한 질료'라는 확신을 갖게 되면서 성서가 말하는 우주의 유한성을 부정하게 된 것입니다. 그는 "어떤 것이 유한하다면 그것을 포괄하는 비물질적인 그 무엇이 있어야 하는데, 이것은 불가능하다"고 보았어요. 신이나 무가 어떤 한계선의 밖에 있다는 가정도 터무니없는 환상에 불과하다고 생각했습니다. 비물질적인 존재가 물질적인 세계의 한계를 규정할 수 없기 때문이며, 물질적인 세계를 한계 짓는 무란 무가 아니고 유이기 때문이라 확신한 탓입니다. 물질적인 세계를 포괄할 수 있는 것은 다시 물질적인 세계이고, 그것은 무한히 계속되며, 결국 물질적인 무한한 세계만이 존재할 뿐입니다. 세계를 유한한 것으로 구획하는 한계선은 도대체 어디에 있을까요? 그러므로 세계가 유한하다고 주장하는 사람은 그 한계선에 다가가 떨어져 보기를 바랍니다. 현대에 이르기까지 과학은 이 한계선을 찾아내지 못했으며 아인슈타인의 상대성이론도 우주는 끝이 없다는 브루노의 주장을 더 확증해줄 뿐이잖아요?

판결을 내리는 그대들이 판결을 받는 나보다 더 두려움에 차 있다.

브루노는 예수, 소크라테스와 마찬가지로 진리의 순교자였어요. 진리를 위해 죽은 예수의 이름으로 종교는 다시 한 번 위대한 철학자를 살해한 거예요. 철학자라면 당연히 진리에 목숨을 걸겠다고 각오해야 합니다. 비슷한 입장에 있었던 갈릴레이는 자신의 견해를 철회하고 사형을 면했는데요. 바로 여기에 과학자와 철학자의 구분이 있는 게 아닐까요? 갈릴레이는 과학자였으므로 진리를 위해서 죽을 필요가 없었습니다. 하지만 철학자는 자신의 신념을 위해 죽을 수 있는 사람들이죠. 그래서 브루노는 죽음 앞에서도 불안을 느끼지 않고 침착했던 반면 권력의 압력 아래 양심에 어긋나는 판결을 하는 재판관들은 마음속으로 불안을 느꼈을 테지요.

철학 꿀딴죽
5hrs · 🌏

우주의 유한성 부정, 종교 재판

브루노는 정말로 억울하게 사형을 당한 것 같습니다. "우주가 무한하다"고 말한 것이 무슨 죄가 됩니까? 그에게 유죄를 선고한 사람들은 우주가 유한하다는 것을 증명해야 합니다.

그렇습니다. 그러나 지금까지 어떤 과학자도 우주가 유한하다는 사실을 증명하지 못했습니다.

👍 Like　　💬 Comment　　➡ Share

베이컨

IDENTIFICATION
아 는 것 이 힘

베이컨(Francis Bacon, 1561~1626)은 영국이 스페인의 무적함대를 격파한 후 해상의 주도권을 잡고 정치적·경제적 번영을 누리던 엘리자베스 여왕의 치세 때 궁내부 장관의 아들로 태어났습니다. 당시 영국은 경제적인 번영에 힘입어 학문과 예술이 번성했는데요. 세계적인 문호 셰익스피어가 활동하고 있었던 때도 이즈음입니다. 베이컨은 12세에 명문 케임브리지 대학에 입학했으나 당시 아리스토텔레스의 사상이 형식적으로 주도하던 이 학교의 교과서와 교수법에 회의를 느끼고 3년 후 이 학교를 떠납니다. 철학을 공허한 스콜라적 논쟁으로부터 해방시켜 인간의 행복을 증진시키는 방향으로 이끌어야겠다는 결심을 하면서요. 그 후 베이컨은 파리 주불(駐佛) 영사관 직원으로 근무하면서 견문을 넓히고 실천적인 활동을 통해 정치에 관심을 갖게 됩니다.

1595년 하원 의원이 된 그는 여왕이 요구하는 재정 지출 동의서에 반대하는 토론에 참여했다가 오랫동안 여왕의 미움을 사게 되는데요. 나쁜 일이 있으면 좋은 일도 생기게 마련인지 베이컨은 당시 영향력이 있었던 에섹스 백작의 총애를 받게 됩니다. 에섹스 백작은, 엘리자베스 여왕이 사랑했으나 사랑을 이루지 못해 증오하게 된 미남으로, 후에 여왕을 가두고 왕위 후계자를 뽑으려는 음모에 가담한 인물이에요. 음모의 전모가 밝혀지면서 에섹스 백작이 체포되자 베이컨은 그를 열심히 변호했지만 가석방된 그는 또 다시 군대를 동원하여 반란을 일으키려 했어요. 베이컨은 이에 반대했고, 후일 그의 재판을 맡아 사형선고를 내립니다.

여왕이 물러나고 야곱 1세가 왕위에 오른 뒤인 1604년, 베이컨은 왕의 법률 고문이 되어 45세의 나이로 호화로운 결혼식을 올립니다. 1613년에 대법관, 1617년에 궁내부 장관을 역임하고 베룰남 남작의 칭호도 받지요. 1621년에는 알반스 자작의 칭호를 받았고요. 그러나 베이컨은 뇌물수수죄로 국회의 탄핵을 받고 기소되어 종신 징역과 고액의 벌금형을 선고받습니다. 사면을 받고 풀려난 뒤에는 모든 관직으로부터 물러나고

▼프랜시스 베이컨과 국회의원들

요. 학문 연구와 저술에 전념하면서 말년을 보내던 중 베이컨은 영하의 온도가 부패에 미치는 영향을 실험하다가 얻은 감기로 세상을 떠납니다.

아는 것이 힘이다.

베이컨은 철학의 목표가 과학을 응용하여 인간의 자연 지배를 실현하는 데 도움을 주는 것이라고 보았어요. 그러나 자연의 지배는 인간이 자연의 법칙을 이해하는 한에서만 가능합니다. 자연은 복종함으로써만 지배할 수 있으므로 자연의 법칙을 아는 것이 우선이라는 뜻인데요. 무지함 때문에 자연의 노예가 되었을지라도 인간은 올바른 지식과 과학기술의 발전을 통해 자연의 지배자 또한 될 수 있습니다. 바로 "아는 것이 힘이다(Knowledge is power)"입니다. 물론 과학 기술의 발전만이 인간에게 유토피아를 제공하는 것은 아닙니다. 인간의 삶과 세계는 총체적이고 복합적이어서 다양한 가치와 기준을 필요로 하니까요. 따라서 인간이 자연 지배라는 1차원적 목표를 버리고, 자연과 공존하기 위한 옳은 방법들을 구현하려 노력할 때 유토피아의 그림자라도 볼 수 있지 않을까 생각합니다.

옳은 방법을 찾으려면 어떻게 해야 할까요? 그러려면 먼저 종래의 오류나 편견에서 벗어나야 하는데요. 여기서 베이컨의 유명한 '우상론(偶像論)'이 등장합니다. 그가 말하는 우상이란 인간이 갖고 있는 편견을 말해요. 우상처럼 받들어 온 편견으로부터 벗어나는 일이 과학적인 성과로 나아가는 가장 최초의 전제라고 주장하면서 베이컨은 네 종류의 우상을 구분합니다. 바로 '종족의 우상(idols of tribe)', '동굴의 우상(idols of the cave)', '시장의 우상(idols of the market-place)', '극장의 우상(idols of the theatre)'이지요. 종족의 우상은 인간이 태어날 때부터 갖게 되는 편견이며, 나머지 셋은 후천적으로 교육과 습관에 의해서 얻어지는 편견입니다. 편견이 생기는 가장 큰 원인은 인간의 감각과 이성이 서로 분리되어 스스로 세계의 척도가 된다고 상상하는 데 있어요. 감각은 개인적인 특수성 때문에 인상을 왜곡할 수 있으며, 이성도 사물을 잘못 반영할 수 있습니다. 왜냐하면 이성은 스스로의 생각을 사물의 본질 속에 집어넣기 쉽기 때문이에요. 그런데 감각과 이성이 비판적인 반성을 게을리 할 때 회의(懷疑)가 뒤따릅니다. 회의는 참다운 인식에서는 금물이지요. 그러므로 과학적으로 올바른 방법을 선택하려면 감각이 대상을 왜곡하는 것은 아닌지, 이성이 독단적으로 사용되는 것은 아닌지 정확하게 반성해야 합니다.

베이컨은 저서 『신 기관』에서 보편적 전제로부터 출발하는 아리스토텔레스의 연역적 방법에 대항하여 구체적인 사실로부터 보편적인 진리를 찾아가는 귀납법을 적용하려 했습니다. 아리스토텔레스의 귀납법은 스콜라철학의 전유물이 되어 공리공론에 머물면서 구체적인 과학 발전을 방해했는데요. 공허한 철학 방법을 과감하게 타파하고 실험과 관찰에 의하여 얻은 자연 과학적 지식을 철학도 인간의 행복 증진을 위해 이용해야 한다고 베이컨은 역설했습니다. 이런 점에서 그는 근대 철학뿐만 아니라 근대 문명의 여명을 이끌어낸 선구적인 철학자로 기억됩니다.

진리는 시대의 딸이다.

진리와 진리를 추구하는 철학은 그 자체에 머무는 순수한 어떤 것이 아니라 항상 그 시대와 연관되어 있다는 것을 주장하는 말입니다. 훗날 독일의 철학자 헤겔도 이와 비슷하게 "철학자는 그 시대의 아들이고 철학이란 그 시대의 정신이 응집된 것"이라고 말했는데요. 철학이나 예술은 결코 시대나 정치로부터 독립된 순수한 영역이 아닙니다. 시대의 변화와 연관하여 발생하고 시대의 발전에 영향을 주기도 해요. 한 시대의 정치는 물론 경제적인 토대가 예술이나 철학의 발생과 발전에 가장 중요한 영향을 미친다고 주장한 철학자는 맑스였습니다. 베이컨은 권위에 의존하는 중세 봉건 사회를 무너뜨리고 새로운 사회를 건설해가는 시민 계급의 입장을 철저히 대변한 사람인데요. 예술이나 철학을 사회 문제와 동떨어진 순수 영역으로 간주하려는 예술가나 철학자를 베이컨은 기존 사회 체제의 유지를 옹호하는 기회주의적인 지식인이라고 지적했습니다.

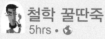

철학 꿀딴죽
5hrs · 🌐

우상론, 근대 문명의 여명, 시민 계급 대변자

그런데 왜 우리나라의 많은 철학자들은 난해한 글로써 시대 문제와 동떨어진 이야기를 하고 있나요?

철학의 올바른 정신을 이해하지 못하는 데서 나오는 결과라고 생각합니다. 철학자는 항상 자기 시대의 가장 중요한 문제가 무엇인가를 깊이 생각하고 그에 대한 이야기를 누구나 알기 쉽게 해 주어야 한다고 생각합니다.

인간은 자연의 지배를 통해서가 아니라 자연과의 조화를 통해서 더 행복한 삶을 누릴 수 있는 것이 아닙니까?

자연과 조화를 이루기 위해서도 자연의 법칙을 알아야 합니다. 자연의 법칙을 알고 거기에 맞추어 자연과 조화를 이루어야 한다는 것이 베이컨의 주문이고 그것을 우리도 배워야 합니다. 예술에서는 자연을 신비적으로 바라볼 수 있지만 삶에서는 먼저 그 법칙을 알고 이용해야 합니다. 자연의 법칙을 깨닫고 우리가 좋은 무기를 준비했더라면 새로운 무기를 앞세운 일본의 침략을 막아낼 수 있었을 것이고 치욕적인 식민지 생활도 하지 않았을 것입니다.

👍 Like   💬 Comment   ➤ Share

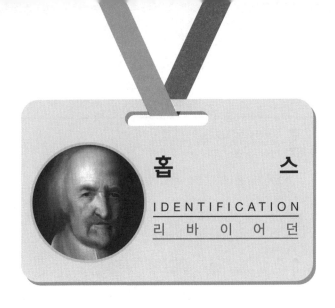

홉　스

IDENTIFICATION
리　바　이　어　던

자연법 이론의 창시자이자 영국 시민 혁명기의 계몽주의적 유물론자인 홉스(Thomas Hobbes, 1588~1679)는 성직자의 아들로 태어났어요. 14세에 옥스퍼드 대학에 들어가 아리스토텔레스의 논리학과 자연학을 공부했고요. 그는 프랑스와 이탈리아를 여행하면서 베이컨과 사귀었고, 그의 철학에서 많은 것을 배웠습니다. 홉스도 베이컨과 마찬가지로 스콜라 철학의 무용함을 확신하고 세계의 물질성, 감각적 인식의 중요성, 사회 변혁에 미치는 지식의 중요성 등을 통찰했는데요. 파리에서는 데카르트와 가상디를 만났고, 피렌체에서는 갈릴레이와 사귀었습니다.

영국에 돌아온 그는 자신의 유물론적 세계관을 사회 이론과 국가 이론에 적용하여 방대한 저술을 집필하고자 계획을 세웁니다. 그러나 1649년 영국에서 청교도 혁명이 일어나자 전쟁의 위험을 피해 다시 파리로 망명해요. 1651년에 나온 『리바이어던』은 홉스가 모순에 찬 절대 왕정의 내막을 파헤친 저작입니다. 이 저술 때문에 그는 무신론자로 지목되어 프랑스를 떠나지 않을 수 없게 되고, 결국 영국에 돌아와 생물학자 하비

▲『리바이어던』 프론트 페이지

와 사귀면서 조용히 연구 생활을 계속합니다. 홉스는 1688년의 명예혁명을 통해 권력을 잡은 영국 부르주아의 이익을 대변하는 전형적인 인물이었어요.

인간은 인간에게 늑대다.

홉스에 따르면 인간의 행동을 지배하는 근본 원리는 '자기 보존'의 욕구입니다. 모든 인간은 태어날 때부터 자신의 이해관계에 따라 행동하는데요. 인간으로 하여금 평화를 추구하게 하는 동기는 죽음에 대한 공포와 더불어 편안한 삶에 대한 욕망입니다. 인간은 정치적 본능 때문이 아니라 이성을 통하여 타인과 계약을 맺고 공동의 안전을 추구하기 위해 국가를 만듭니다. 선과 악 사이에도 절대적인 구분이 없고요. 따라서 인간

에게는 생존 유지가 최고선이며 만인의 만인에 대한 투쟁 상태에서 근본적인 악은 존재하지 않는다는 것이 홉스의 주장입니다. 힘이 곧 덕이 되는 것이고요. 홉스는 국가가 스스로의 이익을 추구하려는 인간의 이기심 때문에 만들어졌다고 보았어요. 국가의 근원도 신의 섭리와는 전혀 상관이 없고요. 그러나 국가는 성서에 나오는 괴물 '리바이어던'*과 같은 영원성이 결여된 신이기 때문에 절대적인 권력을 갖습니다.

정의, 선악, 종교의 진위를 결정하지요. 하지만 국가는 질서를 유지하기 위해 개인의 이기주의를 제한합니다. 그는 또한 "만인이 힘을 합해 국가를 무너뜨릴 수 있으면 그것은 혁명이고, 성공한 혁명은 정의지만, 인간의 이기심 때문에 성공하는 경우가 매우 드물다"고 말합니다. 홉스의 국가론은 봉건 국가를 넘어서 절대 국가를 성립시키는 이론적인 무기였는데요. 그러나 인간이 서로 투쟁 상태에 있다는 그의 인간관은 자본주의 사회의 인간관을 보여주는 것이기에 훗날 "만인이 투쟁을 멈추고 상호 협력한다면 사회주의 사회를 건설할 수 있다"는 맑스주의 인간관에 의해 철저하게 비판되지요.

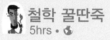

철학 꿀딴죽
5hrs · 🌐

 # 리바이어던, 자연법 이론 창시, 부르주아의 이익 대변

인간이 인간에 대해 늑대가 된 것은 인간의 본성 때문인가요, 그게 아니라면 그 원인은 대체 무엇입니까?

관념론적인 철학자들은 인간의 영원히 변하지 않는 본성을 가정하는 반면 유물론적인 철학자들은 인간의 본성을 만들어주는 물질적인 영향을 더 중요하게 생각합니다. 특히 철학자 맑스는 그 원인을 사유재산을 절대시하는 자본주의의 사회 구조에서 찾고 있습니다.

👍 Like   💬 Comment   Share

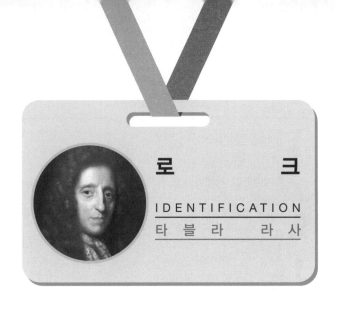

로크(John Locke, 1632~1704)는 1632년 8월 29일 부리스톨 근처에서 태어났습니다. 청교도로서 혁명에 관여했던 그의 아버지는 법학자였는데요. 혁명의 주역들과 친하게 지냈던 탓인지 자신의 아들 역시 왕정복고에 대항하기를 바랐고, 따라서 1688년 이후 급부상한 새로운 인물들과 사귀게 했습니다. 아버지의 이런 바람은 로크가 새로운 정부의 이론가로 성장하는 계기를 제공해요. 유물론자였던 로크가 은밀하게 소치니학파*에 들어가 급진적인 젊은 지식인의 이론적인 지주가 되었던 것도 이런 영향이 큽니다.

*폴란드로 망명한 이탈리아의 신학자 소치니가 주동이 된 이 신론 운동으로 삼위일체설을 부정하고 성서를 이성적으로 해석하려 했다.

로크는 당시 청교도적인 이념으로 재건된 옥스퍼드 대학에 들어가 데카르트를 공부하면서 이신론(理神論, deism)을 배웁니다. 그리고 이 대학에서 그는 그리스어와 도덕 철학을 강의했는데요. 곁들여서 화학, 실험 물리학, 의학을 연구했고, 그 덕분에 의사 시험에 합격하여 개업하게 됩니다. 자연 과학적 방법으로 철학 공부를 보충해야 할 필요성을 느낀 로크는 하비의 생물학과 보일의 물리학도 연구했어요. 1665년, 로크는 어떤 제후가 운영하던 연구 기관의 비서직을 맡게 되는데요. 당시의 복고적인 영국 정부는 장래가 촉망되는 이 젊은이를 외교 직에 수용하여 대사의 비서로서 스페인에 파견하려 했으나 로크는 이를 거절합니다.

1670년과 1671년 사이 로크는 네덜란드에서 망명 생활을 하는 동안 주저 『인간 오성론』의 저술에 전념합니다. 그러고는 말년에 영국으로 귀국해서 다시 상무성 장관을 맡아요. 1688년에 일어난 영국의 시민 혁명은 그의 철학에서 유물론적인 창을 무디게 하는 결과를 가져왔는데요. 그의 비판적 경험주의는 당시 시민 계급의 기호에 맞았기 때문에 인기가 있었고, 덕분에 그의 주요 저작도 생전에 4판까지 나왔습니다. 그는 삶과 거리를 둔 사변가가 아니었어요. 늘 실천적인 지식을 염두에 두었지요. 성격은 항상 성실하고 다감했으며 여행기를 즐겨 읽었다고 합니다. 그의 무덤에는 자신이 만든 비명이 쓰여 있어요. "여기 스스로의 운명에 만족했던 한 남자 존 로크가 잠들다. 그의 덕은 근소하여 자랑할 수가 없었다. 그의 미오(迷悟)*들이 그와 함께 여기 묻히기를!"

*미혹과 깨달음을 통틀어 이르는 말이다.

인간의 마음은 백지와 같다.

로크는 "인간이 태어날 때부터 지니고 있는 생득 관념은 결코 존재하지 않는다"고 주장합니다. 논리적 법칙, 도덕적 법칙, 신의 존재 등의 문제에서 보편적인 타당성이 추구되고 그것이 인간의 마음속에 원래

▲「인간 오성론」(1690, 런던)

존재한다는 주장은 근거가 없다고 본 거예요. 그 이유는 첫째, 모든 사람
이 수긍하는 인식이 존재한다 하더라도 그것이 인간의 마음속에 미리 그
렇게 정해져 있기 때문이라는 것을 증명할 수 없다는 것입니다. 신의 존
재에 대한 보편적인 확신이 곧 생득적이라고 말할 수는 없다는 뜻인데
요. 신의 개념은 후천적인 오성의 사용에 의해 사회적으로 얻어질 수 있
으며, 또한 신의 개념이 모든 민족에게 존재했던 것은 아니라는 이유에

서입니다. 둘째, 생득 관념이 발을 디딜 수 있는 사실성은 결코 존재하지 않는다는 점입니다. 로크는 모든 곳에서 타당한 도덕 법칙이란 존재하지 않는다고 보았어요. 도덕 법칙은 개인에 따라 다르고 민족에 따라 달라집니다. 행복 추구와 불행 기피는 끊임없이 인간의 행동을 규정하는 생득적인 원리라고 할 수 있지만, 그것은 도덕 법칙이 아니잖아요. 도덕 법칙은 그 자체로 자명한 것이 아니라 그것의 정당함을 밝히기 위한 증명이 필요하며, 그것이 용인되기 위해서 하나의 근거가 있어야 하지요. 그런데 덕이란 유용하기 때문에 용인되는 것입니다. 경험에 앞서 아무것도 포함하고 있지 않은 인간의 마음은 아무 글도 쓰이지 않은 백지(tabula rasa)와 같습니다. 따라서 로크는 "마음속에 생득 관념은 결코 존재하지 않는다(There is no innate idea in the mind)"라고 하면서 오직 경험을 통해서만 인간의 마음에는 글씨가 쓰이고, 그것이 바로 표상이나 개념이 되는 것이라고 주장해요.

그러나 로크는 지각 작용에 의하여 의식에 도입된 것은 사물 자체가 아니라 사물의 성질이라고 주장하면서 관념론의 길을 살포시 열어둡니다. 그는 사물의 성질을 두 가지로 구분해요. 연장, 운동, 정지, 형태, 수, 고체, 성 등과 같이 외적 대상 그 자체에 속하는 객관적 성질을 제1성질(primary quality)이라 부르고, 대상 그 자체에 속하지 않는 색, 맛, 냄새, 온도, 음 등과 같은 주관적 성질을 제2성질(secondary quality)이라 불렀어요. 제1성질은 물체의 고유한 항구적 성질이고, 제2성질은 물체가 일시적으로 또는 일정한 관계 아래서만 지니는 성질이라고 구분됩니다. 제2성질의 가정은 바로 다음에 만나게 될 주관적 관념론의 예언처럼 들립니다.

철학 꿀딴죽
5hrs · 🌐

인간 오성론, 실천적 지식, 제1성질, 제2성질

태어날 때 인간의 마음은 백지와 같지만 자라면서 잠재된 인식 능력이 점차 개발되는 것이 아닐까요?

그렇게 생각하는 학자들도 많습니다. 그런데 늑대 소년에 관한 이야기를 들어본 적이 있습니까? 숲속에 버려져 늑대와 함께 자란 소년은 어른이 되어서도 인간이 아니라 늑대와 같았다는 이야기죠.

👍 Like　　💬 Comment　　➤ Share

버클리

IDENTIFICATION

존재하는 것은
지각되는 것

성직자 버클리(George Berkeley, 1685~1753)는 아일랜드 출신으로 로크의 경험론을 주관적 관념론으로 전환시킨 인물이었어요. 15세에 더블린에서 신학 공부를 시작한 그는 신학교를 졸업하면서 사제 서품을 받습니다. 그러면서 당시 대두하기 시작한 무신론과 유물론을 비판하고 공격하는 일을 일생의 과제로 삼게 되지요.

버클리는 이탈리아와 프랑스를 여행한 뒤 1721년에 신학 교수가 되었고, 1734년에는 클로인에서 교회의 감독이 됩니다. 당시 영국은 1688년의 명예혁명을 통해 이미 시민 계급이 정권의 대열에 진입한 후였어요. 사람들은 더 이상 혁명을 필요로 하지 않았고, 오히려 주어진 현실과 타협하려 들었습니다. 따라서 이 시기의 영국 철학자들 역시 종교 및 귀족 계급과의 타협을 모색하는 철학을 찾아 나섰습니다. 혁명을 반대하고 국가 질서를 옹호하는 보수적인 정치 이념을 지녔던 버클리가 타협적인 철학을 추구한 것도 자연스러운 현상이었지요.

그는 한때 선교사로 외국에 나가 원주민들을 기독교로 개종시키려 했

▲예일 대학교 캠퍼스에 있는 버클리 칼리지. 조지 버클리의 이름을 딴 건물이다.(CC BY-SA 4.0)

다가 실패한 경험이 있었습니다. 그래서인지 버클리는 사람들을 종교 연구로 되돌리기 위해 신의 존재와 속성을 증명하는 것을 철학적인 목표로 삼았어요. 하지만 과거 스콜라 철학 같은 낡은 방법을 피하고 새로운 방법을 이용하려 했을 뿐더러 급진적인 프랑스 계몽 철학 같은 유물론에도 의존하지 않았습니다. 그 덕에 버클리는 오히려 유물론과 상반되는 주관적 관념론의 선구자가 되었는데요. 그의 궁극적인 목표는 사물의 실체를 부정하는 일이었습니다. 객관적 실체가 부정된 자연의 비밀 속에 남은 것은 신의 섭리밖에 없다면서요.

존재는 지각이다.

버클리는 로크가 사물 자체에 속하는 것으로 규정한 제1성질마저 주관적 성질이라고 단정합니다. 그에 의하면 물질은 공허한 언어에 불과해요. 우리가 물질이라고 부르는 것은 결국 인간의 정신이 만들어낸 '지각의 묶음(bundle of perceptions)'이라는 거예요. 그래서 버클리는 물체로부터 감각에 의하여 만들어지는 관념을 하나하나 제거하면 결국 아무것도 남지 않는다고 주장합니다. 만일 버클리처럼 객관적으로 존재하는 실체를 부정하고 모든 것이 지각에 의존된다고 생각한다면 우리는 아마 절벽에서 눈을 감고 뛰어내린다 해도 크게 손상을 입지 않을 테지요? 우리의 조상도 실제 존재하지 않는 감각의 산물로 변하고 말 테고요.

버클리는 감각적 관념의 기초가 되는 물체라는 실체를 부정하고 그 대신 정신이라는 실체를 내세웁니다. 정신적 실체는 인간의 의지로 만들어낼 수 없는 실제적인 관념이라면서요. 그런데 이러한 관념은 어디서 나올까요? 정신적인 존재인 신에서밖에 나올 수 없습니다. 결과적으로 버클리가 물질적인 실체를 부정하기 위해 기울인 모든 노력은 정신적인 실체로서의 신을 인정하기 위한 준비 단계였어요. 마술의 지팡이를 돌리듯 버클리는 증명되지도 않고 증명될 필요도 없는 신을 갑자기 튀어나오게 하고 신의 도움을 받아 모든 난제를 해결하려 했던 것입니다. 철학이 아닌 어설픈 신학일 따름이었지요.

철학 꿀딴죽
5hrs · 🌏

객관적 실체 부정, 정신적 실체

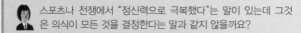

스포츠나 전쟁에서 "정신력으로 극복했다"는 말이 있는데 그것은 의식이 모든 것을 결정한다는 말과 같지 않을까요?

주관적 관념론자들은 그렇게 주장합니다. 불교에서도 내 마음에 모든 것이 달려 있다고 말합니다. 철학적으로 보면 불교도 일종의 주관적 관념론입니다. 그렇다면 내가 눈을 감고 생각을 하지 않으면 객관적인 세계는 존재하지 않아야 합니다. 눈을 감고 절벽에서 떨어진다 해도 아무런 상처를 받지 않아야 합니다. "정신력으로 난관을 극복했다"는 말은 정신과 육체가 분리되어 정신이 육체를 이끈다는 말이 아니라 오히려 양자가 결부되어 있다는 것을 말해줍니다.

👍 Like   💬 Comment   ➤ Share

IDENTIFICATION
흄
지 각 의 묶 음

스코틀랜드에서 지주의 아들로 태어난 흄(David Hume, 1711~1776)은 원래 에든버러 대학에서 법학을 공부했지만 철학에 관심이 더 많았어요. 그래서 프랑스를 여행하고 돌아와 1748년 철학적인 주저 『인간 오성론』을 선보입니다. 이후 그는 1752년부터 1757년까지 에든버러 대학에서 사서로 일하면서 방대한 『영국사』를 저술합니다. 이 책은 그에게 명성과 보수를 가져다주었지요. 1763년에서 1766년까지 그는 파리 주재 영국 대사관 서기로 일하면서 프랑스의 계몽적인 백과전서파들과 사귀게 됩니다. 1767년 흄은 영국 외무부 차관이 되었고, 말년에 에든버러로 귀향하여 학문 연구에 전념해요. 흄은 버클리와 달리 신의 섭리를 직접 끌어들이지 않고서도 유물론을 부정할 수 있으며, 이에 따라 종교의 정당성을 간접적으로 유지할 수 있다고 생각했어요. 그는 이 과정에서 가장 중요한 것이 자연의 인과 법칙을 부정하는 것이라 보았습니다.

실체는 지각의 묶음이다.

흄은 무엇보다 객관적인 인과 법칙을 부정했어요. 원인과 결과 사이의 필연적인 연관성을 증명할 수 없다고 생각했거든요. 예를 들어 당구공 A가 다른 공 B의 충격을 받아 움직이는 경우에도 공에 가해진 충격 자체가 공의 움직임에 대한 원인이 될 수 없다는 것입니다. B가 움직임에 따라 A가 움직였다는 운동의 선후관계는 파악할 수 있지만, 그것이 정말 인과 관계인가 하는 것은 알 수 없다면서요. 우리는 대개 먼저 일어나는 현상을 원인으로, 뒤에 일어나는 현상을 결과로 간주하게 마련입니다. 하지만 실제로는 '이것 후에(post hoc)'라 말할 수 있을 뿐, '이것 때문에(proter hoc)'라 말할 수 없다는 뜻인데요. 우리는 연속적으로 일어나는 어떤 현상을 목격하면서 습관적으로 '양자 간에 인과 관계가 있다'고 생각합니다. 흄은 이런 사고를 "습관에서 생기는 주관적 신념에 불과하다"고 보았어요. 그의 이야기를 더 들어볼게요.

흄은 주관적 신념은 논리적인 확실성이 아니라 개연성*을 가질 뿐이라고 보았습니다. 우리는 습관적으로 받아들인 인상을 사물 속에 주입시켜 인과성이라 부르는 거고요. 따라서 그는 모든 경험적인 인식이란 주관적인 습관에 근거하는 일종의 신념이라고 주장합니다. 실체란 결국 쉬지 않고 생겨나는 '지각의 묶음(bundle of perceptions)'에 불과하며, 실체가 존재하지 않으므로 인과 법칙도 존재하지 않는다고 말해요. 예를 들어 흄은 태양이 동쪽에서 떠올라 서쪽으로 지는 현상

*절대적으로 확실하지 않으나 아마 그럴 것이라고 생각되는 성질.

도 필연적인 법칙에 의한 것이 아니라고 말합니다. 어제도 그랬고 오늘도 그러하니 내일도 그러할 것이라고 사람들이 믿을 뿐이라면서 "내일은 태양이 서쪽에서 떠오를지 아무도 모른다"고 했어요. 여러분은 흄의 생각을 어떻게 받아들이세요? 그의 말대로 생각한다면, 말썽장이 동생이나 맛있는 요리를 해주시는 엄마의 존재를 갑자기 의심의 눈초리로 바라보게 될 것 같아요.

흄은 이처럼 유물론적 기초 위에서 출발한 경험론을 불가지론(agnosticism)*과 회의론(skepticism)*을 통해 주관적 관념론으로 변질시켰어요. 그는 모든 학문이 현상을 통해서 본질로 나아가며 필연적인 법칙을 발견하는 과정에 서 있다는 사실을 완강히 부정합니다. 그런데 실체도 없고 인과 법칙도 없으며, 보편적인 법칙이나 진리가 없다면 모든 과학은 불가능하지 않을까요? 우리가 만나는 것, 행하는 모든 일들, 자연 현상 등등이 여태까지 받아들인 인상의 종합이라면 정말로 실재하는 것은 무엇일까요? 머릿속이 좀 어지러워지죠? 흄은 또한 인간의 의식이 모든 것을 결정한다는 유아론을 벗어나기 위해 수학적 명제가 순수한 사고로부터 생긴다고 말하지만 순수한 사고 역시 신비적인 영역에 속합니다. 확실한 세계가 없을 때 인간은 과연 어떤 것을 의지해서 행동해야 할까요? 흄은 '신념'이라는 말을 내세우지만, 신념이란 결국 믿음에 의존하여 과학적인 인식을 불신하는 것 아닐까요?

그는 버클리와 달리 자신의 회의론을 신의 실체에까지 확대하여 신의 존재에 관해서도 회의론적인 입장을 취합니다. 그러나 흄의 불가지론과 회의론은 결

▲스코틀랜드 에든버러에 있는 데이비드 흄의 동상

국 많은 사람들이 종교에 눈을 돌리게 하는 결과를 초래했어요. 객관적
인 세계에 대한 확고한 지식이 없을 때 인간은 불안해지고, 불안을 느낄
때 인간은 무엇인가 붙잡으려 하니까요. 왕을 단두대로 보낸 프랑스 혁
명과 달리 무혈 혁명을 통해 사회를 개혁해가는 영국인들의 타협적인 성
격이 프랑스 계몽 철학과 흄의 철학에서 극명한 차이로 드러나는 것 같

▲ 에든버러에 있는 흄의 무덤(CC BY-SA 3.0)

습니다. 흄은 사회의 상층에만 종교적 회의론을 허용하고 민중에게는 종
교적 도덕의 필요성을 주장했는데요. 실제로 프랑스 계몽 철학자들은 봉
건주의와 절대주의의 지주 역할을 했던 종교를 사회생활로부터 청산하
려 했답니다.

철학 꿀딴죽
5hrs · 🔥

주관적 관념론, 불가지론, 회의론

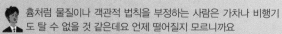

흄처럼 물질이나 객관적 법칙을 부정하는 사람은 가차나 비행기도 탈 수 없을 것 같은데요 언제 떨어질지 모르니까요

맞습니다. 물론 기차도 탈선할 수 있고 비행기도 떨어질 수 있습니다. 그러나 기차가 가고 비행기가 나는 것은 객관적인 물질의 법칙 때문입니다. 탈선과 낙하도 또한 물질적인 법칙에 의한 것입니다. 물질적인 법칙을 인정하지 못할 때 사람은 늘 의심 속에서 고통을 받다가 죽게 됩니다.

👍 Like   💬 Comment   ➡ Share

데카르트(René Descartes, 1596~1650)는 프랑스의 투레니 지방에서 법률가의 셋째 아들로 태어났습니다. 이듬해 바로 어머니가 죽고 외롭게 자란 그는 당시의 유명한 예수회 학교에 들어가 교육을 받게 되요. 특히 수학에 관심이 많았던 그는 이곳에서 모든 것을 비판적으로 바라볼 수 있는 안목을 기릅니다. 1612년 학교를 졸업하고 파리의 사교계에 드나들면서 청년 시절의 행복을 만끽했지만 곧 싫증을 느껴 1615년 조용히 서재에 틀어박혀 학문에 정진하다가 1616년 법학 석사 학위를 받습니다. 1618년 조그만 영지를 유산으로 물려받은 데카르트는 군사 교육을 받기 위해 네덜란드로 갔고, 그 이듬해 독일을 여행하면서 이상한 꿈을 꿉니다. 그는 이 꿈을 수학에 기초한 통일된 자연 과학을 창설하는 것이 자신의 숙명이라는 신의 계시로 받아들입니다.

　네덜란드에 거주할 당시 데카르트는 물리학자 베크만과 친교를 맺었고, 군인의 신분으로 유럽 각지를 여행합니다. 그러는 사이 30년 전쟁(1618~1648)이 발발하자 데카르트는 독일 바이에른 제후의 군대에 들어

▲데카르트와 스웨덴 여왕 크리스티나

가요. 그 후 다시 가톨릭 황제인 페르디난드 2세의 군대에 들어가 프라하 전투에 참가했다가 제대하고, 1621년부터 헤이그에 머뭅니다. 그 후 이탈리아를 여행한 다음 1625년 파리에 머물면서 시인 발자크와 친교를 맺습니다. 1628년에는 다시 네덜란드로 이주하고요.

데카르트는 군 복무 기간에도 계속 수학을 연구했으며, 장교나 법관 등 마음대로 직업을 선택할 수 있었지만 이를 포기하고 조용한 은거 생활에 들어가 철학에만 전념합니다. 암스테르담은 그에게 완전한 자유를 허용해주는 가장 이상적인 곳이었어요. 이 기간 동안 데카르트는 파리 시절의 친구였던 수도승 메르센과 서신을 교환하는 일 외에 일체 외부와의 접촉을 끊어버립니다. 네덜란드에 머무는 20여 년 동안 수많은 저술을 완성할 수 있었던 배경이지요. 물론 그 사이 세 번 프랑스를 여행했고, 1649년에는 스웨덴 여왕의 초청을 받아들여 스톡홀름에 갔지만 익숙하지 못한 기후로 말미암아 이듬해인 1650년 2월 11일에 눈을 감습니다. 그의 유골은 1967년에야 비로소 프랑스로 돌아옵니다.

나는 생각한다, 그러므로 존재한다.

"나는 생각한다, 그러므로 존재한다(Cogito, ergo sum.; Je pense, donc je suis.; Ich denke, also bin ich.; I think, therefore I am)." 더 이상 설명이 필요 없을 만큼 유명한 말이지요? 아무리 철학에 관심이 없는 사람이라 해도 이 말은 한 번쯤 들어봤을 거예요. 데카르트는 고대 그리스 철학을 거쳐 중세에 이르는 동안 학문계를 휘저었던 뜬구름 잡기 논쟁에 종지부를 찍고 수학적인 방법을 동원하여 명징한 사고 체계와 진리 인식의 길을 추구했던 사람입니다. 그 덕에 그는 종종 '근세 철학의 아버지'라 불리지요.

데카르트는 "오늘날 학문이라는 이름으로 존속하는 것은 서로 연관 없는 모순된 의견들의 불완전한 결합에 불과하다"고 말합니다. 통일성과 확실성을 줄 수 있는 원리가 결여되어 있다면서요. 따라서 그는 학문에서 어떤 지속적인 것이 나타나려면 진리라고 생각되는 모든 것이 재구성되어야 한다고 생각했어요. 왜냐하면 인간은 아이로서 세상에 태어나 오성의 능력을 완전히 소유하기 전에 사물을 판단하고 평가하는 방법을 배우기 때문입니다. 그러므로 데카르트는 인간이 사로잡힌 편견에서 벗어나려면 모든 것을 의심해야 한다고 역설해요. 그 과정을 살펴볼게요.

첫째, 인간의 감각을 의심해야 합니다. 감각은 불확실하고 착각의 경우에서처럼 때로 인간을 속입니다. 감각은 매우 주관적이어서 보편성을 획득하기 힘들거든요. 예를 들어 섭씨 30도 이상 되는 여름 날씨를 우리 한국 사람들은 견디기 힘들어 하지만, 열대 지방 사람들에겐 그 정도 더위는 아무것도 아니지요. 게다가 우리는 여러 경험에 따라 감각을 미리 예견합니다. 얼음 모양의 사물을 보면 자동적으로 엄청 차갑다고 생각하는 것처럼요. 따라서 데카르트는 우리의 감각적 경험은 마음속에 생긴 심상에 불과하므로 우리의 마음 밖에 있는 사물과 일치하는지 확인할 수 없다고 보았어요. 그래서 그는 감각적인 대상의 존재까지도 의심해야 한다고 말합니다.

둘째, 확고한 원리와 논증을 제시하는 것 같은 수학의 진리도 의심해야 한다고 말합니다. 왜냐하면 인간의 오성은 때로 오류를 범하며, 어떤 전능한 자가 인간으로 하여금 그러한 오류를 범하게 만들어놓았는지도 모르기 때문이에요. 그러므로 "나는 세계가 내 눈앞에 나타나는 것처럼 실제로 만들어져 있는가?", "신이 존재하는가?", "나 외의 어떤 물체가 존재하는가?", "내가 육체를 갖고 있는가?", "2×2=4인가?", "나라는 것이 도대체 존재하는가?" 등의 모든 것을 의심하고 부정할 수 있다고 주장합니다. 그러나 한 가지 의심할 수 없는 사실이 있으니 그것은 "내가 지금 의심하고 있다는 사실"입니다. 의심하면서 내가 존재한다는 사실은 의심하면 의심할수록 더욱 확실한 것으로 나타나니까요. 즉, '뭔가를 의심하고 있는 나란 존재'는 확실하다는 것이지요. 모든 것을 의심할 수 있어도 지금 내가 의심하고 있다는 것, 의심하면서 존재한다는 사실만은 의심할 수 없다는 뜻입니다. 어떤 지고한 존재가 있어서 내가 상상하는 모든 것에서 나를 속인다 할지라도 내가 존재하지 않는다면 나를 속일 수 없고, 내가 생각하는 동안 내가 존재하는 것을 막을 수 없잖아요? 속는다는 것은 그릇된 것을 상상하는 것입니다. 하지만 상상 자체는 속는 것이 아니에요. 모든 것이 존재하지 않을 수도 있지만, 이 사실을 생각하는 존재는 존재하지 않을 수 없지요. 모든 것이 오류일 수 있지만 잘못 생각한다는 것 자체는 오류가 아닙니다. 모든 것이 부정될지라도 부정하는 사람은 여전히 남아 있습니다. 의식의 모든 내용이 사라질지라도 사유자의 존재인 의식은 무너질 수 없지요. 이렇게 하여 모든 지식의 출발점인 확고부동한 진리가 발견되었으니, 그것이 바로 '사유하는 자아의 의식'입니다. 그러므로 의심한다는 것은 생각한다는 것이고, 생각한다는 것은 존재한다는 것이 됩니다. "나는 생각한다, 그러므로 나는 존재한다." 데카르트에 의하면 이것이 모든 인식 중에서 가장 최초의 인식이고 가장 확실한 인식이에요. 이렇게 아무런 논리적 증명이 필요 없는 자명한 직접적인 인식을 데카르트는 '명석판명(clear and distinct)하다'고 말합니다. 명석은 애매하지 않은 것이고, 판명은 혼동이 없다는 뜻이지요.

데카르트의 주장에는 긍정적인 요소와 부정적인 요소가 포함되어 있습니다. 진리는 계시에 의한 것이 아니라 인간의 합리적 이성에 의해서 확립된다는 것은 긍정적인 측면이지만, 그의 주장은 인간의 인식에서 관찰, 실험, 실천을 과소평가하고 인간의 사유가 사회생활을 통해 발전한다는 사실을 간과했다는 약점을 지닙니다.

철학 꿀딴죽
5hrs · 🌐

근세 철학의 아버지, 명석판명

 너무 의심을 많이 하면 실천적인 행동을 쉽게 할 수 없는 것이 아닙니까?

 데카르트의 의도는 인간의 생활 방식을 규정하는 것이 아니라 진리를 찾아가는 방법을 제시한 것입니다. 우리는 일상생활에서 별로 의심을 하지 않고 행동하는데 그것은 이미 사회 속에서 그러한 행동 방식이 검증되고 인정을 받기 때문입니다. 그러나 낯선 곳에서 우리는 의심하기 마련입니다. 너무 많이 생각하는 사람은 실천에 약하다는 것은 사실입니다. 빨리 결단을 해야 할 상황이 많이 생기니까요.

👍 Like　　💬 Comment　　➤ Share

스 피 노 자

IDENTIFICATION

쓸쓸한 범신론자

"자연은 아름답다. 인간도 아름답다. 이러한 아름다움 자체 속에 진리가 들어 있는가?"

이 물음에 대답하려 했던 스피노자(Baruch de Spinoza, 1632~1677)는 1632년 11월 24일 네덜란드의 암스테르담에서 태어났습니다. 그의 가족은 포르투갈에서 행해진 종교적인 탄압을 피하여 좀 더 관대했던 네덜란드로 이주해온 유대 계통이었어요. 아버지는 상당히 부유한 상인이었고요. 총명한 스피노자는 유대인의 법률 박사인 랍비가 될 목적으로 암스테르담에 있는 유대 계통의 학교에 들어갔습니다. 당시 이 학교의 랍비였던 모르테이라는 스피노자의 재능을 인정하고 장차 그가 유대교의 빛이 될 것이라는 희망을 갖게 되는데요. 스피노자는 여기서 히브리어를 습득한 후에 모세의 율법과 유대의 경전인 『탈무드』를 연구했습니다. 그러나 15세에 불과했던 스피노자는 벌써 그가 해결할 수 없는 모순과 문제를 구약 성서에서 발견하고 신앙에 회의를 품게 됩니다. 그는 라틴어 학교에서 라틴어를 공부한 후 플라톤, 아리스토텔레스, 데모크리토스, 에피쿠로스, 루크레티우스 등을 거쳐 브루노와 데카르트의 철학에 전념했어요. 라틴어 학교의 선생이었던 엔데는 유능한 라틴어 교사였을 뿐만 아니라 자유사상가였기 때문에 스피노자의 가슴에 무신론의 씨앗을 심어주었는데요. 결국 엔데는 네덜란드를 빠져나가 파리에 가서 프랑스 왕에 대한 음모에 가담했고 반역죄로 붙들려 교수형을 받게 됩니다. 유대교의 의식에 참여하기를 꺼려했던 스피노자의 신앙에 대한 회의는 유대교회로부터 의심을 받기 시작했고, 교회는 두 젊은이를 스피노자에게 보내어 그의 의중을 염탐합니다. 대화 가운데서 스피노자는 천사는 환상이며, 영혼은 생명체 안에서만 존재한다고 말했어요. 이 대화 때문에 스피노자는 유대교의 장로 앞에 소환되어 청문을 받았지요. 증인으로 두 젊은이가 나왔을 뿐만 아니라 그를 아끼던 모르테이라도 나와 스피노자를 설득하려 했고, 장로들은 1,000굴덴의 연금을 주는 조건으로 스피노자를 다시 유대교에 복귀시키려 했으나 실패합니다.

　드디어 1656년 7월 27일, 스피노자는 유대 교단으로부터 저주를 받으면서 파문되지요. "저주의 말을 읽는 동안 때때로 큰 호른의 느리고도 비통한 듯한 곡조가 들렸다. 식이 시작할 때 환하게 켜 있던 등불은 식이 진행됨에 따라 하나씩 차례로 꺼지고 드디어 파문당한 사람의 영적 소멸을 상징하는 듯이 마지막 등불이 꺼졌다. 장내는 칠흑 같은 어둠에 파묻혔다." 유대 교단의 파문에는 종교적인 이유뿐만 아니라 정치적인 이유도 포함되어 있었어요. 기독교의 근거를 손상하는 이단자를 자신들의 종파에서 추방함으로써 유대교는 정부의 미움을 받지 않으려 했던 거예요. 파문은 다음과 같은 내용을 담고 있어요. "천사의 충고와 성령의 판단에 따라 우리는 스피노자를 파문하고 저주하며, 성서에 들어 있는 613개의 율법에 따라 유대 교단으로부터 축출한다. …그에게 밤낮으로 저주가 있을지어다. 신은 결코 그를 다시 용서하고 받아들이지 말아 주소서. …이후부터 아무도 그와 이야기해서는 안 되고 서신 왕래도 해서는 안 된다는 것을 모두에게 경고한다. …아무도 그를 도와주어서는 안 되고 그와 함께 같은 지붕 아래 기거해도 안 되며 아무도 그가 쓴 글을 읽어서도 안 된다."

유일한 정신적 지주인 교단으로부터 파문되는 일이 방랑하며 살고 있는 유대인에게 얼마나 쓰라린 고통인지 스피노자도 잘 알고 있었지만 스피노자는 진리를 위해 이러한 고통과 거기서 오는 고독을 용감하게 받아들였습니다. 그러나 유대 교단의 박해는 파문으로 그치지 않았어요. 아버지한테 쫓겨나고 누이동생과 친구들로부터도 외면당한 스피노자는 어느 날 밤 쓸쓸하게 암스테르담의 골목길을 거닐고 있었습니다. 이때 어떤 광신적인 젊은이가 스피노자를 죽임으로써 자신의 신심을 증명하겠다며 칼을 들고 스피노자를 공격하는 사건이 벌어집니다. 스피노자는 이 일로 목에 가벼운 상처를 입고 암스테르담 교외의 조용한 다락방에 숨어 살게 됩니다. 그리고 바뤼흐라는 이름을 베네딕트로 바꾸지요.

그의 우수 어린 온화한 얼굴은 주인 부부의 마음에 들었고(커다란 고통을 겪은 사람은 매우 표독해지거나 아주 온화해지는 법이다), 그들은 스피노자가 때때로 밤에 아래층으로 내려와 파이프 담배를 피우며 그들의 소박한 얘기에 끼어드는 것을 매우 기뻐했습니다. 스피노자는 처음엔 반 덴 엔데의 학교에서 가르치는 수입으로 생계를 유지했어요. 그러다가 1663년 헤이그 부근의 보르부르크로 이사했지만 안경알을 갈아서 얻는 수입으로는 하숙비를 충당할 수 없는 지경에 이르자 1671년에 조그만 방으로 옮

겨 근근이 생활을 이어나갑니다. 친구들이 재정적인 원조를 하겠다고 제
안했지만 그는 이것마저 거절했어요. 그 후 아버지가 죽자 누이들은 스
피노자를 유산 상속에서 제외시켰는데요. 따라서 그는 침대 하나만을 얻
는 것으로 만족하고 상속권을 포기해야 했습니다. 1673년 독일 팔츠의
선제후 루트비히가 완전한 교수의 자유를 보장한다는 조건 아래 하이델
베르크 대학의 철학과 정교수로 초청했으나 스피노자는 이 역시 거절합
니다. 왜냐하면 "자유를 남용하여 국가가 공인한 종교에 이론을 제기하
지 않아야 된다"는 단서가 붙어 있는 초청을 수락하면 자유로운 저술 작
업에 방해를 받을 수 있음을 우려한 탓이었지요. 1677년 나이 44세를 갓
넘어 스피노자는 죽음을 바라보게 됩니다. 먼지 많은 골방에서 안경알을
갈면서 얻은 폐병 때문에 그는 결국 건강을 회복하지 못하고 죽음을 맞
게 됩니다. 하지만 그는 조용하고 안정된 마음으로 죽음을 받아들여요.

▲스피노자의 초상

소크라테스가 그랬던 것처럼 평소의 태도를 유지한 채 아무런 변화나 공
포 없이 조용히 마지막 시간을 기다렸지요. 그는 생전에 출판하지 못한
저술들이 사후에 분실되거나 파손될 것을 걱정하여 책상 서랍에 넣고 자
물쇠로 잠근 다음 사후에 출판업자에게 열쇠를 전해줄 것을 주인에게 부
탁한 후, 일요일인 2월 23일 친구의 팔에 안겨 세상을 떠납니다.

신, 자연, 실체는 동일하다.

실체는 스스로 어떤 것에 의존하지 않으면서 모든 다른 것이 의존하고
있는 본질이며 모든 다른 것의 원인이 됩니다. 다시 말해 실체는 '순수한
존재'입니다. 스피노자에 의하면 실체는 사물의 밖이 아니라 사물의 안
에 존재하는 어떤 것이므로 실체와 자연은 일치하고 동시에 그것은 신과

같은 의미를 지닙니다. 따라서 그는 사물은 결코 신에 의해서 창조된 것이 아니고, 플로티노스의 경우에서처럼 신으로부터 유출된 것도 아니라고 보았어요. 사물은 신의 필연적인 본성의 결과에 불과하다고요. 내각의 합이 두 개의 직각이라는 결과가 삼각형의 본성에서 필연적으로 나타나는 것과 마찬가지라고 말입니다.

스피노자는 자연을 두 가지 측면에서 이해하려고 했어요. 포괄적 의미에서 능동적이고 생동하는 자연은 '능산적* 자연(natura naturans, creating nature)'이고, 유한한 사물의 세계를 총괄하는 개념으로서 자연은 '소산적* 자연(natura naturata, created nature)'입니다. 전자의 의미에서 자연은 실체 및 신과 일치되나, 후자의 의미에서는 구분되는데요. 능산적 자연은 외부의 간섭 없이 그 자체의 법칙에 따라 움직이며, 여기서 자유와 필연이 일치합니다.

스피노자는 이렇게 하여 '실체=신=자연'이라는 명제에 도달하고, 근세 범신론(汎神論, pantheism)의 기틀을 마련합니다. 범신론에 의하면 신은 우주와 자연에 산재해 있어요. 이때 스피노자가 말하는 신은 비인격적이고 내재적인 신성의 의미로 사용되었는데요. 따라서 종교에서 말하는 인격적이고 초월적인 의미의 신과 불화를 일으켰습니다. 신과 실체의 일치는 이미 데카르트가 주장한 바 있고, 신과 자연의 일치는 이미 브루노가 주장한 적이 있어요. 스피노자는 자신의 범신론에서 그 두 사람의 사상을 결합하고 완성하려 했습니다. 스피노자의 범신론은 독일의 문호 괴테의 세계관에 지대한 영향을 미칩니다.

*무엇을 생산하거나 어떤 생산의 근원이 되는, 또는 그런 것.
*생산되는, 또는 그런 것.

▲암스테르담에 있는 스피노자의 동상(CC BY 2.0)

철학 꿀딴죽
5hrs · 🌏

근세 범신론의 기틀 마련

 아름다운 자연을 보면 저도 신비로움을 느낍니다. 저도 아마 범신론자인 것 같습니다. 그런데 종래 우리나라에서 어려운 상황에 처한 사람이 하늘을 보고 도움을 요청하는 경우가 있습니다. 그것도 범신론적이라 말할 수 있습니까?

 제 생각으로는 그렇습니다.

 괴테의 문학 작품 어디에 범신론적인 요소가 나타납니까?

 『파우스트』에 특히 많이 나타납니다. 주인공 파우스트 박사는 "신을 믿느냐?"고 묻는 애인에게 신은 포괄적인 존재로서 이름을 부를 수도 없고 거부할 수도 없다고 말합니다.

👍 Like　　💬 Comment　　➤ Share

라이프니츠

IDENTIFICATION

수 학 하 는 철 학 자

라이프니츠(Gottfried Wilhelm Leibniz, 1646~1716)는 독일을 황폐하게 만든 30년 전쟁(1618~1648)이 끝나기 직전인 1646년에 독일 라이프치히에서 법학 교수의 아들로 태어났습니다. 6세 때 아버지를 여읜 라이프니츠는 독립심과 의지가 강하여 15세에 이미 라이프치히 대학에 입학해요. 여기서 그는 법학과 철학을 공부하고 17세에 「개체의 원리」라는 논문을 썼는데요. 이 논문에서 그는 유명론을 지지합니다. 그해 여름을 예나에서 보내면서 라이프니츠는 유명한 수학자 바이겔로부터 수학을 배웠고, '보편적인 학문으로서 수학'이라는 원리를 받아들입니다. 또한 베이컨, 홉스, 가상디, 데카르트의 철학도 배우지요. 20세에 박사 학위를 받을 수 있는 모든 자격을 갖추었으나 당시 라이프치히 대학에서 라이프니츠가 너무 어리기 때문에 몇 년을 더 기다려야 한다고 결정했기 때문에 그는 뉘른베르크로 떠납니다. 그러고는 뉘른베르크 근처의 알트도르프 대학에서 20세의 나이로 법학 박사 학위를 받아요.

그 후 1672년부터 4년간 파리와 런던을 왕래하면서 수학 공부에 전념

▲라이프니츠는 1671년에 사칙 연산을 수행할 수 있는 기계를 만들기 시작하여 수년에 걸쳐 이를 발전시켰다. 사진은 라이프니츠가 만든 "단계 계산기'이다.

했고, 아르노와 뉴턴 등 많은 학자들을 만났으며, 1676년 헤이그에서는 스피노자를 알게 됩니다. 1675년 라이프니츠는 미분 계산법을 발견했는데 뉴턴도 그에 앞서 비슷한 계산법을 발견하여 1687년에 발표합니다. 덕분에 누가 최초의 발견자인가라는 문제를 둘러싸고 많은 논쟁이 벌어졌지요.

이후 라이프니츠는 하노버의 공작 프리드리히의 초청을 받아 그곳에서 사서 일을 하면서 여생을 보냅니다. 그의 주장에 따라 1700년경 베를린에는 학술회가 설립되고, 그것은 훗날 프리드리히 대왕의 치세에 베를린 학사원으로 개편됩니다. 라이프니츠는 러시아에도 비슷한 연구원을 설립하도록 자극했고, 러시아의 황제인 피터 대제와도 여러 번 만났습니다. 라이프니츠는 러시아의 비밀 법관에 임명되었으며, 1690년에 귀족의 칭호를 받았습니다.

단자에는 창이 없다.

서양 철학사에서 정신적인 알맹이인 '단자(單子)'란 말을 처음 사용한 사람은 브루노입니다. 라이프니츠도 브루노의 의견을 받아들여 세계를 구성하고 있는 근본 실체가 단자(monad)라고 주장했어요. 단자는 하나의 점이며 비물질적인 것으로 더 이상 쪼개질 수 없는 정신적인 힘을 말합니다. 라이프니츠는 단자의 결합과 분리에 의해서 세계가 생성하고 소멸한다고 보았어요. 그런데 단자는 서로 다른 개체이기 때문에 동일한 두 개의 단자는 있을 수 없습니다. 서로 연관을 맺을 수 있는 '창'이 없으니까요. 그렇다면 창이 없는 개별적인 단자들로 이루어진 세계가 어떻게 전체적으로 조화를 이루어 움직일 수 있을까요?

이러한 물음에 대해 라이프니츠는 신의 존재를 가정하면서 대답합니다. 곧 모든 단자는 신이라는 가장 높은 단자로부터 흘러나왔다는 거예요. 다시 말하자면 신에 의해서 창조되었다는 거죠. 물론 라이프니츠가 말하는 창조란 무에서 모든 것이 신의 의지에 의해 창조되었다는 성서의 창조설보다는 플로티노스의 유출설에 더 가깝지만요. 여하튼 그는 이 세계가 신에 의해 창조되었고, 신은 단자가 서로 조화로운 관계를 유지하도록 미리 예정해놓았다고 주장합니다. 이것이 바로 라이프니츠의 '예정 조화설(pre-established harmony)'이에요. 영혼과 육체 사이에도 직접적인 상호작용은 일어나지 않으나 신이 개입하면 중재 작용이 일어난다고 보았고, 따라서 세계도 전체적으로 조화를 이룬다고 설명했답니다. 또한 신은 가장 최선의 세계를 만들어놓았기 때문에 인간은 낙천적인 삶을 기대할 수 있다고도 했어요. 결국 신이 모든 것을 해결해주는 열쇠가 된다는 라이프니츠의 철학은 창조설과 데모크리토스의 원자론을 조화시키려는 시도였지만 그것은 물과 불의 결합처럼 성공할 수 없었습니다.

철학 꿀딴죽
5hrs · 🌏

미분법, 단자, 예정 조화설

세계가 신의 가장 완전한 작품이라면 전쟁, 자연재해, 질병, 부정부패와 같은 부정적인 것들이 어떻게 생겨나는지 도저히 이해가 안 됩니다. 이러한 재앙에 대하여 인간은 어떤 태도를 취해야 합니까?

그것은 바로 예정 조화설이 근거가 없다는 것을 말해줍니다. 자연의 발전에서 나타나는 부정적인 것들을 극복해가는 것이 인간의 과제이지요. 그러나 그 극복 방법은 인간의 이성과 과학을 통해서 추구되어야 합니다. 그렇지 못할 경우 다시 혼란이 오고 허무주의와 비관론이 발생합니다.

예정 조화설이 맞는다면 인간은 노력도 하지 않고 가만히 있기만 하면 되겠네요?

예정 조화설을 주장하는 사람들은 인간이 노력을 하지 않으면 안 되도록 미리 만들어놓았다고 대답할 것입니다.

👍 Like　　💬 Comment　　➤ Share

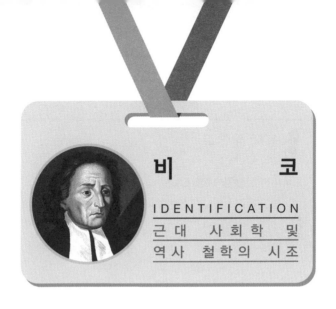

비 코

IDENTIFICATION

근 대 사 회 학 및
역 사 철 학 의 시 조

베이컨을 선두로 하는 영국의 경험적인 철학 방법을 역사 문제에 적용한 철학자가 이탈리아의 비코(Giambattista Vico, 1668~1744)입니다. 비코는 나폴리에서 영세한 서적상의 아들로 태어났어요. 당시 나폴리는 르네상스의 문화를 접하지 못하고 반종교 개혁의 물결에 휩쓸린 보수적인 도시였는데요. 비코는 예수회 학교에 다녔으나 아버지의 상점에서 책을 뒤적이면서 고대 문학과 철학을 공부하는 것을 더 좋아했습니다. 예수회 학교에서 가르치는 논리학에 싫증을 느꼈기 때문인데요. 따라서 비코는 자연스레 법학 쪽으로 눈을 돌렸고, 고대 영웅의 역사나 로마법에도 관심을 갖게 됩니다.

비코는 바톨라에서 한 사제의 조카들을 위해 가정교사를 하면서 독자적인 철학 연구에 몰두했어요. 그러면서 베이컨의 철학에 감동을 받은 반면 데카르트의 철학에는 반감을 갖게 되지요. 이후 고향에 돌아온 비코는 대학에서 수사학 교수 자리를 얻습니다. 주저로 1725년에 나온 『각 민족의 본선에 관한 새로운 학문의 원리』가 있습니다.

역사는 인간에 의해서 만들어진다.

근세 합리론 철학자들은 자연 과학적인 지식에 편중하여 역사 문제에 소홀했는데요. 비코는 법률, 습관, 언어, 종교 등의 분석을 통해 역사 문제를 규명하려 노력했습니다. 그러므로 그가 말하는 '새로운 학문'은 철학

▼나폴리에 있는 비코 동상

적인 역사학, 다시 말해 일종의 역사 철학이었지요. 인간의 본성은 역사적이므로 모든 학문은 역사를 떠날 수 없다는 것이 비코의 출발점입니다. 물론 철저하게 신학의 영향을 벗어나지 못했던 비코는 역사 발전에 영향을 미치는 신의 섭리를 완전히 척결하지 못했어요. 그러나 신의 섭리를 세속적인 입장에서 이성적으로 해석하려 했습니다. 그는 인간이 만들어놓은 여러 가지 제도와 문화에 대한 분석을 통해서 역사 발전의 필연적인 법칙이 추출될 수 있다고 확신했어요. 비코는 또한 역사 연구에서 데카르트적인 연역법을 비판하고, 진리의 기준을 사실성 혹은 생산성과 연관시켰습니다. 영국의 경험론적인 방법도 비판하면서 실천적인 이성을 강조했고요. 비코는 인류의 역사 발전을 '신의 시대', '영웅의 시대', '인간의 시대'로 구분했으며, 민중이 중심이 되는 '인간의 시대'가 가장 이성적인 역사라고 주장했습니다. 그러나 비코는 역사가 '전진'하면서 '복귀'한다고 말했는데, 이것은 그가 보수적이고 신비적인 입장으로 후퇴한다는 것을 의미합니다. 따라서 그의 역사 철학은 결국 '이성적으로 추출된 신학'의 범주에 머물게 되지요. 그럼에도 불구하고 압제자에 대한 민중의 투쟁을 역사 발전의 주요 요인으로 간주한다든지 시민사회의 모순을 비판하는 등 상당히 진보적인 측면도 보여주었습니다.

철학 꿀딴죽
5hrs · 🌐

역사 철학, 역사 발전 구분

 신이 아니라 인간이 역사를 만들어간다는 주장에는 동의합니다. 그러나 역사가 되돌아간다는 주장에는 동의할 수 없는데 왜 많은 철학자들은 역사의 발전에 두려움을 느낍니까?

 미래의 전망이 없는 혼돈한 시대에 살고 있는 철학자들은 역사의 계속적인 발전에 회의를 느끼지 않을 수 없습니다. 비코의 사상에는 진보적인 측면과 보수적인 측면이 다 같이 나타나는데 당시의 사회는 혁명을 통해 새로운 사회를 만들어가느냐, 기존 사회를 개혁하면서 과거로 복귀하느냐의 기로에 서 있었고 종교를 버리지 못한 사람들은 혁명적인 역사 발전에 동참할 수 없었습니다.

 👍 **Like**　　💬 **Comment**　　➤ **Share**

3장

이성의 세례를 받다

프랑스 계몽철학

베 일

IDENTIFICATION

프랑스 초기 계몽 사상가

중세에서 억압당한 인간의 존엄성을 되살리려는 르네상스는 종교의 속
박으로부터 벗어나려는 시대정신(Zeitgeist)의 표현이었습니다. 여기에
많은 무신론적인 철학자들이 나타나 종교, 특히 스콜라 철학을 비판하면
서 철학과 과학의 독자성을 추구하려 했는데요. 르네상스를 이어 유럽의
각 나라에서는 계몽주의의 물결이 일어납니다. '계몽(啓蒙)'이란 말은 '어
두움을 밝혀줌'이라는 의미를 지니고 있어요. 서구의 여러 나라에서 사
용되는 계몽(독일어 Aufklärung, 영어 enlightenment, 프랑스어 illumination)의 어
원이 그것을 잘 말해줍니다. 모두 '빛' 혹은 '광명'과 연관되는 의미를 지
니잖아요? 여기서 암시하는 어둠이란 물론 중세의 종교적 분위기를 말
합니다. 그러므로 계몽주의 운동은 종교적인 몽매함을 벗어나 이성의 빛
으로 인간과 세계를 바라보고, 이에 합당한 사회를 건설하려는 17세기에
서 18세기에 이르는 시민 계급의 이념을 나타내는 말이라고 이해해야 합
니다. 더 정확히 말하면 1688년 영국의 명예혁명으로부터 1789년 프랑
스 대혁명에 이르기까지 시민 계급을 주도한 정신적인 이념이지요. 칸트

는 1784년 『계몽이란 무엇인가?』라는 저서에서 계몽을 "인간이 스스로 자초한 미성숙의 상태로부터 벗어나는 것"으로 정의합니다. 성숙한 인간 이성이 모든 것을 판단하는 잣대가 되어야 한다는 것이 계몽주의 시대의 기치였는데요. 이런 의미에서 유럽의 18세기는 '철학의 세기'이자 '광명의 세기'였고, '계몽적인 세기'였어요. 물론 당시의 시민 계급은 통일되지 않았습니다. 이해관계에 따라 많은 차이를 드러냈지요. 정권과 결탁한 대(大) 부르주아가 있었는가 하면 지식인들이 중심이 된 소(小) 부르주아도 있었거든요. 이들은 혁명에 대한 입장에서 차이를 보였지만 반봉건적인 목표를 갖는 데엔 일치했습니다. 계몽주의 철학은 영국에서 출발했으나 프랑스에서 절정에 달하고 독일에서 이념적인 완성을 향해 나아가요.

프랑스 계몽주의의 선구적 역할을 한 철학자는 베일(Pierre Bayle, 1647~1706)입니다. 관념론적 철학이나 종교적인 색채가 가미된 철학에서는 베일을 중요한 철학자로 다루지 않아요. 일반적인 철학 사전에도 그의 이름이 등장하지 않고요. 특히 서양 철학을 주로 일본을 통해서 받아들인 한국은 철학계를 관념론이 주도하기 때문에 베일을 비롯한 프랑스 철학이 소홀히 다루어지고 있는데요. 저는 이런 현상이 올바른 철학의 발전을 위해 바람직한 일이 아니라고 봅니다. 왜냐하면 봉건 사회로부터 시민 사회로 이행하는 과정에서 프랑스 계몽주의 철학이 수행한 역할은 아무리 강조해도 지나치지 않기 때문입니다. 이러한 철학이 없었다면 인류는 아직도 중세의 몽매한 세계관 속에서 허우적거리고 있을지도 몰라요.

베일은 프랑스의 작은 마을에서 칼뱅교 목사의 아들로 태어났습니다. 개신교 학교를 거쳐 예수회 대학에서 공부를 하게 되었는데 여기서 그는 가톨릭으로 개종해요. 그러나 18개월 후에 다시 캘빈교로 복귀하지요. 당시 프랑스에서는 이중의 개종이 법적으로 금지되어 있었으므로 그는 처벌을 피하기 위해 1670년에 스위스 제네바로 도피합니다. 이곳에서 가정교사로 연명하면서 데카르트의 철학을 알게 되는데요. 데카르트의 철학은 그의 사상 형성에 지대한 영향을 미칩니다. 5년 후에 프랑스로 되돌아온 그는 세단에 있는 개신교 대학의 철학 교수가 되었어요. 1685년에 종교적인 관용을 허용하는 낭트 칙령이 폐지된 후 많은 프랑스 개신교 신자들이 네덜란드와 독일로 이주했고, 베일이 가르치던 학교도 폐쇄됩니다. 그 때문에 베일도 스피노자처럼 당시 가장 자유로웠던 나라인 네덜란드로 거처를 옮겨 1693년부터 로테르담 대학에서 철학 및 역사학 교수로 활동합니다.

1868년에 베일은 낭트 칙령이 폐지된 후 프랑스에서 자행된 개신교 박해 문제를 다룬 『예수 그리스도의 말을 다룬 철학적 주석』이라는 책을 저술했는데, 이 책에서 그는 종교적 관용을 호소하면서 무신론자들에게도 자유가 허용되어야 한다고 주장했어요. 그러나 종교적 박해에 대한 폭력적인 저항에는 반대했습니다. 이에 대하여 극단적인 캘빈교 측에서는 즉시 반발했고 베일을 모든 종교의 적대자이며 공공연한 무신론자라고 몰아붙입니다. 결국 베일은 1693년에 교수직을 사임하고 맙니다. 하지만 베일은 친구들의 도움을 받으며 논쟁을 계속했고 그것을 밑받침으로 1695년 그의 주저라 할 수 있는 『역사적·비판적 사전』을 출간했습니다. 여기서 베일은 당시의 모든 학문을 비판적으로 분석했고 베이컨처럼 종래의 편견으로부터 해방되는 것이 인류의 행복에 도움이 된다고 역설해요. 전통적인 권위가 상호 모순되는 역사적 사례를 증거로 제시하면서 스스로의 주장이 옳다는 것을 증명했지요. 그는 이성과 종교적 독단 사이에 지양될 수 없는 모순이 존재한다는 사실을 논증하려 했으며, 그것은 계시 종교를 거부하는 계몽사상을 이끄는 발판이 됩니다.

베일의 말년은 캘빈 계열 합리주의자들과의 논쟁으로 점철되었어요. 다양한 종파의 학자들과 서신을 교환했고, 무신론적 사고에 대한 탄압을 피하기 위해 자신의 저술들을 익명으로 출간하기도 했습니다. 베일은 프랑스 철학자 데카르트 및 사상가 몽테뉴의 영향을 받고 스콜라 철학에 대한 비판을 계속하는 회의주의자가 되었어요. 물론 그의 회의주의는 진리를 인식할 수 없다는 불가지론으로 나아가는 것이 아니라 과학의 가치를 강조하고 형이상학적인 사유 방식을 비판하는 유물론적인 것이었습니다. 베일은 신학과 종교사에 대한 박식한 지식을 소유하고 있었으며 당시의 사상적 조류를 모두 습득했어요. 그는 특히 당시 네덜란드에서 활동했던 스피노자의 사상을 높이 평가했습니다. 스피노자의 근본 명제는 "지식과 신앙이 조화될 수 없다"는 것이었는데, 베일도 스피노자처럼 인간의 본능을 긍정적으로 평가했으며, 이성은 본능과 상반되는 것이 아니라 본능이 과도하게 나아가지 않도록 조정하는 역할을 한다고 생각했습니다. 베일은 금욕과 내세를 강조하는 기독교 신학에 맞서 자연적인 능력을 개발할 수 있는 인간의 권리를 옹호했던 철학자로 기억됩니다.

우리는 철학과 복음 사이에서 하나를 선택하지 않으면 안 된다.

철학이 '신학의 시녀'가 된 뒤 많은 사람들은 철학과 신학이 서로 도움을 줄 수 있다고 생각했습니다. 그러나 그것은 종교가 만들어놓은 편견에 불과했어요. 철학의 출발이 신화적 사고로부터의 탈피였던 것처럼 본래의 철학은 종교를 벗어나 독자성을 획득해야 했는데요. 근세의 철학은 그러한 시도를 무수히 감행했지만 아직 종교가 소멸되지 않았던 사회적 조건 때문에 철저하게 독립을 획득하지 못했고 어중간한 타협의 길을 걸을 수밖에 없었습니다. 근세의 영국 경험론이나 대륙의 합리론이 이런 사정을 잘 말해줍니다. 이에 비해 프랑스 계몽 철학은 철저하게 종교의 그늘을 벗어나려 했으며, 베일은 그것을 명확하게 표현했어요. 종교를 택하든가 철학을 택하든가 결단해야 한다는 것이 베일의 신념이었거든요. 어중간한 뒤섞임은 종교도 망치고 철학도 망치게 되리라는 것을 베일은 잘 알고 있었던 거예요.

 # 유물론적 회의주의자, 프랑스 계몽 철학

어떤 사람들은 과학이 해결할 수 없는 문제를 철학이 해명하려 하고 철학이 해명할 수 없는 문제를 종교가 해답하려 한다고 말하는데, 맞는 말입니까?

맞지 않습니다. 과학은 일정한 대상을 중심으로 그 대상에 관계되는 원리와 법칙을 찾아내는 학문이고 철학은 이러한 과학의 연구 결과를 토대로 인간이 어떻게 살아야 하는가를 제시해주는 인생관입니다. 그러나 종교는 과학의 연구 결과에 의존하지 않고 상상력에 의하여 절대적인 진리를 가정하고 거기에 맞추어 인간이 살아가기를 요구합니다. 그러므로 종교는 과학 및 철학과 어긋나는 대답을 내놓을 뿐입니다.

👍 Like   💬 Comment   ➤ Share

볼 테 르

IDENTIFICATION

프랑스 계몽주의의 상징

볼테르의 원래 이름은 프랑수아-마리 아루에(Francois-Marie Arouet, 1694~1778)입니다. 볼테르는 어렸을 때부터 시와 연극에 남다른 재능을 보였어요. 얼마나 영특했던지 어떤 지성 있는 노부인은 이 소년에게서 위인이 될 조짐을 발견하고 죽을 때 2천 프랑을 물려주었다고 합니다. 그러나 정작 볼테르의 아버지는 시를 짓는 아들을 달가워하지 않았어요. 아들의 장래에는 기대할 만한 구석이 없다며 실망했습니다. 아들이 문학에 일생을 바치겠다고 속마음을 털어놓자 실용적인 것을 중시하던 아버지는 "사회의 무용지물이 되어 가족에게 누를 끼치다가 결국 굶어 죽는 자가 선택하는 직업이 문학이다"라며 화를 냈다고 해요. 어쩐지 요즘 우리나라 청소년들과 부모의 대화를 엿듣는 느낌이에요. 대한민국 부모들도 자녀들이 소설을 쓰겠다거나 연기를 하거나 순수 미술을 하겠다고 하면 많이 말리잖아요. 그때나 지금이나 부모의 욕심은 비슷한가 봅니다. 볼테르는 하는 수없이 아버지의 뜻에 따라 법과대학에 들어가요. 하지만 학교 공부를 소홀히 하고 재사나 문인들과 어울려 종교와 도덕을 비웃는 일에 열중했지요.

1715년 프랑스의 루이 14세가 죽자 어린 아들이 왕위를 계승합니다. 왕의 나이가 너무 어린 탓에 오를레앙의 필립 공이 섭정에 나섰고, 파리는 곧 환락과 부도덕의 도시로 변모합니다. 이에 볼테르는 사회를 비판하는 시를 썼는데요. 결국 이 일로 그는 바스티유 감옥에 구금됩니다. '볼테르'라는 필명을 사용하기 시작한 것도 이때부터예요. 감옥에서 진짜 시인이 되어 「앙리아드」라는 장편 시까지 완성하거든요. 얼마 뒤 섭정은 그의 무죄를 인정하고 석방한 후 연금까지 지급합니다. 생전에 그의 아버지는 "두 바보 아들을 가지고 있는데, 하나는 산문에 빠진 바보이고, 다른 하나는 시에 빠진 바보"라고 말했답니다. 볼테르는 학문과 문학적인 성공뿐 아니라 사회적인 지위도 얻으려고 노력했어요. 그래서 많은 고위 관리들과 어울렸지만 귀족들은 곧 허풍선이 같은 이 청년을 질

▼볼테르는 1717년 5월 16일부터 1718년 4월 15일까지 바스티유에 수감되었다.

시하기 시작합니다. 볼테르의 무례한 언동에 화가 난 어떤 후작은 깡패들을 고용하여 한밤중에 볼테르를 습격하게 했대요. 그러면서 "그 녀석의 머리는 때리지 말라. 아직도 그 머리에서 뭔가 좋은 것이 나올 수 있거든" 하고 당부했다는 유명한 일화도 전해집니다. 폭행의 배후를 알게 된 볼테르는 검술을 연습한 후 후작에게 결투를 신청했지만 후작은 경찰을 불러 볼테르를 체포하게 했고, 볼테르는 다시 바스티유로 갑니다. 그러나 정부의 영국 추방령을 받아들여 감옥에서 나온 뒤 바로 영국으로 건너가요. 볼테르는 영국에 3년간 머물면서 영국의 사회 제도와 이념을 배워 『철학 서한』이라는 저술을 통해 조국 프랑스의 사회적 모순을 비판합니다.

1729년 볼테르는 귀국 허가를 받고 파리로 돌아옵니다. 파리 의회는 그러나 『철학 서한』이 "종교와 도덕과 국권의 존엄성을 해치는 해괴한 책"이라 규정하고는 이를 공개적으로 불태우게 합니다. 이번에도 볼테르는 도망가지 않을 수 없었어요. 그래서 샤틀레 후작 부인과 함께 파리에서 멀리 떨어진 그녀의 성(城) 시레로 도피합니다. 이 부인은 볼테르보다 12세나 어린 28세의 젊은 여성이었어요. 그녀는 라틴어, 이탈리아어, 영어에 능숙했고 라이프니츠에 관한 책을 저술했으며, 뉴턴의 『자연학의 수학적 원리』까지 번역한 지성인이었습니다. 라이프니츠의 단자론이 프랑스에 알려지게 된 것도 이 여성 덕분이지요. 그녀는 또한 불의 본질을 주제로 하는 프랑스 학사원의 현상 논문을 써서 학계의 높은 평가도 받았습니다. 당시 그녀의 남편은 늘 군대에 있으면서 사냥을 즐겼으므로 부인의 정신적인 욕구를 만족시켜줄 수 없었어요. 박식하고 재담 있는 볼테르가 부인의 마음을 사로잡은 것도 우연은 아니었습니다. 그녀에게 남편은 너무 답답했고, 볼테르는 너무나 재미있고 재기 넘치는 사람이었

으니까요. 그녀는 볼테르를 "모든 점에서 사랑스러운 사람"이라 불렀답니다. 이미 연로한 그녀의 남편은 자기 아내가 천재 애인을 두는 일에 별로 반대하지 않았다고 해요.

볼테르와 에밀(샤틀레 부인의 이름)이 자리 잡은 시레는 이제 학문과 사교의 중심지가 됩니다. 많은 사람들이 이곳을 찾아와 술과 학문과 문학과 재담을 즐겼어요. 에밀은 볼테르와 함께 뉴턴의 이론을 연구했는데, 에밀과 동거하던 15년 사이 볼테르는 여러 편의 문학 작품과 철학 및 역사에 관한 저술들을 완성합니다. 그 덕에 프랑스 학사원의 회원도 되고요. 사회적으로 많은 물의를 일으켰던 그가 학사원 회원이 되는 데는 장애가 좀 따랐지만, 그는 모든 수단을 사용하여 결국 목적을 달성합니다. 착한 가톨릭 신자로 자처하기도 했고, 예수회 회원들에게 경의를 표하기도 하면서요. 볼테르의 학사원 회원 취임 연설은 프랑스 문학의 고전으로 손

▲볼테르의 연인 에밀

꼽힙니다.

세월이 흘러감에 따라 볼테르와 에밀의 사랑도 조용해집니다. 1748년, 에밀은 10년 연하의 젊은 미남 장교 생 랑베르와 사랑에 빠져요. 볼테르는 이 사실을 알고 격분했으나 랑베르가 용서를 빌자 마음을 진정시키고, 그들의 사랑을 축복해주었다고 합니다. 52세의 볼테르는 이미 인생의 정상에 도달하여 황혼을 바라보게 된 터이므로 자기보다 젊은 여인을 계속 붙잡아둘 수 없다는 것을 깨달았던 거예요. 그것은 지난날 그가 에밀과 사랑에 빠졌을 때 에밀의 남편인 샤틀레가 보여준 관용이기도 했어요. 이듬해 에밀은 랑베르의 아이를 출산하는 중에 사망합니다. 그녀의 임종 자리에는 샤틀레 후작과 볼테르, 랑베르가 함께 있었대요. 서로 한마디의 비난도 없이 공동의 슬픔을 느끼면서요. 그 후 에밀을 잃은 볼테르가 슬픔에 잠겨 있을 때 독일의 프리드리히 대왕으로부터 초청장이

▲프리드리히 대왕(가운데)과 담소를 나누는 볼테르(왼쪽)의 모습(아돌프 멘첼)

날아듭니다. 당시 프로이센의 문화가 꽃피던 베를린으로 와달라는 내용
이었죠. 하지만 즐거운 생활도 잠시, 대왕과의 사이에 불화가 생기자 볼
테르는 스위스로 도주하여 시계 공장을 세우고 저술에 전념합니다.

볼테르는 처음부터 제네바에 머물 생각이 없었어요. 그런데 호숫가의
아름다운 경치, 사람들의 소박한 생활 방식을 보고 마음을 바꿉니다. 볼
테르는 프랑스어를 사용하는 이 스위스 도시가 프랑스에 인접해 있으면
서도 프랑스의 정치적 힘에 지배당하지 않아서 좋다고 생각했어요. 원래
그는 스위스 로산에서는 시골집을, 제네바 교외에서는 농지를 구입했어
요. 그 농지는 조그만 별장이 딸려 있는 아주 아름다운 곳이었습니다. 제
네바 시와 호수를 끼고 있으며 멀리서는 알프스 산의 흰 눈이 반짝이는
곳이었지요. 볼테르는 이 성의 이름을 레 델리세(Les Délices, 감미로운 곳)
로 바꾸었고, 이곳은 곧 볼테르의 정신과 기호가 스며든 유명한 장소가

▲프랑스 페르니에 있는 볼테르의 성

됩니다. 그러나 볼테르는 두 개의 거처로 만족할 수 없었어요. 이전에 익힌 재산 증식 솜씨를 이제 아름다운 시골 땅을 구입하는 데 발휘한 것입니다. 그가 이처럼 여러 개의 거주지를 둔 데에는 어느 땐가 그를 추적하러 오는 적을 피해 빨리 숨을 수 있는 피난처를 확보하려 했던 목적도 있어요. 볼테르는 "철학자는 그를 추적하는 개들을 피하기 위해 항상 두서너 군데에 숨을 곳을 마련해두지 않으면 안 된다"고 말했습니다. 1758년 그는 세 번째로 프랑스와 스위스의 국경인 페르니에서 정착지를 발견합니다. 여기서는 프랑스의 권력 행사를 염려할 필요가 없었고, 만에 하나 스위스 정부가 간섭할 시에도 프랑스로 도피하기 쉬웠어요. 결국 이곳은 볼테르의 마지막 고향이 됩니다. 이때부터 이름 없던 조그만 시골 페르니가 유럽의 정신적 중심지로 변해요. 당시의 학자들과 계몽 군주들이 직접 또는 서신으로 볼테르에게 경의를 표했을 정도입니다. 회의적인 성

직자, 자유사상을 가진 귀족, 지식층의 여인들도 이곳을 찾아왔어요. 덴
마크와 스웨덴의 국왕, 러시아의 황제 카타리나 2세도 볼테르를 흠모했
으며, 지난날의 프리드리히 대왕도 화해의 편지를 보내면서 다시 접근했
답니다. 훗날의 보고에 의하면 볼테르는 이곳에서 6,210권의 책을 소장
한 조그만 도서관까지 만들었다고 해요. 시계 공장을 건립하여 마을의
경제적 번영에도 힘썼고요.

볼테르가 제네바에 도착한 1755년 11월 1일 유럽의 지성인에게 커다
란 충격을 던진 사건이 발생합니다. 3만 명 이상의 인명을 앗아간 리스
본의 지진이었어요. 공교롭게도 성인의 영혼을 기리는 날에 지진이 일어
났기에 교회는 신도로 붐볐고, 따라서 더 많은 희생자를 내었습니다. 프
랑스 성직자들은 이 재난을 리스본 주민들의 죄에 대한 신의 형벌이라고
해석했어요. 이러한 해석을 전해 듣고 볼테르는 분노를 터뜨리며 "신은

▲볼테르의 아침(장 후버)

재난을 방지하고 싶지만 방지할 능력이 없는가?"라는 주제로 시를 지어
성직자들의 해석을 반박했습니다. 당시 6세의 괴테도 이 소식을 듣고 한
순간 어린 신앙이 흔들렸다고 말했는데요. 60세의 볼테르는 새로운 그의
신념에 대한 확신을 이 사건에서 얻은 것입니다. 다시 말해 "모든 것이
좋다는 낙천주의는 하나의 기만이다. 모든 것이 좋았으면 하는 것이 인
간의 소원이지만, 이러한 희망은 불확실하다. 그렇다고 모든 것을 신의
섭리로 돌리는 비합리적인 세계 해석은 더욱 부당하다"는 생각이었습니
다. 그는 시에서 "리스본은 가라앉는데 파리는 탐욕적으로 춤추고 있구
나!"라는 표현을 사용했어요.

1778년 2월 5일, 83세의 볼테르는 파리 여행길에 오릅니다. 지루한 여
행 끝에 2월 10일 오후 4시, 그는 마침내 파리에 도착해요. 수많은 파리
시민들은 옛 시민이자 유명한 철학자인 동시에 칼라의 사건으로 유명해

진 의리의 사나이를 환영하기 위해 몰려들었습니다. 그중에는 파리 주재 미국 대사로 와있던 벤자민 프랭클린도 있었는데요. 그는 손자를 데리고 와서 볼테르의 축복을 받았다고 해요. 그러나 유감스럽게도 볼테르의 나이가 너무 많았습니다. 시골의 맑은 공기 속에 익숙한 고목이 도시의 혼잡한 공기를 견뎌낸다는 것은 실로 어려운 일이었어요. 때문에 파리에 도착한 지 2주일 만에 볼테르는 병이 듭니다. 안정과 휴식을 취하라는 의사의 권고에도 불구하고 그는 계속하여 병상에서 방문객을 받아들였는데요. 한 번은 신부가 그를 방문하고 고해를 들으려 했습니다. 볼테르는 "누가 당신을 보냈소?" 하고 물었고 이에 신부는 "신께서 보냈습니다"라고 대답해요. 볼테르는 "좋아요. 그런데 신부님, 신임장은 갖고 왔소?"라고 다시 물었습니다. 물론 신부는 화가 나서 돌아갔고요. 볼테르는 자기가 죽은 다음에 이교도처럼 처리될 것을 염려하여 신부를 불러 타협하려 했지만, 신부는 볼테르가 가톨릭 교리를 믿는다는 고백서에 서명하기 전에는 고해를 받지 않겠다고 말했어요. 볼테르는 서명하는 대신 비서를 통해 다음과 같은 성명서를 쓰게 합니다. "나는 신을 숭배하고, 벗을 사랑하고, 적을 미워하지 않고, 미신을 혐오하면서 죽도다. 1778. 2. 28. 볼테르."

볼테르는 노쇠한 몸에도 불구하고 그에게 위임된 학사원장 직을 맡으면서 학사원에서 발행하는 사전의 개조 작업에 손대다가 1778년 5월 30일 눈을 감습니다. 임종 시에 신부가 와서 엄숙한 목소리로 인류를 구원하신 신을 믿느냐고 묻자 볼테르는 고개를 돌리며 조용하게 죽도록 놓아두라고 말했어요. 파리에서 기독교식 장례가 거부되자 친구들이 시체를 살아 있는 것처럼 마차에 앉히고 교외로 빠져나가 천재에게는 규칙이 통

▲손님을 맞이하는 볼테르(장 후버)

용되지 않는다는 것을 인정한 신부를 만나 성지에 안장합니다. 1791년
국민의회는 그의 유해를 판테온에 이장했는데요. 이때 10만 명의 남녀가
호송했고, 60만의 시민이 거리를 메웠습니다. 영구차에는 "그는 인류의
정신에 위대한 자극을 주었다. 그는 우리들을 위해 자유의 길을 개척했
다"라고 쓰여 있었지만 정작 그의 묘비에는 "여기 볼테르가 잠들다"라는

간단한 말만 새겨졌을 뿐입니다.

"이성의 시대가 동이 텄다. 오, 자연이여! 그대에게 영원한 감사를 드린다"라고 외치던 볼테르는 그러나 위대한 프랑스 혁명을 보지 못하고 눈을 감았어요. 단언컨대 그는 분명 18세기 프랑스를 대표하여 서양 계몽주의를 정상에 올려놓은 사상가입니다. "이탈리아에 르네상스가, 독일에 종교 개혁이, 영국에 시민 혁명이 있었다면, 프랑스에는 볼테르가 있었다"고 말할 수 있을 정도로요.

파렴치를 분쇄하라!(Ecrasez l'imfâme!)

볼테르가 활동하던 시절 가톨릭이 우세하던 프랑스의 도시 툴루즈에서는 신부들이 모든 권리를 장악하고 있었어요. 이 도시에 칼라(J. Calas)라는 선량한 신교도가 살고 있었습니다. 그의 딸은 가톨릭으로 개종했고요. 1761년 10월 어느 날 밤 그의 큰아들이 아버지의 가게에서 목매어 자살하는 불행한 사건이 일어납니다. 당시 자살은 죄악으로 취급되었기 때문에 자살자를 벌거벗긴 채 수레에 매어 거리로 끌고 다니다가 교수대에 매다는 법률이 있었어요. 이 처벌을 피하기 위해 아버지는 친척과 친구들에게 아들이 자연사한 것으로 증언해달라고 부탁합니다. 그 결과 아들이 가톨릭 쪽으로 개종하는 것을 막으려고 아버지와 다른 아들이 큰아들을 살해했다는 소문이 퍼지기 시작했어요. 결국 칼라와 그 아들은 체포되었는데요. 살인에 대한 아무런 증거가 없었지만, 당시는 툴루즈 사람들이 신교도를 증오하고 있었던 때라 부자(父子)는 유죄 판결을 받게 됩니다. 재산은 몰수되었고, 아들은 추방당했고, 칼라 자신은 고문을 당한 후 바퀴에 매달려 으깨져 죽는 가장 처참한 형벌을 받았어요. 살아남은 그의 아들은 박해를 받던 중 간신히 페르니로 도망쳐 볼테르에게 도움을 요청합니다. 비인간적인 박해의 이야기를 들은 볼테르는 경악과 함께 분노를 금치 못했어요. 그는 이 사건의 정당한 해명을 위해 투쟁하기로 결심합니다. 책상에서 연구만 하는 단순한 학자가 아니라 행동하는 지식인이 되고자 마음먹은 거죠. 그러고는 투쟁을 위하여 이론적인 철학을 과감히 내던집니다. 그는 이 사건에 대한 명쾌한 전말서를 인쇄하여 친구들에게 돌렸고 영향력 있는 친구들의 도움을 요청했어요. 칼라의 부인을 파리로 보내어 청원하게 했고요. 교회는 볼테르의 마음을 회유하려했으나 그는 결코 굴복하지 않았고 오히려 친구들에게 쓰는 모든 편지를 "파렴치를 분쇄하라!"는 말로 끝맺는 대담한 투쟁을 전개합니다. 결국 3년에 걸친 각고 끝에 이 사건은 파리에서 다시 취급되었고, 지난날의 판결이 번복되는 결과를 낳습니다. 칼라의 아이들은 자유를 얻었고, 볼테르는 친지들로부터 거두어진 성금으로 이 가족의 장래를 보살펴줍니다. 칼라의 사건은 전 유럽을 통해 알려지고 볼테르는 그제야 만족스러운 미소를 지었다고 해요.

하지만 이와 비슷한 사건들이 프랑스에서 계속 일어납니다. 예컨대 신교도 시르방의 딸 하나가 가톨릭 개종을 종용받고 정신 착란을 일으켜 우물에 빠져 죽자 시르방이 일부러 빠뜨려 죽였다고 죄를 덮어씌운 일, 17세의 소년 라 바르가 다리 위에서 나무 십자가를 부러뜨렸다 해서 혀를 잘라내는 고문을 가한 뒤 사형시킨 일 등등이에요. 그때마다 볼테르는 지치지 않고 뛰어들어 사실을 규명하려 노력했습니다. 그는 '사법 살인'에 대한 철퇴를 가하는 동시에 종교적 광신이 얼마나 인류의 행복에

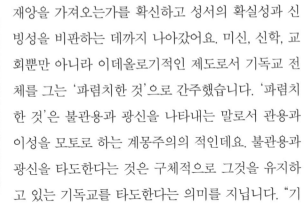
*17~18세기 유럽의 계몽주의 시대에 나타난 합리적인 종교관. 신의 존재와 진리의 근거를 인간 이성이 인식할 수 있는 자연적인 것에서 구하는 이론으로, 신을 세계의 창조자로 인정하지만 세상일에 관여하거나 계시나 기적으로 자기를 나타내는 인격적 주재자로서의 신을 부정하였다.

재앙을 가져오는가를 확신하고 성서의 확실성과 신빙성을 비판하는 데까지 나아갔어요. 미신, 신학, 교회뿐만 아니라 이데올로기적인 제도로서 기독교 전체를 그는 '파렴치한 것'으로 간주했습니다. '파렴치한 것'은 불관용과 광신을 나타내는 말로서 관용과 이성을 모토로 하는 계몽주의의 적인데요. 불관용과 광신을 타도한다는 것은 구체적으로 그것을 유지하고 있는 기독교를 타도한다는 의미를 지닙니다. "기독교를 만들어내기 위해 열두 사람이 필요했다는 얘기를 신물이 나도록 들었다. 그러나 나는 기독교를 파괴하는 데에 한 사람만으로 충분하다는 것을 증명하고 싶은 의욕을 갖는다"라고 그는 힘주어 말했습니다. 물론 볼테르가 자신을 무신론자로 자처한 것은 아니에요. 하지만 이성을 강조하면서 종교의 모순을 비판하는 그의 입장은 오히려 이신론(理神論)*적이라 할 수 있습니다. 그는 "만약에 신이 존재하지 않는다면 우리는 신을 발명해내야 한다"라고 말하기도 했답니다.

파렴치를 분쇄하라

투자도 하고 공장도 건설하고 사회 정의를 위해 싸웠던 볼테르는 조용히 학문 연구에 정진하는 철학자들과 차이가 나는 것 같아요. 철학자는 오로지 학문 연구에만 몰두하는 것이 바람직하지 않을까요?

두 가지를 다 할 수 있는 능력이 있으면 사회 활동을 겸해도 좋지요. 그러나 사람의 능력에는 한계가 있고 어느 한 가지에 집중해야 한다면 역시 학문 연구가 먼저입니다. 그러나 학문 연구도 현실과 연관되고 현실을 개선하는 방향으로 수행되어야지 학문을 위한 학문은 큰 의미가 없습니다. 우리나라의 현실에 비추어 말한다면 철학 연구도 어떤 방식으로이든 통일이나 사회의 민주화와 결부되어야 합니다.

👍 Like   💬 Comment   ➤ Share

루　　　소

IDENTIFICATION
자연을 동경한 철학자

루소(Jean Jacques Rousseau, 1712~1778)는 제네바에서 시계공의 둘째 아들로 태어났습니다. 태어난 지 며칠 안 되어 어머니가 돌아가시고 아버지 밑에서 자란 그는 글을 깨우치면서부터 책을 많이 읽었어요. 그중에서도 『플루타크 영웅전』에 가장 관심이 많았습니다. 루소가 열 살이 되었을 때 그의 아버지는 이웃 주민과 다툰 후 구금이 두려워 이웃 도시로 떠나갑니다. 루소는 외삼촌 집에 맡겨졌는데 외삼촌은 루소를 자신의 아들과 함께 시골 목사에게 보내 교육을 받게 해요. 이 시절에 루소는 자연에 대한 사랑을 배웁니다. 루소는 교육을 마친 후 여러 가지 작업을 배우려했으나 침착하지 못한 성격 때문에 번번이 실패하지요.

　동판 조각가 밑에서 일하다가 열여섯 살이 된 루소는 체벌이 두려워 도주한 후 사보이 지방을 떠돌게 되는데요. 이때 한 가톨릭 신부의 주선으로 안시 지방에 있는 바랑 부인 집에 머뭅니다. 지적이면서 사업욕이 강했던 이 부인은 가톨릭으로 개종한 지 얼마 안 되는 과부로서 가톨릭으로 개종하려는 개신교 신자들을 도와주고 있었어요. 엄마처럼 다정했던 바랑 부인의 도움으로 루소는 토리노에 있는 교리 학교에 입학하여 가톨릭 신자가 되었고, 돌아온 후 가톨릭 신학교로 보내집니다. 그러나 그를 성직자로 만들려는 바랑 부인의 시도는 실패하고 말아요. 방랑과 자유를 동경하는 루소에게 엄격한 생활을 요구하는 성직자의 생활이 맞지 않았기 때문이지요. 그러자 부인은 루소를 음악 학교에 보냈고, 여기서 루소는 음악 공부에 재능을 발휘했습니다. 연주는 물론 음악 이론도 쉽게 습득했으며 작곡까지 했지요. 공부를 마친 후 루소는 음악 교사를 하며 이곳저곳을 방랑하다가 다시 샹베리로 집을 옮긴 바랑 부인을 찾아가요. 20세가 된 루소는 이제 바랑 부인의 애인이 되어 그녀의 지도에 따라 학문을 연구하면서 서재에 있는 피에르 베일과 볼테르의 책을 처음으로 읽게 됩니다. 이 시기가 루소의 불안정한 생애 중에서 가장 행복한 시절이었어요. 그러나 부인의 재정적인 어려움과 새로 들어온 관리인에 대

▼공원에서 명상 중인 루소

한 질투심 때문에 루소는 1741년 파리로 가야겠다고 결심합니다.

　도보 여행으로 파리에 도착한 그는 스스로 고안한 숫자와 부호를 사용하는 악보 기술법을 학사원에 제출했지만 인정을 받지는 못했어요. 그 후 베니스 주재 프랑스 대사관 서기로 일하게 되었으나 대사와 불화가 생겨 다시 파리로 돌아와 디드로를 비롯한 백과전서파들과 교제하지요. 그리고 이 시기에 그는 교육을 제대로 받지 못한 평범하고 무지한 여관집 하녀 테레스와 사귀게 되어 25년간 동거한 후 결혼합니다. 그 사이 다섯 아이를 낳았지만 모두 결혼 전의 아이였고, 설상가상으로 경제상의 문제가 불거져 모두 고아원에 보내지요. 1746년, 루소는 부유한 뒤팽 부인의 비서가 됩니다. 백과전서파들은 그들이 펴내려 했던 『백과전서』에 음악에 관한 항목을 루소가 기술하도록 요청했는데요. 이때 백과전서파들과 친분이 많았던 여류 작가 데피네 부인을 알게 되고, 이 부인은 후에 루소를 경제적으로 도와줍니다.

　무명의 루소가 갑자기 유명해진 것은 1750년 디종 아카데미에서 모집한 현상 논문 덕분입니다. 이 현상 논문의 주제는 "예술과 학문이 인류의 행복에 기여했는가?(Have the arts and sciences conferred benefits on mankind?)"였습니다. 예술과 학문의 진보가 인류의 도덕에 미치는 영향을 논하는 것이었는데요. 루소는 「학문・예술론」으로 응모하여 당선됩니다. 이 논문은 그의 이름을 세상에 알리는 계기가 되었을 뿐만 아니라 당시 학계에 커다란 풍파를 일으켰어요. 왜냐하면 예상과 달리 루소가 부정적인 입장에서 문명의 영향을 논했기 때문입니다. 같은 기관에서 1754년 두 번째로 모집한 현상 논문에 루소는 「인간 불평등 기원론」으로 응모합니다. 두 편의 저술로 유명해진 루소는 곧 제네바를 방문하여

▲「신(新) 엘로이즈」삽화

환영을 받는데요. 여기서 그는 다시 개신교로 개종하지만 점차 제네바에
서도 비난을 받게 됩니다.

이에 제네바를 떠난 루소는 잠시 독일에 속한 뇌샤텔에 머물다가
1756년에 다시 파리로 돌아왔고, 데피네 부인이 주선해준 파리 근처 몽
모랑 시에 있는 '은자의 집'이라 불리는 시골집에서 살게 되지요. 그러나

2년 후에 이 부인의 시누이에 대한 엉뚱한 사랑으로 불화가 생기는 바람에 데피네 부인과 결별하고, 동시에 오래 전부터 계속되었던 백과전서파들과의 친교도 무너집니다. 루소는 결국 그들로부터 이탈하여 대립각을 형성해요. 이 시기 그는 많은 저술들을 세상에 내놓습니다.『신(新) 엘로이즈』,『사회계약론』,『에밀』 등인데요.『에밀』은 파리 의회로부터 무신론적이라는 지탄을 받고 소각되고 말아요.

그 후 루소는 다시 제네바 등 여러 곳으로 피신했지만 거기서도 무신론자라는 지탄을 받게 되자 프로이센 왕의 초청을 수락하여 베를린으로 가려고 마음먹습니다. 그런데 때마침 영국에서 흄이 그를 초청했기에 루소는 1766년부터 영국에 거주합니다. 그러나 초청자인 흄에 대한 불신과 테레스와의 관계를 두고 불거진 영국 사회의 지탄 때문에 1년 후 다시 프랑스로 돌아와 얼마 동안 방랑생활을 하게 됩니다. 그 와중인 1770년 다시 한 번 파리 거주가 허락되자 루소는 파리에서 생의 마지막 8년을 보냅니다. 오늘날 그의 이름을 본 떠 루소 가(街)로 명명된 어떤 거리의 집에서 기거하면서 주로 악보를 베껴주는 일로 연명하지요. 1778년 5월, 루소는 지라르댕 후작의 초청을 받고 파리 교외에 있는 에름농빌의 별장에서 기거하던 중 그해 7월 20일 세상을 떠납니다. 그의 유해는 1794년 볼테르의 유해와 함께 판테온에 안장되었습니다.

자연으로 돌아가라!

루소는 「학문 예술론」에서 문화의 발전과 인류의 행복이 어떤 연관성을 갖고 있는가를 규명했습니다. 한적한 시골을 방랑하며 사색을 일삼았던 젊은 루소에게 문화란 별로 중요하지 않았던 것 같아요. 아니 그보다 더 그는 문화의 발전이 인류의 행복을 망쳐놓았다는 대담한 주장을 했는데요. 당시까지만 해도 서양의 중심 사상은 인간이 학문, 예술, 기술 등의 발전을 촉진시킴으로써 문화를 건설하고, 행복을 증가시켰다는 것이었습니다. 하지만 루소는 '문화의 가치'에 대한 근본적인 물음을 제기했어요. "그렇게도 많은 사람들이 입에 담는 문화의 혜택을 과연 어디서 찾을 수 있을까, 문화를 발전시킨 인간이 자연 상태의 동물보다 더 행복하다고 누가 장담할 수 있을까, 문화가 발전된 모든 사회에서 도덕의 퇴폐가 뒤따르고 그것을 힘으로 규제하려는 법률이 발달되는 것으로 보아 인간은 오히려 문화가 발전되지 않았던 자연 상태에서 더 행복하지 않았을까, 그리고 인간은 태어날 때 선하지만 문화에 오염되어 도리어 사악해지는 것이 아닐까?" 하고 의문을 던진 거예요. 그러면서 루소는 이러한 물음에 대해 "문화의 발전은 오히려 인류의 행복을 저해했다"고 확실하게 대답합니다. 인간의 선과 덕과 순수함이 학문과 예술의 발전 때문에 사라졌고, 따라서 인간의 행복도 사라졌다고 말이에요. 문화가 번성함에 따라 도덕의 퇴폐화가 수반되었으며 그것은 결국 국가를 망하게 만들었는데, 아테네의 문화가 바로 그 예라고 말했습니다. 문화는 인간을 도덕적으로 타락시킬 뿐만 아니라 본성에 따라 스스로의 가치를 실현시킬 수 있는 힘을 박탈함으로써 인간을 소외시킨다는 것이 그의 주장이었어요. 문화가 사회적 소산이라면 덕은 인간 본성에서 오는 자연적 소산이므로 서로 대치된다고 본 것이지요. 인구에 회자되는 루소의 명언인 "자연으로 돌아가라!"는 이런 맥락에서 나온 말이었습니다. 사회는 인간에게 이기적인 목적을 실현하는 수단으로서 위선과 기만의 위장을 강요하는 반면, 덕은 자기 자신을 꾸밈없이 내보일 수 있는 영혼의 힘이며 덕을 통해서 인간은 삶의 안정성과 통일성을 얻는다고 루소는 강조합니다.

인간은 선하게 태어났다.

루소는 또한 원시 자연 상태의 인간은 선할 뿐만 아니라 평등했다고 생각했어요. 그는 『인간 불평등 기원론』에서 불행의 근원인 불평등의 발생을 추적하는데요. 우선 루소는 불평등을 두 가지로 구분했어요. 자연에 의해 정해지며 연령이나 건강, 체력, 정신, 혹은 영혼의 상태에서 생기는 자연적 혹은 신체적 불평등과 일종의 약속 혹은 사람들의 동의에 의존하는 도덕적 혹은 사회적 불평등을 구분한 거예요. 특히 그는 사회적 불평등이란 사람들이 다른 사람의 희생의 대가로 얻은 모든 특권으로부터 생겨난다고 보았습니다. 그래서 사회적 불평등이 반자연적 성격을 지닌다는 것을 구체적으로 규명하려 노력했지요.

인간은 각자 다른 능력을 가지고 태어납니다. 이것이 자연적 불평등이에요. 사유재산 개념이 없었던 자연 상태에서는 모든 인간이 선하므로 소박한 덕이 지배합니다. 자신의 욕구가 충족되면 인간은 만족했고 타인의 지배를 고려하지 않아도 되었지요. 이때는 '만인이 만인에 대하여 투쟁하는 상태'가 아니라 누구나 독자성을 갖고 어느 누구에게도 예속되지 않는 낙원의 상태였습니다. 그러나 인간의 이기심은 이해관계에 눈을 뜨게 만들었고 소유의 개념을 낳게 합니다. 루소는 사유재산의 근거가 불법이라는 것을 예리하게 지적해요. 개인의 이기심과 이에 동조하는 무력한 인간들의 방관 때문에 토지가 분할되고, 토지에 대한 소유권이 인정되면서 인간이 행복했던 자연 상태는 종식되었다고 봅니다. 어느 누구도 남을 희생시키지 않고 독자적으로 자기 분수를 지키며 살아갈 수 없게 된 거예요. 이에 따라 주인과 노예가 구분되고 폭력과 약탈이 자행되었으며 인간은 소유욕과 공명심에 눈이 멀어 간악한 존재로 변질되고 말았는데요. 홉스가 말하는 '인간의 인간에 대한 늑대'의 상태가 비로소 시작된 것입니다.

루소의 주장은 봉건주의나 절대 군주제를 지탱하는 이념을 뒤흔드는 충격적인 것이었어요. 그래서 감옥에서 볼테르와 루소의 저서를 읽어 본 루이 16세는 "바로 이 두 사나이가 프랑스를 망쳐놓았다"라고 말한 게 아닐까요?

철학 꿀딴죽
4hrs · 🌐

자연 회귀, 사회적 불평등은 반자연적이다

 근세 철학자들은 봉건주의를 무너뜨리고 자본주의를 성립시키는 데 기여한 것으로 아는데, 루소는 정반대의 길을 걸어간 것 같습니다. 루소가 절대 군주 정부로부터 탄압을 받게 된 가장 큰 원인은 무엇입니까?

 귀족 사회에 대한 비판과 민중에 대한 사랑 때문이기도 했지만 더 큰 이유는 종교적인 것이었습니다. 당시의 절대 군주는 종교의 도움으로 정권을 유지하고 있었습니다. 그런데 루소는 정통적인 종교가 아닌 범신론적인 생각을 드러냈습니다. 그러므로 루소를 반대하여 일어선 것은 성직자들의 충동을 받은 신자들이었고 그에 편승하여 정부도 루소를 탄압했습니다만, 도를 넘지 않았던 것 같습니다.

👍 Like   💬 Comment   ➤ Share

라메트리

IDENTIFICATION

인 간 기 계 론

라메트리(Julien Offray de La Mettrie, 1709~1751)는 프랑스의 작은 도시 생말로에서 상인의 아들로 태어났습니다. 다쿠르 대학에서 공부할 때엔 수사학과 문학에 재능을 보였지요. 그의 아버지는 시인보다 성직자가 더 잘살 수 있다는 생각에서 아들을 파리에 있는 한 예수회 대학에 보냅니다. 그러나 고향에 있는 한 의사의 추천으로 랭스 대학으로 옮긴 라메트리는 그곳에서 의학 박사 학위를 받습니다. 그 후 1733년, 라메트리는 네덜란드로 떠나 의학과 철학을 연구했고, 다시 파리로 돌아와 군의관 신분으로 오스트리아 왕위 계승 전쟁에 참가합니다.

라메트리는 병이 나서 고열이 오를 때 정신력도 사라지는 것을 체험했는데요. 이러한 체험을 바탕으로 그는 『영혼의 자연사』라는 책을 집필합니다. 하지만 무신론적이고 유물론적인 내용 때문에 책은 불태워졌고, 저자인 라메트리는 성직자들의 지탄과 박해를 받게 되지요. 결국 그는 네덜란드 망명을 택합니다. 그리고 여기서 그의 주저 『인간 기계론』을 저술하지만, 이 책 때문에 다시 핍박을 받게 되자 독일로 거처를 옮겨 베를린에서 프로이센 학술원 회원이 됩니다. 라메트리는 독일에서 유물론적인 저작을 많이 집필했고, 각국의 종교인들은 그를 비판하는 데 열을 올립니다. 그러나 이러한 비판은 철학에 대한 논리적인 내용보다 인신공격의 형태를 취했기 때문에 오히려 비판자가 비판을 받게 되는 상황을 초래해요. 예컨대 그가 식중독으로 죽자 그의 적들은 그것이 무신론과 유물론 때문에 받은 형벌이라고 주장했는데요. 이에 비해 프리드리히 대왕은 "라메트리는 경험의 횃불로서 형이상학의 어두움을 밝혀주었다"고 칭송했습니다.

인간은 복잡하게 만들어진 하나의 기계다.

라메트리에 의하면 당시까지의 철학은 인간의 영혼을 어떻게 해석하느냐에 따라 유물론과 유심론으로 구분되었습니다. 로크가 물질의 사유 능력을 인정하면서 유물론을 지향했다면, 라이프니츠는 단자론을 통해 유심론으로 기울어졌거든요. 데카르트도 정신과 물체라는 두 개의 독립된 실체를 가정하면서 유심론을 지지했고요. 그러나 라메트리는 인간의 영혼 역시 경험을 통해 과학적으로 관찰하면 일종의 물질이라는 사실을 입증할 수 있다고 보았어요. 영혼의 문제를 제대로 해명하려면 철학자뿐만 아니라 의사도 되어야 한다면서요. 경험과 실험을 통해서 영혼을 관찰한 의사가 형이상학적 사변을 통해서 소설을 쓰는 철학자보다 훨씬 더 올바른 해답을 줄 수 있으니까요. 그는 신체의 기능도 이해하지 못하면서 상상을 동원하여 영혼의 본질을 파헤쳤다고 주장하는 순수 철학자들이나 신학자들을 우스운 존재라고 말합니다. 인간은 복잡하게 구성된 기계와 같기 때문에 인간에 관한 한 우리는 선험적*으로 하나의 개념을 만들어낼 수 없다고 본 거예요. 영혼의 본질을 형이상학적으로 규명하려 했던 철학자들의 노력이 헛수고로 끝난 것만 봐도 알 수 있다고 말입니다.

그는 인간의 영혼도 신체의 관찰을 통한 경험적인 방법으로 탐구되어야 한다고 생각했습니다. 예컨대 물리적인 원인에 의거하는 체온이 인간의 성격 결정에 영향을 미치잖아요? 고열이 지속되면 인간의 영혼은 혼미해지고 분산됩니다. 비정상이라고 간주되는 사람들 역시 기도(祈禱)가 아니라 신체의 치료에 의해서만 정상인이 될 수 있고요. 또한 아무리 위대한 천재라 할지라도 신체 조건에 따라 종종 비정상으로 간주되며, 아무리 유식한 사람이라 할지라도 언젠가 그가 갖고 있는 지식을 전부 망각할 수도 있습니다. 인간의 상상력이란 것도 신체 기관과 연관되기 일쑤고, 우울증이니 히스테리니 하는 정신적 장애들도 원인을 잘 따져보면 신체적 장애에 기인하는 것을 알 수 있잖아요? 몸이 흡수하는 마약이나 알코올, 지나친 카페인 등이 정신에도 영향을 미치니까요. 음식과 기후도 개인의 성격 및 민족정신 형성에 많은 영향을 주지요. 영국인들이 제국주의적 성향을 강하게 드러내어 타민족을 침략하고 식민지를 건설하는 데 열을 올렸던 것도 따지고 보면 그들의 기후와 식성과 무관하지 않고요. 그러니까 인간의 영혼은 결국 독립적으로 존재하는 것이 아니라 신체의 조건에 의존하는 셈입니다. 인간의 행복도 육체적인 만족이 밑받침되어야 하는 거고요. 라메트리는 이처럼 유물론적 사고에 당대 최신의 생물학 지식을 도입했던 사람으로 흔히 인지 과학*의 창시자로 평가됩니다.

 # 경험의 횃불, 인지 과학의 창시자

사고와 창의력을 가진 인간을 기계처럼 생각하는 것은 휴머니즘
과 어긋나는 것이 아닌가요?

휴머니즘은 인간을 세계의 중심에 놓는 인본주의 사상입니다. 라
메트리고 그것을 벗어나지 않았습니다. 다만 인간을 그 자체로
연구하고 해명하려 한 것입니다. 인간의 육체 활동은 물론 정신
활동도 물질적인 법칙에 의해서 움직인다는 사실을 제시하려 한
것입니다. 인간의 정신과 물질을 분리시킨다든가 인간의 정신을
초월적인 어떤 것과 연관시키려 하지 않고 그 자체로 바라보려
한 것입니다. 관념론 철학의 입장에서 보면 인간의 존엄성을 훼
손하는 것 같지만 유물론 철학의 입장에서 보면 매우 과학적이라
말할 수 있습니다.

👍 Like　　💬 Comment　　➤ Share

콩디야크

IDENTIFICATION

계　몽　시　대
감각론의　대표자

콩디야크(Étienne Bonnot de Condillac, 1715~1780)는 18세기 프랑스 사회
주의적 사상가 마블리*의 동생으로 대학에서 신학을 공부하고 성직자의
자격을 얻었습니다. 하지만 그는 신학보다 자연 과학에 더 관심이 많았
어요. 사촌이었던 백과전서파 달랑베르는 콩디야크의 사상 형성에 큰 영
향을 미쳤습니다. 루소도 콩디야크의 친구였고요. 콩디야크는 항상 신부
의 옷을 입고 다녔으나 미사에는 단 한 번만 참석했다고 합니다. 그는 세
속적인 성직자였어요. 당시 볼테르의 『철학서한』을
통해 영국의 철학이 알려졌는데요. 콩디야크도 로크
의 인식론에 관심을 갖고 연구했습니다. 뉴턴의 자연
철학도 그의 연구에 중요한 자료가 되었고요. 콩디
야크는 로크의 『인간 오성론』을 연구하고 발전시켜
1746년, 『인간 인식의 기원』이라는 책을 내놓습니
다. 프랑스 아카데미 회원이 되었으며, 농업 문제에
도 관심을 갖고 연구했고요. 말년에는 수도원에 들어

*프랑스의 역사가·철학자. 외
무성에 근무(1741~48), 외교관
으로서 프로이센에 체재했다
(1743). 사직 후, 저술에 전념. 로
크·콩디야크·루소 등의 자연법
및 모렐리의 영향을 받고, 자연
에 귀의하라고 역설. 경제적 평
등사상을 주창. 사유재산제를
공격하면서, 공상적 공산주의를
주창했다. 그의 사상은 로베스
피에르 등에게 영향을 주었고,
프리에·생 시몽·오엔 등의 선구
자격인 유토피아 사회주의자로
지목된다.

가 조용하게 생을 마칩니다.

감각은 외부 세계로 통하는 인간의 문이다.
|

로크의 인식론과 유사한 감각 중심의 인식론을 표현해주는 말입니다. 콩디야크는 로크처럼 인간의 관념은 처음부터 인간의 오성 속에 존재하는 것이 아니라 지각으로부터 형성된다고 확신했는데요. 하지만 로크의 단점을 극복하려고 노력했습니다. 로크는 외부의 대상을 지각하는 외적 경험이 감각이고 내면의 행위를 관찰함으로써 발생하는 내적 경험이 반성이라고 주장했지만, 내적 경험의 독자성을 강조하다 보면 감각의 통일성이 분산되고 결여되어 결국 관념론이 들어설 여지를 만든다고 생각했기 때문입니다. 모든 사유나 오성적인 성찰은 인간의 감각이 외부 대상을 받아들여 만들어지는 것인 만큼, 감성적인 지각이 없으면 사유 자체가 발생하지 않는다고 본 거예요. 또한 콩디야크는 사물의 제1성질과 제2성질의 구분도 불필요하다고 보았어요. 로크는 넓이, 운동, 형태, 수 등 대상 그 자체에 속하는 객관적 성질을 제1성질로, 색, 맛, 냄새, 온도, 음 등 주관적 성질을 제2성질로 규정했잖아요? 버클리는 제1성질을 부정하고 모든 것이 지각의 총화라 주장하면서 주관적 관념론으로 빠졌지만, 콩디야크는 오히려 제2성질을 부정하고 사물의 성질을 그 자체로 인정했으며 감각이 그것을 매개하는 통로가 된다고 주장했습니다. 바로 객관적 실체를 인정하는 감각주의였지요.

철학 꿀딴죽
4hrs · 🌏

 # 객관적 실체 인정, 감각주의

인간은 감각을 통해서 경험을 얻어가고 외부 세계를 인식할 수 있지만 상상에 의해서도 개념을 얻어가지 않습니까?

맞습니다. 그러나 그 상상도 결국 미리 얻어진 경험이나 지식을 기반으로 합니다. 인간은 자기가 알고 있는 것을 기반으로 그와 정반대되는 것, 현실적으로 존재할 수 없는 것 등을 상상하는 존재입니다.

👍 **Like**　　💬 **Comment**　　➤ **Share**

디 드 로

IDENTIFICATION

다재다능한 철학자

백과전서파의 중심인물이며, 수학자이고, 음악가이며, 극작가이고 예술
비평가였던 디드로(Denis Diderot, 1713~1784)는 프랑스 남동쪽에 위치한
랑그르에서 수공업자의 아들로 태어났어요. 칼 만드는 장인인 아버지는
가톨릭 신자였고 절대 군주제의 지지자였습니다. 수공업에 종사했던 가
문이지만 성직자도 배출했지요. 아버지는 장남을 성직자로 만들고 싶어
예수회 학교에 보냈고, 여기서 디드로의 특출한 재능이 나타납니다. 디
드로는 학업 성적이 우수했을 뿐만 아니라 매우 고집이 센 학생이었어
요. 학업보다는 물건을 만드는 일에 더 관심이 많아서 아버지의 공장을
자주 드나들었는데요. 내심 아버지가 바라는 성직자가 되지 않겠다고 마
음먹고 있던 중 가출을 시도하지만, 아버지한테 들켜버립니다. 아버지는
디드로를 데리고 직접 파리로 가서 학교에 입학시켰지만, 파리에서의 체
험은 그에게 종교에 대한 회의감만 심어주었을 뿐이에요. 디드로는 신학
에 거부감을 느끼고 차츰 어학과 자연 과학에 관심을 갖기 시작합니다.

1743년, 디드로는 샹피옹과 결혼해요. 아버지가 결혼마저 반대하자 디드로는 한적한 교회에서 한밤중에 몰래 결혼식을 올려버립니다. 문학과 철학은 물론 예술과 기술에도 관심이 많았던 디드로는 어느 날 카페에서 루소를 알게 됩니다. 당시 루소는 베니스에서 대사관 직원으로 근무하다가 파리로 되돌아온 참이었는데, 철학과 이탈리아 음악에 대한 공통의 관심사 덕분에 이 두 사람은 가까워집니다. 이들의 우정은 오랫동안 지속되었으나 안타깝게도 말년에는 서로 적이 되는데요. 루소의 『고백록』에도 디드로에 대한 혹평이 실렸을 정도였어요. 디드로는 1778년에 루소가 죽자 그를 비웃는 조사를 발표합니다.

1746년은 디드로의 생애에 일대 행운이 찾아왔던 해입니다. 당시의 프랑스 출판업계를 주도하던 출판업자들이 1727년 영국에서 발간된 학문 및 예술에 관한 백과사전을 번역하여 출간할 결정을 하고 디드로에게 자문을 구한 거예요. 디드로는 백과사전을 번역하는 것만으로 불충분하며, 새로운 기획이 필요하다고 제안합니다. 내용이 프랑스의 상황에 맞아야 하는 데다가 새로 등장한 과학과 기술의 결과들도 반영되어야 한다고 생각했기 때문이지요. 이에 디드로는 당당히 책임자로 선정되고 매달 봉급까지 받게 됩니다. 그러나 백과사전 편찬에는 유명한 편집자의 참여가 필요했어요. 많은 독자로부터 예약을 받으려면 이름 있는 편집자가 들어가야 했거든요. 디드로는 프랑스 학사원 회원이었던 유명한 수학자 달랑베르의 동의를 얻는 데 성공했고, 이제 두 사람은 공동 편집자가 됩니다.

달랑베르의 도움으로 디드로는 당시의 많은 학자들을 공동 집필에 끌어들이는 데 성공해요. 볼테르, 몽테스키외, 자연 과학자 뷔퐁, 역사 학자 퐁트넬은 물론 루소도 기꺼이 동참 의사를 밝혔습니다. 특히 부유한 홀바흐*는 이들에게 경제적으로 많은 도움을 주었어요.

가난한 학자와 부유한 귀족이 무신론적인 이념으로 손을 잡은 거예요. 이렇게 하여 프랑스 계몽주의자들이 백과전서의 출간에 총집합하게 되었습니다. 경제학에 관한 항목은 케네와 튀르고가, 수학과 물리학 항목은 달랑베르가, 정치 및 국가론 항목은 몽테스키외가, 음악 항목은 루소가, 철학은 콩디야크와 헬베시우스, 홀바흐가, 역사, 문학, 신학에 관한 항목은 볼테르가 책임졌습니다. 디드로는 원고를 교정하거나 보충하는 편집 작업뿐만 아니라 상업과 연관되는 항목도 기술했어요. 이 분야가 말하자면 제3신분과 연관되는 사항이었고, 디드로는 그 일을 기꺼이 떠맡은 거예요. 아마도 젊은 시절의 고생이 그에게 용기를 준 것 같아요. 그는 산업과 관련된 원고를 집필하기 위해 작업장을 두루 찾았고, 직접 기계를 분해하기도 했습니다. 노동자들과 만나 대화도 나누었는데 그들 대부분은 어렵게 살아가고 있는 일용직 노동자들이었어요. 디드로는 인민이 중심에 서는 노동자들이 행복하게 살 수 있어야 나라가 강해질 수 있다는 사실을 깨닫고 백과전서의 이념을 그쪽에 맞추기로 결심합니다.

*계몽시대의 대표적인 사상가로 유물론자이자 무신론자이다. 독일에서 출생했으나 대부분의 시간을 파리에서 보냈다.

여러 가지 어려움에도 불구하고 1746년에 백과전서의 기획이 수립되었고, 1750년에는 전반적인 내용을 안내하는 책자가 나옵니다. 교회는 '지옥의 산물'이라 이름 붙인 이 책을 폄훼하기 위해 모든 수단을 사용해요. 삼류 작가를 매수하여 비판적인 글을 쓰게 하고, 사직당국에 사회 안정을 해치고 무신론적이라는 이유로 고발도 했지요. 이 책에 실린 도판이 허락 없이 사용되는 일이 벌어졌는가 하면, 책의 내용이 철

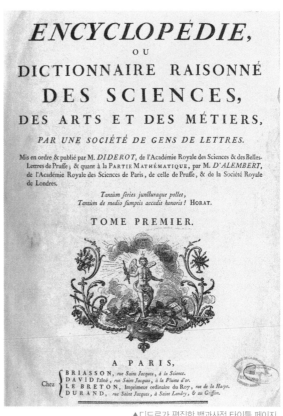

ENCYCLOPÉDIE,

O U

DICTIONNAIRE RAISONNÉ

DES SCIENCES,

DES ARTS ET DES MÉTIERS,

PAR UNE SOCIÉTÉ DE GENS DE LETTRES.

Mis en ordre & publié par M. *DIDEROT,* de l'Académie Royale des Sciences & des Belles-Lettres de Pruſſe; & quant à la PARTIE MATHÉMATIQUE, par M. *D'ALEMBERT,* de l'Académie Royale des Sciences de Paris, de celle de Pruſſe, & de la Société Royale de Londres.

Tantùm ſeries juncturaque pollet,
Tantùm de medio ſumptis accedit honoris ! HORAT.

TOME PREMIER.

A PARIS,

Chez {
BRIASSON, *rue Saint Jacques, à la Science.*
DAVID l'aîné, *rue Saint Jacques, à la Plume d'or.*
LE BRETON, *Imprimeur ordinaire du Roy, rue de la Harpe.*
DURAND, *rue Saint Jacques, à Saint Landry, & au Griffon.*
}

▲ 디드로가 편집한 백과사전 타이틀 페이지

학적으로 애매모호하여 현대인들에게 병균을 옮기는 병과 같다는 야유도 쏟아졌어요. 그러나 봉건주의에 투쟁하려 했던 시민 계층은 오히려 백과전서를 지지했습니다. 신학의 시녀 노릇에서 해방된 과학이 백과전서를 주도하고 있었고, 그것이 바로 시민 계층의 기호에 맞았던 탓입니다.

디드로는 백과전서 작업 외에도 철학적인 저술에 눈을 돌렸어요.

▲프랑스 파리에 있는 디드로 동상

1749년에 나온 『맹인에 관한 편지』에는 "우주에 최종 목적은 존재하지 않는다"는 내용이 나오는데요. 이 때문에 디드로는 무신론자라는 판결을 받고 감옥에 가게 됩니다. 종교에 집착하는 것은 인간을 바보로 만들고, 종교의 과제는 인간을 무지에 얽매이게 하여 정권의 순종적인 노예를 만드는 데 있다는 내용은 당시 상황에서 결코 용인될 수 없는 것이었거든요. 감옥에 갈 때 그가 소지할 수 있었던 유일한 책이 플라톤의 『소크라테스의 변명』이었는데, 그는 자기가 아무런 죄도 없이 갇힌 소크라테스와 같은 운명에 처했다고 생각했나 봅니다. 감옥에서 디드로는 칫솔로 펜을 만들어 이 책을 번역했어요. 디드로가 감옥에 들어가자 루소가 감옥으로 면회를 왔고, 루소와 볼테르를 비롯한 많은 학자들이 당국에 디드로의 석방을 청원했습니다. 그 결과로 디드로는 약 3개월 후에 감옥에서 나올 수 있었어요. 그 후 디드로는 용기를 잃지 않고 계속 백과전서의 출판에 전념하면서 다른 저술에도 손을 대었는데, 18세기 프랑스 사회를 풍자적으로 묘사한 소설 『라모의 조카』가 그중 유명합니다. 『라모의 조카』는 독일의 문호인 괴테가 독일어로 번역했고, 이어 헤겔이 『정신현상학』에서 변증법에 관한 적합한 예로 들 만큼 유명한 철학 소설입니다.

철학으로 가는 첫걸음은 무신론이다.

이 말은 "과학을 갖고 있는 사람은 종교가 필요 없다"고 한 독일의 문호 괴테의 말, "종교에서 멀어질수록 참된 철학이 된다"고 한 포이어바흐어의 말과 일맥상통합니다. 신학과 뒤섞인 어중간한 철학은 철학도 망치고 신학도 망친다는 사실을 많은 철학자들과 작가들이 제시했는데요. 디드로도 이에 뒤지지 않았습니다.

『맹인에 관한 편지』에서 디드로는 인간의 인식은 감각에서 출발한다는 경험론의 명제를 철저하게 수용해요. 사람이 태어날 때부터 갖는다는 생득 관념이란 존재하지 않으며, 그것이 존재한다면 감각이나 교육이 없이도 인간은 지식이나 관념을 획득할 수 있을 텐데 디드로는 맹인의 예를 들어 이것이 옳지 않음을 제시합니다. 맹인이 시각과 관계되는 개념을 획득할 수 없는 것처럼 인간의 관념은 감각으로부터 나오는 것이어서 감각 기관을 사용할 수 없다면 그와 연관되는 관념을 갖기 어렵다는 주장인데요. 디드로는 옥스퍼드 대학의 맹인 수학 교수인 손더슨을 실례로 들어 설명합니다. 교수의 임종이 가까워지자 성직자들이 그에게 달려와 신에 대해 이것저것 자세히 설명했지만, 손더슨은 단호하게 말했어요. "내가 신을 믿기를 원한다면 당신은 내가 신을 만지도록 해야 한다"고 말입니다. 감각을 통해 확신할 수 없는 것은 존재하지 않는 것과 같다는 뜻이지요. 눈으로 보지 못하는 맹인은 촉각을 통해서라도 확인해야 하잖아요? 시각을 잃은 사람들 대부분 청각과 촉각이 예민한 것도 같은 맥락이고요. 따라서 디드로는 보이지 않는 신의 존재를 믿는 사람들은 '눈 뜬 장님'이거나 솔직하지 못한 사람들이라고 결론짓습니다.

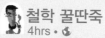

철학 꿀딴죽
4hrs · 🌐

백과전서파, 경험론 명제 수용

만져질 수 있는 신은 신이 아니지요. 신은 정신적인 존재가 아닙니까?

종교인들과 신학자들은 그렇게 주장합니다만, 그런 정신적인 존재가 실제로 존재하는지, 상상의 산물인지 알 수 없다는 것입니다.

👍 Like   💬 Comment   ➤ Share

달랑베르

IDENTIFICATION

아카데미로 들어가는
대 기 실 주 인

디드로를 도와 백과전서의 편찬에 공헌한 프랑스의 수학자 달랑베르 (Jean le Rond d'Alembert, 1717~1783)는 보병 장군의 사생아로 태어났습니다. 생모가 그를 교회에 버리자 아버지가 아들을 찾아서 다른 부인에게 양육을 맡겼지요. 달랑베르는 예수회 대학에 들어가 문학을 공부한 후 법학과 의학에도 손을 댔지만 큰 흥미를 느끼지 못하고 수학에 관심을 갖습니다. 수학에서 탁월한 재능을 보여 많은 공적을 남겼고요. 그러면서 데카르트의 철학과 영국의 경험론을 연구했습니다. 베이컨이 자연 인식에 적용한 실험적인 방법, 뉴턴의 역학 이론, 로크의 인식론 등이 그에게 긍정적인 영향을 미쳤습니다. 달랑베르 역시 인식론에서 감각주의를 수용하고 형이상학적인 연역을 거부했어요. "모든 인식은 감각에 기반을 두므로 과학적인 교육이 인류의 계몽을 이끌어야 한다"는 시대적인 요구를 자신의 연구에 충실하게 반영했지요. 말년에 그가 기거하던 살롱에는 제자들이 많이 모여들었고, 이곳은 '아카데미로 들어가는 대기실'이라는 별칭으로 불렸답니다.

인간의 물질적인 욕구가 예술 및 과학이 발전되는 기초이며 도덕도 사회적인 필요성에서 나온다.

|

예술, 과학, 도덕이 초월적인 신으로부터 유래하지 않고 인간의 사회적 본성과 연관된다는 사실은 백과전서파를 중심으로 하는 프랑스 계몽주의 유물론 철학이 전반적으로 추구하던 이념이었습니다. 여기서는 인간의 육체와 정신, 감성과 이성, 물질적인 욕구와 정신적인 욕구를 분리시키는 중세의 신학적 인간관을 철저하게 거부했는데요. 신학과 형이상학적 진리가 거부되면서 수학과 물리학 등 현실적인 과학이 계몽을 주도했고, 이는 종교적 이념으로 지탱되던 봉건주의와 절대 군주제의 붕괴를 가져오는 굳건한 이념으로 자리 잡습니다. 이러한 이념에 의해서 자유민주주의로 이행되는 프랑스 혁명이 가능해진 것이지요.

전체적으로 프랑스 계몽주의 철학이 역사 발전을 위해서 수행한 역할은 다음에 나타나는 독일의 관념론 철학보다 훨씬 우위에 있었습니다. 그러나 관념론 철학 일변도인 우리나라의 철학에서는 프랑스 계몽주의 철학이 소홀히 다루어지고 있어요. 건전한 철학 발전을 위해서 지양되어야 할 풍토라고 봅니다. 프랑스 계몽주의에서 나타난 유물론 철학이 없었다면 프랑스 혁명은 불가능했을 것이며, 인류는 더 오랫동안 봉건 잔재 아래 신음했을 테니까요.

철학 꿀딴죽
4hrs · 🌐

 # 백과전서파, 감각주의 수용

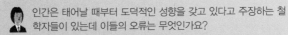

인간은 태어날 때부터 도덕적인 성향을 갖고 있다고 주장하는 철학자들이 있는데 이들의 오류는 무엇인가요?

관념론적인 철학자들이 그러했고 우리나라에도 그런 철학자들이 있었습니다. 예컨대 이퇴계는 이(理) 중심의 관념론 철학을 정치와 도덕에 적용하면서 인간은 이미 정해져 있는 천리에 따라 살아가고 행동할 때만 인간다운 삶을 살 수 있다고 주장했습니다. 퇴계는 인간의 성(性)을 본연지성과 기질지성으로 나누어지며 본연지성은 모든 사람에 공통적인 성질인데 봉건 시대의 사회 제도는 이러한 본연지성에서 유래한 영원한 사회 제도라는 것입니다. 기질지성은 각 사람에 따라 다른 성질인데 그것도 사회생활을 통해서 얻어지는 것이 아니고 태어날 때부터 갖게 됩니다. 태어날 때부터 갖는 기질에 따라 사람은 상지(上智), 중인(中人), 하우(下愚)의 세 계층으로 구분됩니다. 그것은 그리스 철학자 플라톤이 인간은 태어날 때 금이 섞인 사람, 은이 섞인 사람, 동이 섞인 사람이 있어 통치 계급, 수호 계급, 노동 계급으로 나누어진다고 주장한 것처럼 매우 허황된 논리입니다. 사회가 만든 신분 제도를 천리로 합리화하며 봉건 제도를 유지해주려는 억지에 지나지 않습니다. 인간은 사회를 떠나서 존재할 수 없고 도덕은 사회생활 속에서 얻어지는 생활 규범입니다.

👍 Like　　💬 Comment　　➤ Share

엘베시우스

IDENTIFICATION

프 랑 스 유 물 론 철학자

엘베시우스(Claude-Adrien Helvétius, 1715~1771)는 당시 유명했던 의사의 아들로 태어났어요. 아버지가 프랑스 왕비의 주치의였거든요. 엘베시우스는 대학을 졸업한 뒤 23세에 세무관 직을 얻어 풍족한 생활을 누립니다. 가난한 철학자 및 문인들을 늘 후원하면서 한동안 직접 시를 쓰기도 합니다. 36세 때 결혼하고 은퇴한 후에는 시골 농장에서 지내며 문학과 철학에 전념했지요. 1758년에 발간된 그의 주저 『정신론』은 18세기를 대변하는 이념을 담고 있습니다. 진보적인 내용인 이 책이 정부와 교회로부터 지탄을 받은 것은 자연스러운 일이지요.

신앙은 공동 이익의 실현에 해롭다.

엘베시우스는 모든 사람이 행복하게 되는 공리주의적인 도덕이 실현되기를 염원했습니다. 그런데 이러한 공리주의적 도덕을 방해하는 요인들이 있었어요. 엘베시우스는 이러한 것들이 비합리적인 독단, 금욕주의,

내세를 갈망하는 기독교, 절대 군주제 등이라고 단언합니다. 정의와 이웃 사랑은 유용한 목적 때문에 생긴 것이며, 우리가 친구를 찾는 것도 그로부터 도움을 받고 불행할 때 위로를 받기 위해서라는 것입니다. 그는 또한 "덕이란 한 사람의 정열이 공동 이익과 일치할 때 나타난다. 개인 영혼의 구원을 중시하는 신앙은 이기주의적인 산물이다"라고 말했는데요. 신앙은 현세보다 내세, 현재의 사회생활보다는 미래의 구원을 더 중요시하며 미래를 위해서 현세의 욕망을 억누르라고 가르치기 때문입니다. 절대주의는 대다수의 이익과 행복이 아니라 권력자의 이익을 앞세웁니다. 따라서 엘베시우스는 인간의 공동생활에 가장 해로운 것이 내세를 추켜세우는 종교적인 도덕이라고 강조했어요.

철학 꿀딴죽
4hrs · 🌏

공리주의적 도덕

외로운 사람들이 신앙생활을 통해 교제하면서 위로를 느끼는 경우가 많지 않습니까?

모든 것을 경쟁에 의존하는 자본주의 사회 구조 안에서 인간은 외로움과 소외를 느끼게 마련입니다. 이러한 정황을 이용하여 많은 종교들은 공동생활을 권장하는데 그러한 공동생활은 인간과의 조화가 아니라 신과 같은 보이지 않는 어떤 것을 위한 과도적인 형태이므로 알맹이가 없으며 배타적이 되기 쉽습니다. 종교, 신분, 재산의 유무에 관계없는 공동생활 속에서만 인간의 가치와 창의성이 유지될 수 있습니다.

👍 Like   💬 Comment   ➡ Share

홀 바 흐

IDENTIFICATION

인간미 넘치는 무신론자

프랑스 계몽주의 시대의 가장 철저한 무신론자는 홀바흐(Paul Heinrich d'Holbach, 1723-1789)랍니다. '홀바흐'는 독일식 이름이고, 프랑스식으로 발음하면 '폴 앙리 디트리히 돌바크'지요. 여기서는 홀바흐로 부르기로 해요. 홀바흐의 아버지는 아들의 교육에 별로 관심이 없었어요. 그래서 어머니가 일찍 죽자 졸지에 고아 신세가 됩니다. 다행히 파리로 이민을 갔던 삼촌이 열두 살 된 홀바흐를 데려가는데요. 그의 삼촌은 파리에서 상당한 재산을 모았고 프랑스 국적을 획득한 후 귀족 칭호까지 얻은 터였어요. 덕분에 홀바흐는 파리에서 귀족 신분에 어울리는 교육을 받았고, 상류 사회에 드나들면서 친구를 사귑니다.

파리에서 교육을 마친 홀바흐는 네덜란드의 라이덴 대학으로 유학을 가요. 당시 유럽에서 종교적 규제를 벗어나 비교적 자유로웠던 이 대학에는 자유사상을 가진 이웃나라의 학생들이 많이 유학을 왔는데요. 홀바흐는 영국에서 온 학생들과 친하게 지내면서 영국의 진보적인 철학을 흡수합니다. 특히 로크의 감각주의 인식론이 그의 사상 형성에 중요한 영향을 미쳤어요. 파리로 돌아온 홀바흐는 삼촌이 사망하자 많은 재산을 물려받았고, 그 재산으로 파리와 파리의 교외에 화려한 저택을 마련합니다.

당시 프랑스에는 절대주의와 그 이념적 지주인 종교를 비판하는 다양한 저서들이 쏟아져 나와 시대의 분위기를 주도하면서 사회적 변화를 예견하고 있었습니다. 이러한 분위기에 편승하여 새로운 과학적·사회적 개념들을 항목별로 정리할 필요성이 나타났고, 봉건주의에 대항하는 진보적인 지식인들이 이러한 과제를 도맡게 됩니다. 그 대표자가 디드로였어요. 파리에 돌아온 홀바흐는 디드로와 사귀는 행운을 얻었는데, 디드로는 백과전서 출판에 동감하는 많은 지식인들을 모아 의견 차이를 조정하는 역할을 하지요. 처음에는 수동적으로 참여했던 홀바흐도 차츰 이 사업의 중요성을 깨닫게 되어 경제적인 지원을 아끼지 않았습니다.

홀바흐의 살롱은 곧 백과전서의 저술가들이 모여 철학적인 토론을 하는 본부가 되었어요. 목요일과 토요일 밤의 모임이 로얄 쌩 로슈 가에 있는 홀바흐 집에서 30년 이상 계속되었으며 이 모임은 이 집에서 준비하는 독특한 저녁 식사뿐만 아니라 급진적인 이념의 발상 때문에 유명해졌답니다. 이 모임에서는 잡담이 아니라 진지한 철학 논쟁이 진행되었는데요. 여기엔 흄, 기번, 애덤 스미스, 벤저민 프랭클린 같은 국외의 명사들도 참여했어요. 이곳에서 이루어진 논쟁을 토대로 홀바흐 자신도 백과전서에 400개 이상의 항목을 기술합니다. 특히 홀바흐는 독일의 자연 과학적 저술들을 프랑스어로 번역했고 그 일부를 백과전서에 실었습니다. 이러한 자연 과학적 관심은 훗날 그의 철학 형성에 많은 도움을 주지요.

홀바흐는 무신론자였으며 구질서를 비판하고 새로운 사회를 염원하는 철학자였습니다. 따라서 당시의 기득권층으로부터 감시와 박해를 받

▲홀바흐의 두 번째 부인 수잔네(루이 카르몽텔, 1766)

왔지요. 그러나 그는 대단히 용의주도한 사람이었고 점잖고 소박한 사람
이었습니다. 미술품 수집을 즐겼던 인간미가 넘치는 무신론자였어요. 벼
락부자에다가 귀족이라는 이유로 그를 싫어했던 루소까지도 소설『신 엘
로이즈』의 주인공 모델로 홀바흐를 택했답니다. 홀바흐는 무신론자도 도
덕적이 될 수 있다는 자신의 신념을 삶을 통해 실천적으로 보여준 사람
이에요. 그는 생전에, 그리고 죽은 후에도 얼마 동안 '철학 호텔의 지배

▲홀바흐(루이 카르몽텔, 1766)

인'으로밖에 알려지지 않았는데요. 무신론과 유물론의 옹호, 기독교 비
판, 절대 군주제와 교회에 대한 비판, 봉건주의의 해악에 대한 혹평 등 그
가 서술한 모든 내용이 당시의 기득권층에 커다란 위험이 되었고 그것
때문에 무거운 형벌을 받을 가능성이 있었으므로 홀바흐는 자신의 원고
들을 비밀 통로를 통해 네덜란드로 가져가 그곳에서 출판했고 책을 다시
프랑스로 밀반입하는 방법을 사용했습니다. 그는 많은 저술을 익명으로

출간했기 때문에 저자의 진위에 대한 논쟁이 벌어지기도 했는데요. 그의 주저는 '물리적 세계 및 도덕적 세계의 법칙에 관하여'라는 부제가 붙은 『자연의 체계』인데 이 책 역시 1770년에 암스테르담에서 '미라보'라는 가명을 달고 출간되었어요. 책에는 저자 미라보가 프랑스 학사원 회원이었으며 1760년 6월 24일에 85세의 나이로 파리에서 사망했다고 소개되었습니다. 그러나 저자는 살아 있는 홀바흐였고, 그의 친구들인 디드로, 네종, 라그랑주, 그림 등이 일부분의 기술에 협력한 것으로 알려졌지요. 신중한 내용에 비해 문체는 간명하고 명확했어요. 칸트나 헤겔의 난해한 저술과 정반대로요.

홀바흐는 1761년에 『폭로된 기독교』를 저술했는데 이 책은 전례 없이 대담한 종교 비판적인 내용을 담고 있었습니다. 기독교 신자들은 이 책을 "지금까지 나온 책 중에서 가장 무서운 책"이라 평했어요. 기독교를 "비합리적인 것, 연관 없는 우화, 미친 독단의 집합"으로, "동방의 광신주의에 의해서 산출된 고대 미신의 기형적인 산물"로 규정했기 때문입니다. 이 책의 저자가 알려졌더라면 결코 무사하지 못했을 거예요. 동료인 엘베시우스가 저술 『정신론』 때문에 고역을 겪은 일이 있었으므로 홀바흐는 그의 전철을 밟지 않으려고 가명을 사용했던 거예요. 사람들은 이 책의 저자가 이미 사망한 계몽주의자라 생각했으며 홀바흐가 장본인이라 생각한 사람은 아무도 없었답니다. 홀바흐는 1765년에 영국을 여행하면서 영국의 정치적인 실태에 실망했지만 많은 무신론적인 저술들을 갖고 돌아왔으며, 그 가운데 일부를 프랑스어로 번역했습니다. 1777년의 마지막 저술을 끝으로 집필을 중단하고 조용히 말년을 보내다가 1789년 1월에 프랑스 혁명을 앞두고 눈을 감았습니다.

휴식은 노동하는 자에게는 약이지만 노동하지 않는 자에게는 지루함과 슬픔과 악행의 근원이다.

|

봉건 사회에서는 노동을 천하게 여기고 귀족들과 성직자들은 놀고먹으면서 호화로운 생활을 유지했어요. 노동자와 노동을 예찬하는 이 말 속에 새로운 시대를 예견하는 현명함이 엿보입니다.

신은 아무런 책임도 지지 않고 불행한 백성들을 갖고 장난하는 무절제한 폭군과 비슷하다.

|

신의 자비와 무책임을 조소하면서 결국 신이 무한한 권력을 가진 지배자의 형상에 따라 창조되었음을 암시하는 말입니다. 무신론자인 그에게 그 자체로 존재하는 정신이나 신은 당연히 실제로 존재하지 않는 상상의 산물이에요. 정신은 육체의 작용에서 나오는 부산물이며 신은 인간의 두뇌 속에서 나오는 환상의 산물이기 때문입니다. 그러나 이러한 신을 이용하여 교회와 신학은 봉건적 모순을 옹호하려 했기 때문에 홀바흐는 사회적인 제도로서의 종교를 비판했습니다. 그것은 봉건주의를 무너뜨리고 시민 사회를 건설하려는 당시의 진보적인 지식인들에게 불가피한 과제였지요. 그러므로 그들은 종교의 위선, 거짓, 악행을 파헤치는 데 주력했어요. 홀바흐는 종교가 민중의 비참, 무지, 공포, 그리고 그것을 이용하려는 성직자들의 속임수에 의해서 발생하고 유지되며 결국 교회는 통치자를 도와주고 통치자는 그것으로부터 스스로의 권익을 얻어내는 반면 민중들에게는 커다란 해악이 된다고 주장한 것입니다.

부패된 사회에서 행복해지려는 사람은 스스로도 부패하지 않을 수 없다.

|

홀바흐가 말하는 부패된 사회란 이성과 과학 대신에 미신과 종교가 번창하고 통치자가 종교의 눈치를 보거나 야합하면서 자기 마음대로 지배하는 사회입니다. 종교는 민중을 우매하게 만들며 자연적인 권리에 눈을 뜨지 못하게 만들고, 조국에 대한 사랑과 같은 현실적인 문제를 도외시하게 만듭니다. 관념론자들은 사회가 부패하더라도 자기만 정직하고 정의로우면 된다고 역설하지만 그것은 공허한 말장난에 불과해요. 정의가 실현되려면 우선 정의로운 사회가 되어야 하니까요.

이성(理性)만이 인간을 행복하게 만들 수 있다.

|

인간의 보편적인 행복은 자연의 이치에 대한 신뢰와 경험을 토대로 할 때만 가능하다는 주장은 사회를 합리적으로 변혁하려는 근세 시민 계급의 이상이었어요. 이들의 목표는 '이성의 나라'를 실현하는 것이었습니다.

인간이 무신론으로 기울어지던 시대가 가장 안정된 시대였다.

|

일반적으로 종교인들은 무신론자들이 비도덕적이고 방탕한 사람이라고 비판합니다. 홀바흐는 여기에 대해서도 자세한 반론을 제기했어요. 무신론은 덕 있는 인간을 무뢰한으로 만들지 않으며, 무뢰한을 덕 있는 인간으로 만드는 도덕론이 아니라 인간 행위의 근거가 어디에서 나오는가

를 밝히는 철학일 뿐이라고 주장했어요. 물론 무신론자들도 나쁜 짓을 할 수 있습니다. 그러나 그것은 무신론이라는 원리 때문이 아니라 개인의 문제지요. 철저한 유신론자가 일상생활에서 종교적인 계율보다도 양심적인 도덕을 더 중시하는 경우와 같은 이치 아닐까요? 사람은 원칙과 실천에서 차이를 보일 수 있으며 무신론의 원칙은 결코 비도덕적인 실천과 연관되지 않습니다. 일상생활에서는 유신론자나 무신론자나 선행 혹은 악행을 다 같이 행할 수 있지만 역사적으로 유신론적인 신학이 무신론적인 철학보다 인류에게 더 많은 분쟁의 씨를 뿌리며 불행을 가져다주었다는 것이 홀바흐의 결론입니다. 왜냐하면 경험적으로 모든 인간이 납득할 수 있는 대상보다 경험을 넘어서 있는 불확실한 대상이 인간에게 더 많은 논쟁을 일으키는 계기를 만들어주며, 인간은 애매한 대상일수록 더 중요하다는 편견에 사로잡히기 쉽기 때문이지요. 홀바흐에 의하면 무신론자가 종교인들보다 더 도덕적입니다. 절대적인 신을 믿는 종교인들, 예컨대 기독교 신자들, 이슬람교 신자들, 유대교 신자들은 다른 신을 믿거나 신을 믿지 않는 사람들을 악마처럼 생각하잖아요? 이에 반해 무신론자들은 유신론자들을 악마가 아니라 오류에 빠진 인간으로 생각하며 이성적인 통찰을 통해 언젠가 그 오류를 벗어나게 될 것이라 믿습니다. 있지도 않은 신 때문에 다른 인간들을 악마로 생각하는 행위가 과연 도덕적일까, 한 번쯤 깊이 생각해봐야겠지요?

철학 꿀딴죽
4hrs · 🌍

철저한 무신론자, 백과전서파

노동을 하지 않는 재벌들의 자식들은 놀면서도 즐겁게 살지 않나요?

놀면서 즐겁게 살다 보면 결국 지루함을 느끼고 퇴폐적이 되기 쉽지요. 그래서 재벌의 자식들이 마약이나 음란에 빠지는 경우가 허다합니다. 노동, 특히 육체적인 노동은 건전한 삶을 살아갈 수 있는 기초가 됩니다.

신의 특징 가운데 '전선'이라는 말이 있는데 모든 것이 선인 신이 폭군과 같이 될 수 있습니까?

인간은 신이 어떻게 결정하든 거기에 이의를 제기할 수 없고 감사하는 마음으로 추종해야 합니다. 세상에는 불행이나 재앙이 많고 인간은 그것도 신의 뜻으로 돌리며 감수해야 합니다. 폭군이란 아무 거리낌 없이 자기 마음대로 행동하거나 결정할 수 있는 사람입니다. 신의 뜻을 거역해서는 안 되고 거역할 수 없다는 의미를 지닌 것 같습니다.

부패된 사회에서 인간은 어떤 태도를 취해야 하나요?

자기만 성실하게 살면 된다고 생각하지 말고 부패한 사회 구조를 무너뜨리기 위한 투쟁에 적극 동참해야 합니다.

무신론을 주장하며 이성적으로 살아갈 수 있는 사회가 역사상 존재한 경우가 있습니까?

존재하지 않았다 하더라도 우리는 그러한 사회를 만들어가기 위해 노력해야 합니다.

👍 Like　　💬 Comment　　➡ Share

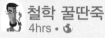
철학 호텔 지배인, 미라보, 종교 비판

일반적으로 우리나라의 철학사에서는 프랑스계 몽주의 철학이 누락되거나 자세하게 소개되지 않고 있는데 그 이유는 무엇입니까?

이 시기의 철학이 무신론적이고 유물론적이며 사회 비판적이기 때문입니다. 그러나 이 철학은 인류 역사를 양분하는 프랑스 혁명의 이념을 제공하는 철학이기 때문에 매우 중요한 역할을 했습니다. 이른바 시민 계급의 철학자들은 이 철학에 감사해야 합니다. 왜냐하면 이 철학이 시민 사회를 만드는 원동력이었기 때문입니다. 그러나 기득권을 획득한 시민 계급의 지식인들은 현상 유지에 만족하면서 사회 비판적인 철학을 경원시합니다. 자본주의 사회 구조를 비판하는 철학을 배격하려 합니다. 그것은 매우 근시안적인 태도입니다. 철학은 원래 비판적인 학문이고 비판 가운데서도 사회 비판이 가장 중요한 역할을 합니다. 또 다른 이유는 전통적으로 프랑스 철학은 철학 체계를 중심으로 하는 독일의 강단 철학과 달리 문학과 결부된 생활 철학을 중시하는데 우리나라의 철학자들이 독일적인 철학에 치우치기 때문입니다. 그러나 철학에서는 전문가의 체계와 함께 일반적인 생활 철학도 똑같이 중요합니다. 우리는 프랑스 계몽주의 철학을 통해서 철학의 과제가 무엇인가를 배우고 오늘날의 사회적 모순을 척결해 가는 데 거울로 삼아야 합니다.

👍 Like   💬 Comment   ➡ Share

4장

관념에서 혁신으로

독일 고전 철학

칸 트

IDENTIFICATION
물자체(Ding an sich)

18세기의 독일은 다른 이웃 나라에 비해 정치적으로나 경제적으로 후진 상태에 있었습니다. 시민 사회가 성립되지 못한 채 여전히 군주국으로 분산되어 봉건주의 흔적이 남아 있었기 때문이에요. 이 같은 후진성을 철학적으로 만회하려는 시도가 곧 독일 관념론 철학으로 나타났는데, 칸트가 그 선구자 역할을 했답니다.

칸트(Immanuel Kant, 1724~1804)는 1723년 4월 22일 쾨니히스베르크에서 한 마구공(馬具工)의 아들로 태어났어요. 칸트의 생애는 겉으로 볼 때 정말 조용하게 흘러갔습니다. 쾨니히스베르크 대학에서 철학과 수학, 신학을 공부한 그는 1746년에 아버지가 죽자 가정교사를 하면서 생계를 유지합니다. 1755년에 학위를 취득하고 모교에서 15년 동안 사강사(Privatdozent)* 생활을 계속하는 동안 칸트는 두 번이나 교수직을 신청해요. 하지만 번번이 심사에서 떨어집니다. 그러다가 드디어 1770년

*(독일 등의 제도에서) 민간 연구 기관이나 관청 따위의 유식한 사람을 대학 강사로 채용하는 것. 민간에서 비용의 일부를 부담한다. 기업이나 개인이 기부한 기금으로 연구 활동을 하는 (북미의) 석좌교수와 비슷한 개념이다.

▲칸트가 살던 쾨니히스베르크의 집

46세의 나이로 논리학과 형이상학을 가르치는 교수가 되었습니다.

칸트의 생애는 단조로웠어요. 잠시 이웃의 작은 마을에서 가정교사 생활을 했던 것 외에는 여행을 한 번도 떠나지 않았을 정도입니다. 잘 알려진 바와 같이 그는 매우 규칙적으로 생활했어요. 언제나 새벽 5시에 일어나 일하기 시작하여 아침 7시부터 9시까지는 강의를 했습니다. 그 이후 9시부터 1시까지는 주로 자신의 연구에 시간을 보냈는데요. 많은 저술들이 이 시간에 쓰였답니다. 하지만 점심시간에는 일반인 손님들을 맞아 다양한 주제를 놓고 대화를 나누었지요. 긴장감을 누그러뜨리기 위한 시간이었지요. 그러고 나서 칸트는 규칙에 따라 산책한 뒤 다시 연구에 몰두하다가 정확히 밤 10시가 되면 잠자리에 들었습니다. 칸트는 정해진 일과를 매우 정확하게 지켜나갔기 때문에 이웃 사람들은 칸트의 거동에 따라 시계 바늘을 맞추었다고 해요. 잠자리에서 일어나 커피를 마시고, 저술을 하고, 강의하고, 식사를 하고, 산책을 나가는 것 등 모든 행동을 정해진 시간에 따라 했으므로 이웃 사람들은 회색 코트를 입고 스페인 지팡이를 손에 쥔 채 대문을 나서는 칸트를 보면 "아, 지금이 오후 3시인가 보다"라고 생각했답니다. 오후 3시가 되면 칸트가 어김없이 나타나 오늘날 '철학자의 길'이라 불리는 보리수가 늘어선 작은 길을 산책했으니까요.

칸트는 키가 작았어요. 157센티미터 정도였다고 하지요. 그런데 호흡에 지장을 받았을 만큼 가슴도 작아서 오른쪽 어깨가 왼쪽보다 더 높았다고 합니다. 하지만 평생토록 엄격한 식이요법을 병행하면서 부지런히 산책하고 또 마음의 평정을 유지한 결과 80세까지 건강하게 살았어요. 칸트는 매우 꼼꼼한 사람이었습니다. 절약과 절제가 몸에 밴 사람이었죠. 그는 어려서부터 경제적인 자립이 내면의 행복과 자유의 감정을 가져올 수 있다고 확신했는데요. 덕분에 얼마 안 되는 봉급과 저작료만 가지고도 많은 돈을 저축할 수 있었습니다. 그러나 완벽한 인간은 없나 봐요. 칸트는 다소 냉담한 편이었고, 가족들에게도 얼마나 무심했던지 같은 도시에 살았던 여동생들과 25년 동안 이야기를 하지 않았다고 합니다.

경제적으로 여유가 있었는데도 칸트는 끝까지 독신으로 지냈어요. 물론 청년 시절에 사랑에 빠진 적도 있었고, 굳이 결혼을 반대하는 입장도

▲ 겨자단지를 들고 있는 칸트의 캐리커처(프리드리히 하거만, 1801)

아니었지만요. 두 번쯤 결혼할 의사를 품기도 했는데 그게 잘 이루어지지 않았다는 이야기가 전해집니다. 한 여인은 칸트가 오랫동안 고민하는 사이 대담한 남자와 결혼해버렸고, 또 한 여인은 대답을 기다리다 못해 지쳐서 떠나버렸다고 합니다. 하지만 그는 결코 독신 생활을 불평하거나 후회한 적이 없었어요. 칸트가 죽자 쾨니히스베르크의 모든 시민은 이

▲칸트의 초상(고트리프 되버, 1791)

철학자의 죽음을 애도하여 장례식에 참석했습니다. 그의 묘비에는 『실천
이성비판』의 끝말인 "내가 여러 번 그리고 깊이 생각하면 할수록 내 마음
을 항상 더 새롭고 더 강렬한 경탄과 경외심으로 채워주는 두 가지 사실
이 있으니, 내 머리 위로 별이 가득한 하늘과 내 마음속에 들어 있는 도덕
률이다"라는 문구가 새겨져 있습니다.

나에게 물질을 다오. 그러면 나는 그대들에게 물질로부터 세계를
만들어 보이겠다.

|

청년기의 칸트는 상당히 유물론적이었어요. 이 시기에 나온 대표적인 저
술은 『일반 자연사와 천체 이론』인데요. 여기서 칸트는 우주의 신비화를
거부하고 오성에 합당한 법칙으로 자연을 해석하려는 근세의 자연철학
적인 경향을 계승했습니다. 코페르니쿠스는 신의 거주지인 하늘이 지구
를 포함한 무수한 천체들의 집합 장소에 불과하다고 주장했지만, 그때까
지는 여전히 천체 운동의 원인을 신의 힘으로 돌리고 있었습니다. 갈릴
레이와 케플러는 천체 운동마저 수학적인 법칙으로 환원하여 계산하려
했고, 뉴턴은 이러한 이론들을 근거로 우주는 스스로에 내재하는 필연적
인 법칙에 따라 움직이기 때문에 신의 간섭을 전혀 받지 않는다는 결론
에 도달했습니다. 그러나 뉴턴 역시 우주의 법칙이 어디서 왔는가에 대
한 철저한 물음을 제기하지 않음으로써 그것을 신이 만들어냈다고 가정
하는 그 시대의 종교적 권위와 타협했지요. 칸트는 이제 뉴턴이 숙제로
남겨둔 우주의 역학적인 근원을 과학적으로 증명하려 애썼습니다. 신에
의한 우주 창조라는 종교적 신화 대신에 이성적인 추리에 의하여 세계의
발생을 이해하려 했고요. 질서 정연한 우주인 코스모스는 결국 혼돈 상
태의 우주로부터 진화되었다는 것이 칸트의 결론인데요. 그는 세계의 발
생이라는 비밀을 역학적인 과정으로 설명하려 했습니다. 우주의 근원인
최초의 상태를 칸트는 '영원의 심연'이라 불렀는데, 그것은 바로 무한한
우주 공간을 의미합니다.

이 '영원의 심연'은 다양한 밀도를 갖는 물질적인 원자로 가득 차 있는

무질서의 세계였어요. 물질과 공간의 세계에서 작용하는 두 힘이 있는데, 그것이 바로 '인력과 척력'*입니다.

*'인력'이란 공간적으로 떨어져 있는 물체끼리 서로 끌어당기는 힘을 말한다. 질량을 가진 모든 물체 사이나 서로 다른 부호를 가진 전하들 사이에 작용하며, 핵력 때문에 소립자들 사이에서도 생긴다. '척력'은 같은 종류의 전기나 자기를 가진 두 물체가 서로 밀어내는 힘이다.

이 힘들은 원자에 내재되어 있어요. 인력은 밀도가 낮은 원자들이 밀도가 높은 원자의 궤도 안으로 끌려가게 하는데, 이렇게 하여 물질의 핵이 형성되고 더 큰 원자들은 더 작은 원자들을 끌어당기며, 개별적인 원자들은 이 궤도로부터 벗어나려 하는 것입니다. 이렇게 되면 핵은 불어나고 운동도 빨라져요. 거대한 물질의 핵이 형성되고 운동이 빨라지면 서로의 마찰을 통해서 열이 발생하고 빛이 나게 되는데, 그것이 바로 우주에서 가장 먼저 태어난 태양이라는 거예요. 그런데 태양이 회전함에 따라 다시 원심력의 작용으로 물질들이 튕겨 나와 인력과 척력에 의하여 질서 있게 태양의 주위를 돌기 시작했으니 그것이 바로 유성이고요. 유성으로부터 다시 물질이 분리되어 유성의 주위를 돌기 시작한 것이 달이며, 이런 방식으로 지구를 포함한 전 태양계가 형성되었다고 본 것입니다.

물론 칸트는 하늘에서 무수히 반짝이는 별을 보고 감동하는 예술적이고 신비적인 사고에 젖기도 했지만, 그것을 과학적으로 설명하려는 유물론적 태도도 지니고 있었어요. '물자체(Ding an sich)'라는 개념을 인정하면서 유물론에 가까워졌지만 다시 그것이 인식 불가능하다고 말함으로써 나중엔 회의주의와 관념론으로 기울어집니다. 종교를 이성의 한계 내에서 파악하려 하면서도 '영혼 불멸설'을 부정하지 못했기에 결국 종교에 양보하고 말았던 거예요. 칸트가 소시민적 세계관을 벗어나지 못하고 타협하는 입장에 서 있었다는 사실을 잘 보여주는 예입니다.

내용 없는 사유는 공허하고, 개념 없는 직관은 맹목적이다.

이 말은 칸트의 주저 『순수이성비판』의 핵심 내용인 인식론의 특징을 보여주는 명언입니다. 칸트에 의하면 인간의 인식은 두 가지 요건을 갖춰야만 제대로 이루어질 수 있어요. 하나는 '재료'이고 다른 하나는 '형식'입니다. 칸트는 합리론에서처럼 외부에서 오는 대상 없이 인간이 갖고 있는 순수한 사유형식 혹은 오성만으로 인식이 가능하다는 것을 거부하고 우선 우리의 감각 기관에 외부의 자극이 재료로서 주어져야 된다고 생각했습니다. 라디오가 음파를 받아들이는 것처럼 우리의 감각 기관이 외부의 자극을 받아들여야 인식이 가능하다고 본 것이지요. 이런 점에서 칸트의 입장은 영국의 경험론과 일치합니다.

　모든 인식은 주어진 재료와 더불어 시작됩니다. 그러나 재료만 가지고는 인식이 성립할 수 없어요. 그것(재료인 외부의 자극)을 파악하고 결합하는 인간의 능력이 첨가되어야 비로소 가능해지지요. 감관에 의해서 느껴지는 외부의 자극이 감각(sensation)입니다. 감각은 개별적이며 5관에서 발생하는데요. 감각을 밑받침으로 전체적인 지각(perception)이 발생합니다. 칸트는 인식의 선천적인 형식(인식의 재료를 받아들이고 구성하는 인간의 능력)을 세 가지로 구분해요. 바로 '감성, 오성, 이성'입니다. 그에 따르면, 감각을 수용하는 능력이 감성이고, 개념과 판단을 형성하는 능력이 오성이며, 추리를 이끌어내는 능력이 이성입니다.

　칸트는 지각을 가능하게 하는 감성에도 선천적인 형식이 필요하다고 보았어요. 그것이 곧 '공간과 시간(space and time)'입니다. 이때 공간은 외감(外感) 형식이고, 시간은 내감(內感)* 형식이에요. 그런데 감성에 의하여 구성된 직관도 아직은 인식의 한 단계에 불과합니다. 직관이란 감각, 지각 및 표상들 속에서 이루어지는 감각적 인식의 과정 또는 그 형태들을 포괄적으로 가리키는 말인데요. 여기서 우리는 '과정'이라는 표현과 '포괄적'이라는 단어에 집중해야 합니다. 즉, 완전한 개별

*외감은 '외부 감각', 내감은 '내부 감각'을 뜻한다.

인식이 이루어지기 전이라는 뜻이지요. 너무 어렵나요? 좀 더 쉽게 설명할게요. 직관의 단계는 우리가 어떤 대상을 안개 속에서 어렴풋이 바라보는 것과 유사합니다. 이 어렴풋한 직관들이 결합되어야만 비로소 명확한 개념이 이루어져요. 예를 들어 여러분이 짙은 안개 속에 서 있다고 상상해보세요. 저 멀리 뭔가 보여요. 두 눈을 부릅뜨고 쳐다보니 뭔가 기다란 게 나무인 것 같기도 하고 가로등 같기도 합니다. 어쩌면 키가 큰 사람일지도 몰라요. 그래서 좀 더 시간을 두고 자세히 봅니다. 이따금 노란 불빛이 흘러나오는 것 같아요. 그럼 여러분은 그 기둥 같은 것을 무엇이라 생각할 것 같나요? 예, 십중팔구 가로등이라고 판단하겠지요. "어렴풋한 직관들이 결합되어야만 비로소 명확한 개념이 이루어진다"는 말은 이렇게 이해하면 될 것 같습니다.

이제 오성(悟性)을 생각해볼까요? 인식 과정에서 감성이 다양한 재료를 제공해준다면 오성은 이 재료에 통일적인 형식을 부여한다고 보면 됩니다. 여러분, 이성과 오성의 구별이 어렵지요? 이성(理性)의 사전적 풀이는 "개념적으로 사유하는 능력을 감각적 능력에 상대하여 이르는 말. 인

간을 다른 동물과 구별시켜주는 인간의 본질적 특성"인데요. 칸트 철학에서는 "선천적 인식 능력인 이론 이성과 선천적 의지 능력인 실천 이성을 통틀어 이르는 말. 좁은 의미로는 감성, 오성(悟性)과 구별되어 이데아에 관계하는 더 높은 사고 능력을 말하기도 한다"고 봅니다. 그러니까 이성이 오성보다 좀 센 놈 같아 보여요. 그렇다면 오성의 풀이는 어떨까요? 오성은 "감성 및 이성과 구별되는 지력(知力). 특히 칸트 철학에서는 대상을 구성하는 개념 작용의 능력을 말한다"고 풀이합니다. 아하, 그러니까 오성은 우리가 조금 전에 살펴본 것처럼 명확한 개념을 구성하는 데 필요한 능력이로군요.

칸트는 감성에 형식과 질서가 없다면 오성에는 재료가 없다고 보았답니다. 그러니까 이 두 영역이 결합하지 않으면 인식은 발생할 수 없는 거예요. 따라서 칸트는 인식이 제대로 이루어지려면 감성과 오성이 서로 도움을 주어야 한다고 주장했지요.

너의 인격과 다른 사람의 인격에 있어서 인간성을 항상 목적으로 대하고 수단으로 사용하지 않도록 행동하라.

*어떤 명제, 주장, 판단을 '만일', '혹은' 따위의 조건을 붙이지 아니하고 확정하여 말하거나 또는 그런 말을 뜻한다.

『실천이성비판』에 있는 명언으로 칸트의 윤리학을 특징짓는 말입니다. 흔히 이야기되는 '정언(定言)*적 무상 명령(categorical imperative)'의 하나인데요. 다른 사람의 인격을 수단이 아닌 목적으로 대하라는 것은 매우 훌륭한 주장이에요. 그러나 칸트의 윤리학은 너무 형식에 치우친 형식주의적 성격을 지니고 있기 때문에 비판을 받기도 합니다.

취미 판단을 규정하는 마음에 듦은 모든 이해관계를 떠나 있다.
|

『판단력비판』에 나와 있는 말로서 칸트 미학의 핵심을 알려주는 명언입니다. '취미 판단'이란 예술적인 판단을 말해요. 아름답다거나 추하다 등을 판단하는 것인데요. 이 말은 곧 인간이 아름다움을 느끼는 순간이나 예술적인 감동을 판단할 때는 모든 이해관계를 벗어나야 한다는 뜻입니다. 칸트는 가장 중요한 이해관계로 쾌적함과 선을 들었어요. 쾌적함은 인간의 본능과 관계되는 즐거움이고, 선은 도덕과 관계되는 어떤 것인데요. 칸트는 진정한 미적 판단이란 위의 두 가지 기준을 벗어나야 한다고 생각한 거예요. 이 주장은 훗날 미학자들에 의해서 '순수예술론'을 옹호하는 이론에 동원되었답니다. 그런데 "예술을 창작하거나 감상할 때 본능이나 도덕을 반드시 배제해야 마땅한가?"라는 문제의식을 제기할 수 있어요. 프로이트의 예술론에서는 본능이, 맑스의 예술론에서는 도덕이 오히려 강조되고 있다는 사실을 감안하면 칸트의 관념론적 미학엔 많은 한계가 있음을 알 수 있지요.

과학은 신앙에 자리를 양보해야 한다.
|

말년에 칸트가 한 이 말은 많은 논쟁을 불러일으켰습니다. 칸트는 당연히 종교에도 많은 관심을 가졌는데요. 칸트는 어렸을 때 경건주의적인

분위기에서 자랐습니다. 경건주의는 교리보다도 개인의 경건심을 강조하고 도덕적인 생활을 중시하는 종교 경향을 말해요. 일반적으로 가난과 검소와 근면을 강조하는 소시민의 생활 태도였지요. 훗날 칸트는 『이성의 한계 내에서의 종교』라는 책을 저술하고 정부로부터 경고를 받습니다. 이성을 벗어나 있는 종교를 이성적으로 해석하려 했기 때문이에요. 놀랍게도 칸트는 아무런 항의도 하지 않고 이에 굴복합니다. 그런데 조금 아이러니한 점이 보여요. 칸트는 도덕적 행위의 근거로서 신의 존재를 요청하는 것 같은 인상을 주지만, 정작 그의 저술들을 자세히 분석해 보면 그의 신 개념은 도덕적인 요청의 한계 안에만 머물러 있음을 알 수 있거든요. 칸트는 프랑스 계몽주의 철학자들처럼 철저하지도 않았고 결단력도 없었습니다. 이성적인 시민 사회를 만들어야 한다는 데엔 동감했지만, 정치적인 상황 때문에 우유부단했지요. 사실 칸트가 말하는 세계의 근원인 '물자체'에는 유물론적인 요소가 있었지만, 칸트는 그것을 인간이 인식할 수 없다고 말하면서 회의론에 빠졌다가 결국 관념론으로 넘어가거든요. 칸트의 철학을 통해 저는 참된 사회 변혁은 유물론 철학만이 실현할 수 있다는 것을 다시 한 번 확인했답니다.

철학 꿀딴죽
3hrs · 🌐

영원의 심연, 감성, 오성, 이성, 정언 명령

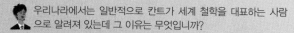

우리나라에서는 일반적으로 칸트가 세계 철학을 대표하는 사람으로 알려져 있는데 그 이유는 무엇입니까?

우리나라는 서양 철학을 주로 일본을 통해 받아들였는데 일본은 서양 국가들 가운데서도 독일과 매우 친했습니다. 그러므로 독일 관념론 철학을 높이 평가했습니다. 자연스럽게 우리도 그러한 영향을 받은 것 같습니다. 물론 칸트는 봉건 사회의 잔재를 청산하고 이성적인 사회를 건설하려는 시민 계급에게 많은 이론을 제공했습니다. 그러나 앞에서 살펴본 것처럼 관념론 철학에 머물렀기 때문에 시민 사회가 성립되면서 나타나는 모순을 예견하지 못했고 결국 소시민적 지식인의 한계를 벗어나지 못했습니다. 그러므로 칸트는 인류를 대표하는 철학자라기보다는 초기의 시민 계급을 대표하는 중요한 철학자라 보는 게 바람직합니다.

👍 Like　　💬 Comment　　➤ Share

피 히 테

IDENTIFICATION
독일 국민에게 고함

피히테(Johann Gottlieb Fichte, 1762~1814)는 독일 라이프치히 부근의 라메나우에서 태어났습니다. 아이들이 많은 가난한 가정에서요. 피히테의 재능을 눈여겨보았던 어떤 자선가의 후원으로 그는 공부를 계속할 수 있었고 대학에도 들어갑니다. 그러나 후원자가 사망하는 바람에 피히테는 가정교사로서 연명해야 했어요. 어찌나 쪼들렸는지 한때 자살 충동까지 느꼈지만 우연히 스위스 취리히에서 직장을 얻게 되어 그나마 생계를 유지하게 됩니다.

2년 후 고향으로 돌아 온 피히테는 칸트의 저술을 읽고 감동을 받아 칸트가 활동하고 있던 쾨니히스베르크로 옮겨가요. 그러고는 여기서 칸트의 관심을 끌기 위해 『모든 계시 신앙의 비판 시도』라는 타이틀의 책을 썼고 마침내 칸트의 지원을 받게 됩니다. 하지만 종교 비판적인 내용 때문에 익명으로 출간해야 했고, 이에 세상 사람들은 이 책을 칸트의 저술이라고 생각하게 됩니다. 칸트는 오해를 풀기 위해 사실을 밝혔고, 그 결과 피히테는 일약 유명 인사가 됩니다. 예나 대학에서도 그를 초청했고요. 그러나 피히테가 계속 저술한 책들은 기어이 '무신론 논쟁'을 일으켰고, 그는 결국 예나를 떠나 베를린으로 갑니다. 그곳에서 한 강의에는 수많은 청강생이 모였다고 해요.

칸트와 마찬가지로 피히테도 처음에는 프랑스 혁명을 열렬히 지지했으나 나폴레옹이 황제가 되어 혁명 정신을 짓밟고 침략 전쟁을 시작하자 프랑스를 반대하는 운동에 가담합니다. 프랑스 군대에 의해 점령당한 베를린에서 행한 그의 강연 '독일 국민에게 고함'은 엄청난 호응을 얻었는데요. 이 강연 내용은 단행본으로도 출판되었고 우리나라에서도 번역되었습니다. 피히테는 여기서 독일 국민이 도덕적으로 무장하여 프랑스에 저항할 것을 강력히 호소했습니다. 나중에 피히테는 베를린 대학의 설립에도 관여했으며 대학이 설립된 후 총장도 역임합니다. 조국 해방 전쟁이 일어나자 피히테는 청강생들에게 군 입대를 권유하기도 했지만, 종군 간호원으로 활동했던 부인을 통해 감염된 전염병으로 끝내 사망합니다.

▲피히테와 그의 아내가 나란히 잠든 곳(도로텐 시립공동묘지)

한 사람이 어떤 철학을 택하느냐는 그가 어떤 사람이냐에 달려 있다.

|

글을 보면 그 사람의 인간됨을 알 수 있는 것처럼 철학도 그 사람의 인격에 따라 달라진다는 말입니다. 철학은 크게 유물론과 관념론으로 나누어지는데요. 유물론적인 철학을 선택하는 사람은 진보적이고 혁명적인 성격을 지닌 반면 관념론을 선택하는 사람들은 보수적이고 온건한 성격의 소유자라는 의미로 이해해도 무방하지요.

자아(自我)가 비아(非我)를 정립한다.

|

피히테의 주저 『지식학』에 나오는 제2명제입니다. 자아란 인간의 절대적인 주관이고 그로부터 자아가 아닌 어떤 것, 곧 자연이 정립된다는 뜻인데요. 자연이 주관으로부터 독립하여 그 자체로 존재한다고 주장하는 유물론에 반대하여 주관으로부터 모든 것이 나온다는 철저한 주관적 관념론을 제시하는 표현입니다.

생생하게 작용하는 도덕적인 질서가 바로 신이다.

|

그의 철학이 무신론이라는 비난을 받게 되는 표현으로서 신이라는 실체는 존재하지 않으며 도덕적인 사회 질서가 확립된다면 바로 그것이 인류가 염원하는 이상이라는 뜻을 담고 있습니다.

철학 꿀딴죽
3hrs · 🐾

무신론 논쟁, 자아, 비아

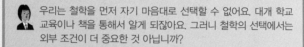

우리는 철학을 먼저 자기 마음대로 선택할 수 없어요. 대개 학교 교육이나 책을 통해서 알게 되잖아요. 그러니 철학의 선택에서는 외부 조건이 더 중요한 것 아닙니까?

맞습니다. 학교에서 엉터리 철학만 가르치고 주변에 엉터리 철학 책만 떠돌아다니는 사회에서는 젊은이들이 참된 철학을 습득하기가 매우 어렵습니다. 그러나 인간은 자기 나름대로 판단할 수 있는 가능성을 지닌 존재입니다. 열심히 노력해서 옳은 철학을 찾아야 하고 그것을 자기의 철학으로 만들어야 합니다. 그것을 위해서 우리는 서로 상반되는 내용의 철학책들을 읽는 것입니다. 예를 들면 독일 관념론을 찬미하는 철학책과 그것을 비판하는 철학책을 모두 읽고 비교해보아야 합니다. 옳은 철학을 습득한다는 것은 개인뿐만 아니라 국가와 민족의 장래를 위해서도 무척 중요합니다.

👍 Like　　💬 Comment　　➤ Share

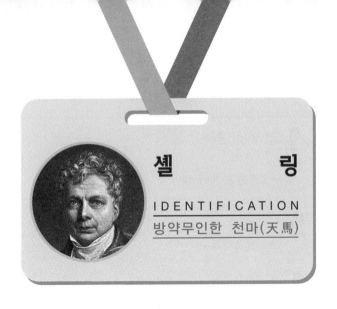

셸 링

IDENTIFICATION
방약무인한 천마(天馬)

셸링(Friedrich Wilhelm Joseph Schelling, 1775~1854)은 조숙한 천재였습니다. 그는 동향인 선배 휠덜린 및 헤겔과 튀빙겐 신학교에서 공부했는데요. 신학 외에도 그리스 고전에 관심을 많이 가졌고, 칸트와 피히테의 철학도 열심히 공부했답니다. 그는 특히 어려운 피히테의 철학을 피히테 자신보다도 더 쉽게 요약하는 글을 써서 주변 사람들을 놀라게 했어요. 그러나 자연 과학을 공부하면서 점차 피히테의 입장과 멀어졌고, 자연을 주관과 동일시하는 자연 철학 쪽으로 기울어집니다.

그의 저술들은 특히 괴테에게 좋은 인상을 주었어요. 대문호 괴테가 그를 예나 대학 정외교수로 추천했을 정도로요. 예나에서 그는 낭만파 문인들과 교제하면서 낭만파 문학의 대표자인 슐레겔의 부인과도 친해집니다. 결국 슐레겔의 부인이었던 카롤리네는 남편과 이혼하고 열두 살 연하인 셸링과 재혼하지요.

독일 여러 도시를 전전하면서 강의하던 셸링은 1841년에 프로이센 왕의 초청을 받고 베를린 대학으로 자리를 옮깁니다. 왕은 당시 학계를 주름잡던 헤겔학파에 도전할 대항마로서 셸링을 선택했으나 셸링은 그 기대에 부응하지 못했어요. 그의 강의와 철학은 말년에 신비적이고 종교적인 경향으로 후퇴하여 많은 청강생들을 실망시킵니다.

자연으로부터 자아 혹은 정신이 나오게 된 것은 자연이 근본적으로 정신이기 때문이다.

셸링의 철학은 일반적으로 '동일 철학'이라 불립니다. 자연과 정신을 일치시키기 때문이에요. 이러한 주장에는 스피노자에서와 같은 범신론적 요소가 포함되어 있는데요. 셸링은 이러한 주장을 끝까지 관철하지 못하고 오히려 나중에는 기독교적인 신비주의로 후퇴하고 말아요. 맑스의 친구였던 청년 엥겔스가 셸링의 강의를 청강하고 신문에 신랄하게 비판하는 글을 썼는데 당시의 진보적인 지식인들은 어린 엥겔스의 비판에 더 많은 지지를 보냈답니다.

철학 꿀딴죽
3hrs · 🌐

동일 철학

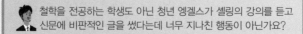

철학을 전공하는 학생도 아닌 청년 엥겔스가 셸링의 강의를 듣고 신문에 비판적인 글을 썼다는데 너무 지나친 행동이 아닌가요?

물론 지식 면에서는 비교가 안 되었지요. 그러나 철학은 지식과 함께 주관적인 판단력도 중요한 역할을 합니다. 그러므로 독일의 철학자 야스퍼스는 어린이들도 철학적인 문제를 제기할 수 있다고 말했습니다. 서양의 고등학교 학생들이 좋은 철학 논문을 쓰는 경우도 있습니다. 철학은 전문적인 철학자의 전유물이 아니라 모든 사람이 가까이 해야 할 삶의 지침입니다.

범신론은 유물론보다도 종교나 신비주의와 가까운 것이 아닙니까? 그리고 신비주의는 인간의 삶에 결코 해로운 것이 아닌 것 같은데요?

신과 자연이 일치한다고 주장하는 범신론은 유신론과 무신론, 관념론과 유물론 사이에 있는 것 같습니다. 참고로 말하면 전통적인 종교에서는 범신론이 이단으로 취급되었습니다. 신비주의는 예술에서는 유익할지 모르지만 과학이나 철학에서는 매우 유해한 역할을 합니다. 신비주의를 벗어나지 못하는 철학은 신화나 관념론에 갇혀 인간과 사회를 올바르게 파악할 수 없습니다.

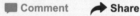 👍 Like　💬 Comment　 Share

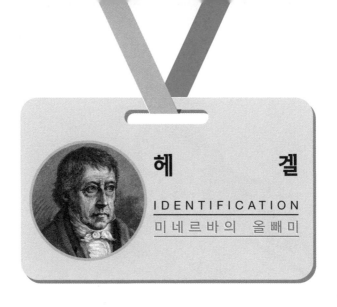

헤겔(Georg Wilhelm Friedrich Hegel, 1770~1831)은 셸링에 비해서 비교적 재능이 늦게 나타났던 대기만성 형의 철학자였습니다. 조숙했던 셸링은 넘쳐흐르는 재능을 조금도 억제하지 않고 발휘하면서 방약무인한 태도를 보인 천마(天馬)와 같았지만 천재에게서 보통 엿보이는 것처럼 지속성이 결여되었다는 단점을 지니고 있었습니다. 반면 헤겔은 우직하고 성실했으며 한 번 마음먹은 것을 집요하게 추적해갔답니다. 헤겔은 고향에서 중·고등학교를 마친 후 튀빙겐 신학교에서 철학과 신학을 공부했어요. 헤겔은 특히 루소를 좋아했고, 1789년 프랑스 대혁명이 일어나자 '정치 클럽'에 속해 있었던 헤겔은 다른 회원들과 함께 들에 나가서 '자유의 나무'를 심은 후 "자유 만세! 루소 만세!"를 외쳤습니다.

1790년에 석사 학위를 받은 헤겔은 1793년에 대학 공부를 끝마치고 일단 고향으로 내려가 그동안 공부 때문에 허약해진 건강을 회복하는 데 주력했어요. 그리고 그해 10월부터 스위스 베른에서 가정교사를 하면서 많은 철학자들의 저서를 탐독합니다. 하지만 다른 독일의 철학자들과 마

▲베를린 대학에서 강의하는 헤겔과 그의 학생들(프란츠 쿠글러 스케치)

찬가지로 헤겔 역시 프랑스 혁명의 결과에 실망합니다. 1799년에 아버지가 돌아가시자 헤겔은 아버지의 얼마 되지 않은 유산을 근거로 대학 교수직을 준비하지요. 1801년, 당시 23세의 나이로 예나 대학에서 교수 자리를 얻은 셸링의 도움으로 헤겔도 예나 대학에서 교수 자격을 인정받고 사강사로 강의를 시작합니다. 논리학과 형이상학에 관한 첫 학기 강의에는 겨우 11명의 청강생만 있었다고 합니다. 하지만 자연법과 수학에 관한 강의를 거쳐 차차 철학사 및 철학체계 전반에 관한 강의를 펼칩니다.

▲베를린에 있는 헤겔의 무덤

1805년, 헤겔은 괴테의 추천으로 예나 대학 철학과 조교수로 임명됩니다. 예나에 머무는 동안 헤겔과 하숙집 아주머니 사이에 사생아가 출생했는데요. 헤겔은 이 부인의 남편이 얼마 후 죽자 결혼을 약속하지만, 예나를 떠난 후 약속을 잊어버려요. 그 후, 1806년 10월 13일에 나폴레옹이 예나에 입성한 것을 목격한 헤겔은 그를 '세계정신'이라 부릅니다.

1808년에 헤겔은 친구의 도움으로 뉘른베르크 고등학교 교장으로 부임하여 성실하게 교장직을 수행하면서 스스로의 철학 이념을 교육 현장에서 실현하려 노력합니다. 그리고 1811년, 41세의 나이로 귀족 가문이며 20세나 연하였던 마리와 결혼해요. 1816년, 헤겔은 독일 최초로 1386년에 설립된 하이델베르크 대학 철학과 교수로 초빙됩니다. 여기서 그는 논리학, 형이상학, 자연법 이외에 미학, 철학사 등을 강의했고, 1818년에는 피히테의 후임으로 베를린 대학 교수가 됩니다. 그의 명성은 이 시기 절정에 달했고, '교수 중의 교수'로서 독일 전 대학에 영향력을 행사합니다. 나중엔 대학 총장으로 임명되기도 했지요.

이성적인 것은 현실적이요, 현실적인 것은 이성적이다.
|

이성과 현실이 일치한다는 생각을 표현한 명언입니다. 이성은 현실을 통해 모습을 드러내고, 현실은 이성을 등에 업고 있으며, 현실적인 모든 사건과 역사를 이성이 배후에서 규정하고 있다는 뜻인데요. 헤겔은 세계가 이성과 현실이 일체가 되어 나타나는 것이며, 자체 내에서 모순을 산출하고, 그것을 극복하면서 발전한다고 보았어요. 인간, 자연, 역사 등 모든 것에 이성이 관여하고 지배한다는 철학을 범논리주의라 부르는데, 헤겔의 철학이 바로 그렇습니다. 역사도 논리적인 영역을 벗어날 수 없다는 것이지요. 얼핏 비이성적인 것으로 보이는 것도 전체적으로 큰 틀에서 보면 이성적이라는 주장이에요.

미네르바의 올빼미는 황혼에서야 날개를 편다.
|

헤겔에 의하면 이성은 교묘하게 인간을 이용하면서 역사를 만들어갑니

다. 그것이 이른바 '이성의 교지'라는 것인데요. 역사를 만들어간다고 생각하는 위대한 인물들도 결국은 이성의 심부름꾼에 불과하고, 이성은 교묘한 지혜를 발휘하여 각 시대마다 그 시대에 부합하는 인물을 선택하고 이용하며, 이용 가치가 사라지면 즉시 폐기해버린다는 것이지요. 그렇다면 인간의 역할은 무엇일까요? 이 명언은 이 같은 물음에 대한 답입니다. 미네르바(Minerva)는 지혜의 여신이잖아요? 미네르바의 올빼미는 인간의 지혜를 가리키고요. 그런데 인간의 지혜 혹은 의식은 절대정신이 만들어놓은 역사를 뒤늦게 파악하는 일밖에 하지 못합니다. 그러므로 헤겔의 저 유명한 문장은 "한낮 동안 절대정신이 만들어놓은 역사를 날이 저무는 황혼에서야 인간의 의식은 파악할 수 있다"는 뜻입니다.

절대정신은 자연의 단계로 외화(外化)된다.

대부분의 철학은 세계의 근거인 존재(Sein)가 무엇인가라는 물음과 이에 대한 해답에서 시작됩니다. 예컨대 노자는 만물의 근원인 존재를 도(道)라 칭했고, 플라톤은 이를 이데아(Idea)라 불렀지요. 현상의 배후에서 스스로 인식되지 않으면서 현상을 가능하게 하는 존재를 칸트는 물자체라 불렀고요. 기독교에서는 바로 신(神)이 근원적인 존재이며, 세계의 모든 현상들은 신에서 파생된 존재자(Seiendes)로서의 가치가 있을 뿐이라고 봅니다. 그런데 헤겔은 존재를 '절대정신'(세계정신 혹은 세계이성)으로 파악했어요. 헤겔이 말하는 절대정신은 우리가 보통 의미하는 인간의 정신과 근본적으로 다릅니다. 절대정신은 인간의 두뇌 속에 들어 있는 개별적인 정신이 아니라 그 자체로 존재하는 객관적 정신을 뜻해요. 이런 의미에서 헤겔의 철학은 '객관적 관념론'에 속합니다. 헤겔의 절대정신은 훗날 포이어바흐가 지적한 것처럼 합리화된 신일지도 몰라요. 왜냐하면 절대 정신은 그 성격이나 역할에서 신과 비슷하기 때문입니다. 신도 절대자이 고 순수한 정신적 존재라고 생각하잖아요?

그러나 기독교에서 말하는 신이 영원히 불변하는 고정된 존재라면 헤 겔의 절대정신은 끊임없이 변화하는 존재입니다. 여기에 차이점이 있어 요. 즉, 절대정신은 스스로의 내적인 힘에 의해서 항상 변증법*적으로 발 전해가는데, 이러한 절대정신이 외화되어 자연이 발 생하고, 자연은 외화된 형태를 벗어나 다시 절대정신 으로 복귀한다고 본 것입니다. 기독교의 신이 자연을 창조한 인격적인 존재라면 헤겔의 절대정신은 스스 로 발전하면서 자연을 만들어내는 철학적인 개념인 것이지요. 따라서 기독교 신학에서처럼 헤겔의 철학 에서도 자연이 부차적인 낮은 영역으로 과소평가됩 니다.

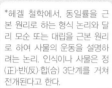

*헤겔 철학에서, 동일률을 근 본 원리로 하는 형식 논리와 달 리 모순 또는 대립을 근본 원리 로 하여 사물의 운동을 설명하 려는 논리. 인식이나 사물은 정 (正)·반(反)·합(合) 3단계를 거쳐 전개된다고 한다.

철학 꿀딴죽
3hrs · 🌐

 # 세계정신, 범논리주의, 이성의 교지, 객관적 관념론

철학은 원래 자연보다 정신을 더 우위에 두고 그것을 탐구하는 학문이 아닙니까?

관념론 철학이나 종교적인 철학은 그렇게 주장했습니다. 그러한 주장의 이면에는 물질과 정신이 질적으로 다르며 정신이 물질보다 더 우위에 있다는 가정이 자리 잡고 있습니다. 그러나 이러한 관념론적 주장은 근거가 없으며 과학의 연구는 정신이 물질로부터 생겨났으며 정신은 물질이 없이 그 자체로 존재할 수 없다는 유물론의 주장이 더 정당함을 인정하게 되었습니다.

'변증법'이란 말이 어려워요. 쉬운 말로 간단하게 설명해주세요.

모든 철학적인 용어들이 그렇게 쉬운 것은 아닙니다. 그러나 이해하기 어려운 것도 아닙니다. 변증법이란 '세상의 모든 것이 서로 연관되어 변한다는 것을 강조하는 사상'이라고 정의하면 이해되겠지요?

👍 Like   💬 Comment   ➤ Share

포이어바흐(Ludwig Feuerbach, 1804~1872)는 독일의 대표적인 유물론 철학자입니다. 독일 고전 철학을 종결지으면서 새로운 철학의 출구를 열어준 사람이지요. 법관의 아들로 태어난 그는 아버지의 의견에 따라 처음에는 대학에서 신학을 공부하지만 헤겔 철학에 매력을 느끼고 철학으로 전공을 바꿉니다. 그러나 차차 헤겔의 관념론 철학마저 비판하면서 유물론의 길로 들어서요. 당시 헤겔의 철학을 비판한 젊은 지식인들은 '청년 헤겔파'*라는 그룹을 만들어 정치적으로 후진 상태에 있던 독일사회를 변혁하고 시민혁명을 성취하려 했는데요. 포이어바흐도 여기에 속했습니다. 이들은 절대 군주적인 정부를 직접 공격하는 대신 정부를 이념적으로 지탱해준 기독교를 공격함으로써 정부를 무너뜨리려 했어요.

대학에서 학문적인 성과를 얻고 강의를 시작한 포이어바흐는 영혼의 불멸성 문제에 관심을 갖기 시작

*헤겔이 말한 정신을 인간주의적으로 재평가하여 정치 비판적인 자세를 취한 좌파를 일반적으로 청년 헤겔파라 부른다.

합니다. 영혼의 불멸성에 관한 문제는 그에게 기독교적인 삶과 비기독교적인 삶, 현세와 내세, 현재와 과거를 가늠하는 잣대가 되었는데요. 1830년에 그는 『죽음과 불멸성에 관한 고찰』이라는 저서를 익명으로 출간합니다. 포이어바흐는 이 책에서 죽음과 불멸성의 범주를 날카롭게 분석하면서 3개의 명제를 전개해요. "첫째, 기독교적인 영혼불멸 신앙은 이론적이고 실천적인 이기주의가 낳은 산물이다. 둘째, 인간을 둘러싼 주위 세계에 대한 인간의 유일하게 참된 태도는 범신론적 사고다. 셋째, 인간의 영혼은 현세적인 삶 속에서만 존재한다"고 말입니다. 그 내용을 조금만 자세히 살펴볼게요.

포이어바흐는 영혼의 불멸성, 곧 사후에 개인이 천국에서 살아간다는 종교적 견해를 부정했어요. 죽음은 자연의 철칙입니다. 삶이란 시·공간 속의 존속을 의미하고요. 따라서 그는 "만일 인간이 죽은 후에도 계속 살아간다면, 거기엔 반드시 그러한 삶을 위한 일정한 공간과 시간이 필요하다"고 보았습니다. 그러므로 영원한 삶이란 다시 시간적인 삶을 의미하며, 시간을 떠난 삶이란 무와 같다고 주장하지요. 결국 사후 세계 역시 자연 속에 존재할 뿐이라면서요. 즉, 죽음과 함께 인간은 자연으로 되돌아간다는 것입니다. 포이어바흐의 의도는 분명해 보여요. 무와 같은 내세에 눈을 돌리지 말고 현세 속의 삶을 인간적으로 충실하게 살아가라는 뜻이니까요. 삶은 일회적이며 두 번 다시 돌아오지 않습니다. 참된 불멸성은 유한한 지상의 삶 속에만 있어요. 인간은 무한한 유적 본질의 일부로서 일정한 목적을 성취합니다. 인간의 불멸성은 개체와 영혼 속에 있는 것이 아니라 유적 본질 속에 있는 것이고요. 물론 인간은 '총체적'으로 볼 때 불멸합니다. 사멸하는 개체를 통해서 이러한 불멸성이 이어

▲1848년에 나온 『기독교의 본질』 2판 타이틀 페이지

질 뿐이고요. 무신론적인 정신으로 가득 차 있는 이 책은 바이에른 정부
에 의해 금지되고 압류되는 운명에 처해졌고, 곧이어 저자가 포이어바흐
임이 알려집니다. 에어랑겐 대학은 바이에른 정부의 지시로 그의 이름을
강의 안내서에서 삭제했고, 그는 영영 교수직을 떠나게 됩니다.

1833년 봄, 포이어바흐는 변호사인 친구의 소개로 도자기 공장의 외

▲뉘른베르크 요하니스 공동묘지에 있는 포이어바흐의 무덤

동딸을 알게 되어 결혼합니다. 그리고 도자기 공장이 있는 시골 서재에
서 열심히 철학 연구에 몰두해요. 그의 대표적인 저술은 1841년에 나온
『기독교의 본질』입니다. 포이어바흐는 1864년 7월 28일에 60회 생일을
맞았어요. 이에 그의 철학을 존경하고 추종하던 러시아 지식인들이 은컵
을 선물로 보냈는데, 포이어바흐는 이것을 받고 매우 기뻐했다고 합니

다. 1년 전에는 브루크베르크 출신의 조각가 슈라이트뮐러가 그의 흉상을 만들어 보내기도 했고요.

포이어바흐가 사망하자 독일의 시인 헤르베크는 "위대한 단테처럼 그대는 천국과 지옥을 걸어 다녔다"고 말하면서 이 위대한 철학자이자 휴머니스트에게 마지막 인사를 보냈습니다. 이틀 후에 포이어바흐는 많은 사람들, 특히 노동자들이 모인 가운데 뉘른베르크의 요하니스 공동묘지에 묻힙니다.

철학자의 애인은 자연이다.

포이어바흐는 자연을 절대정신이 발전하면서 나타나는 부수적인 현상으로 해석한 헤겔 철학에 반대하면서 자연을 철학의 출발점으로 삼았습니다. 그는 철학 연구에서뿐만 아니라 실생활에서도 자연을 사랑했어요. 프랑스의 철학 교수로서 무신론과 부도덕이 결코 일치하지 않는다는 것을 강력하게 주장했던 유물론적인 종교 비판가 베일의 사상이 포이어바흐에게 많은 영향을 미쳤는데요. 포이어바흐는 당시의 자연과학을 체계적으로 공부한 사람으로 유명합니다. 해부학, 생리학, 식물학, 곤충학, 발생학, 광물학 등의 지식을 모두 습득하여 자신이 정립한 세계관의 기초로 이용했지요. 그는 이처럼 자연 과학에 대한 연구와 지식 습득을 통해 범신론적인 세계관으로부터 유물론적인 세계관으로 넘어갈 수 있었답니다. 철학자는 자연 속에서 객관적으로 일어나는 사실들을 머릿속에 반영하여 사유하는 사람이니까요.

자연이 존재하지 않는다면 무구한 숫처녀인 논리는 스스로 어떤 자연도 산출하지 못할 것이다.

|

포이어바흐는 "헤겔이 주장하는 절대정신이란 보편자로서 감성이나 현상의 위에 존재하며 이를 주관하는 주재자가 아니라 개별자 속에서 작용하는 보편성에 불과하다"고 지적했습니다. 이로써 헤겔 철학의 절대적 진리에 회의를 품기 시작한 거예요. 그는 논리와 자연의 관계, 사유와 존재의 관계에 대하여 연구하면서 이 문제에 관한 헤겔 철학의 약점을 찾아냅니다. 즉, 헤겔의 '논리학'은 순수한 사유에 관한 학문인데 이러한 학문이 사유와는 다른 자연에 관해서 무엇을 알 수 있는가 하고요. 사실 논리 자체로서는 그것이 불가능합니다. 왜냐하면 논리는 그 자체 속에서만, 다시 말해 사유 속에서만 작용하기 때문입니다. 자연은 논리적으로 연역될 수 없잖아요? '연역'의 사전적인 풀이를 보면 "어떤 명제로부터 추론 규칙에 따라 결론을 이끌어내는 과정. 일반적인 사실이나 원리를 전제로 하여 개별적인 사실이나 보다 특수한 다른 원리를 이끌어내는 추리. 경험을 필요로 하지 않는 순수한 사유에 의하여 이루어지며 그 전형은 삼단논법이다"라고 되어 있는데요. 마지막 문장을 잘 보면 자연을 논리적으로 연역할 수 없는 이유가 보입니다.

신에 대한 의식은 인간의 자의식이며 신의 인식은 인간의 자기인식이다.

|

일반적으로 18세기의 프랑스 계몽주의 철학자들이 성직자들의 속임수

와 거기에 속아 넘어가는 일반 사람들의 우매성에서 종교의 발생 원인을 찾은 반면 포이어바흐는 인간의 욕심과 환상이 종교의 발생 원인이 된다고 주장했습니다. 인간은 상상력이 뛰어난 동물입니다. 그러나 불완전한 존재이기에 제한도 많아요. 고통과 궁핍에서 헤어나기도 힘들고요. 따라서 인간은 상상력을 동원하여 그러한 제한을 벗어난 존재를 생각해냈고, 그것을 신이라 부르게 된 것입니다. 신이라는 완전한 존재를 상상하면서 현실적인 불행으로부터 해방되어 행복을 느끼려 한 것이지요. 따라서 포이어바흐는 신이 인간을 창조한 것이 아니라 무한한 행복을 갈망하는 인간의 이기적인 욕망이 환상의 도움으로 신을 만들어냈다고 봅니다. 또한 그는 신과 교리가 만들어지는 과정을 냉철하게 심리학적으로 분석했어요. 신의 모든 속성은 인간이 갖고 싶어 하는 속성이며, 인간의 무한한 소원이 신이라는 대상 속에서 객관화된 것이라고 말입니다. 신의 본질이란 곧 인간의 욕망과 본질이 응집된 것에 다름 아니라고 본 거예요.

인간의 유일한 신은 인간 자신이다.

포이어바흐가 최상의 모토로 삼은 실천적 명제입니다. 인간이 세계의 중심이 되어야 한다는 이 사상은 천도교의 '인내천(人乃天)'을 연상시켜요. 양친에 대한 아이의 관계, 부부의 관계, 형제의 관계, 친구의 관계, 일반적으로 인간에 대한 인간관계 등등 간단히 말해서 도덕적인 관계들은 그 자체로 참된 종교적 관계입니다. 포이어바흐는 삶이 그 본질상 전적으로 신성하다고 보았습니다. 신의 자리에 인간을 놓고 인간 사이의 사랑을 강조한 포이어바흐의 철학에는 휴머니즘이 엿보입니다. 그런 의미에서 포이어바흐는 "인간이 어떤 신도 더 이상 갖지 않고 어떤 종교도 더 이상 필요로 하지 않을 때 비로소 인간은 진정으로 도덕적이 되고 행복하게 될 것이다"라고 말했나 봅니다.

　그런데 인간을 위해 인간이 창조한 신이 실제로 존재하는 것처럼 인간을 지배하기 시작합니다. 인간이 신 앞에 무릎을 꿇고 복종하며 자신을 비하시킨 거예요. 그것이 바로 종교적 소외인데요. 포이어바흐는 참된 철학은 이러한 소외로부터 인간을 해방시켜야 한다고 보았습니다. 즉, 신이 인간을 창조한 것이 아니라 인간이 신을 창조했다는 사실을 인식하게 만들어야 한다면서 인간에게는 인간이 바로 신이라는 사실을 확인시켜야 한다고 역설합니다. "신학은 바로 인간학이 되어야 한다"고요. 포이어바흐는 신의 간섭 없이 스스로의 역사를 만들어갈 수 있는 인간의 주체성을 확신했던 철학자입니다.

여인의 사랑이 보편적인 사랑의 기초다.

포이어바흐는 우리가 개인에만 눈을 돌리고 인간이 사회적 존재라는 사실을 망각할 때 이기적인 인간 이해에 빠진다고 생각했어요. 그는 종교의 단점으로 배타성을 거론했는데요. 그것은 이기심이 낳은 산물에 다름 아닙니다. 쉽게 생각해도 알 수 있어요. 대부분의 종교는 자기 종교만을 인정하고 타종교를 배척하잖아요? 포이어바흐는 인간의 본질이 나와 너의 관계 속에서만 실현될 수 있다고 생각했는데요. 나와 너의 관계는 평등한 사랑 속에서 유지됩니다. 그러므로 사랑이 인간 본질을 실현하는 가장 핵심적인 힘이 되지요. 그는 사랑 가운데서도 남녀 간의 사랑을 가장 중요하게 여겼어요. 여인의 사랑이 가장 포괄적으로 이기심을 극복한다고 본 것입니다. 그러므로 여인의 사랑을 이해하지 못하거나 여인을 사랑할 수 없는 사람은 인간을 사랑할 수 없는 셈입니다. 포이어바흐는 "기독교의 신이 곧 사랑이다"라는 주장을 부정했는데요. 기독교의 신은 자신만이 경배되기를 바라는 매우 이기적인 존재라고 보았기 때문이에요. 그는 "참된 종교는 사랑의 종교가 되어야 하는데, 사랑의 종교는 신이 없는 종교, 인간이 신이 되는 종교이다"라고 말합니다. 그러고는 사랑을 통해 너와 나의 관계가 실현되는 공동체를 '공산주의'라 부르지요.

인간을 세계의 중심에 두고 모든 철학 문제를 해결하려 애썼다는 점에서 포이어바흐의 유물론은 '인간 중심적 유물론'이라 할 수 있습니다. 그러나 훗날 맑스가 지적한 것처럼 그는 자연과 연관해서는 유물론자였지만 정치 및 사회와 연관해서는 철저하게 유물론을 관철하지 못했어요. 철학을 사회 변혁의 직접적인 무기로 사용하는 대신 이론적 비판을 통해 사회 변화를 추구하려는 청년 헤겔파의 근본 입장이 아직 포이어바흐에게 남아 있었던 탓입니다.

인간의 본질은 먹는 것이다.

말년에 포이어바흐는 종교 비판의 마지막 종착점인 신의 발생 과정을 연구하는 '신지학(Theogonie)'에 몰두했어요. 이에 관하여 글을 쓰면서 동시에 잡지에 평론도 발표했는데요. 「자연과학과 혁명」에서 포이어바흐는 "인간의 본질은 먹는 것이다(Der Mensch ist, was er ißt)"라는 말로 이 글을 끝맺습니다. 이 말은 곧 큰 논쟁을 불러일으켰고, 포이어바흐를 쾌락주의적인 유물론자로 악선전하게 만드는 계기로 오용됩니다. 그러나 포이어바흐의 의도는 그러한 저속한 유물론과는 거리가 멀었어요. 그는 인간의 본질이나 존엄성도 먹을 수 있는 상황에 따라 달라진다는 사실을 표현하려 했던 거예요. 충분히 먹을 수 없는 인간은 덕이나 교양을 갖기 어렵잖아요? 의식주가 해결되고 난 후에야 인간의 존엄성에 대한 문제도 거론될 수 있습니다. 오죽하면 우리나라 속담에도 "금강산 구경도 식후경이다"라는 말이 있겠어요. 포이어바흐는 그저 가장 근본적인 문제를 진솔하게 표현했을 뿐입니다. 물론 그에게도 한계는 있어요. 인간의 소유가 그의 사회적 관계나 존엄성에 미치는 영향을 경제적, 정치적으로 규명하지 못한 점이 그것입니다. 그렇다고 실망할 필요는 없습니다. 우리의 철학자들은 여태 보아온 것처럼 앞으로도 한계와 모순을 극복하면서 더 나은 방향으로 생각을 해나갈 테니까요.

철학 꿀딴죽
3hrs · 👍

영혼의 불멸성 부정, 자연이 철학의 출발점

자연은 철학자들뿐만 아니라 과학자와 예술가, 아니 모든 인간의 애인이 되어야 하지 않습니까?

맞는 말입니다. 그런데 포이어바흐가 유달리 철학자를 강조한 것은 이전의 관념론 철학자들이 자연을 경시하면서 철학이 정신세계만을 다루는 어떤 고귀한 학문으로 간주했기 때문입니다. 자연에 대한 과학적인 연구 결과를 토대로 하지 않는 철학은 참된 철학이 아니라는 사실을 포이어바흐가 강조한 것 같습니다.

저는 『기독교의 본질』이라는 책이 기독교를 소개하는 책인 줄 알았는데 기독교를 비판한 책이었군요. 서양에는 기독교를 비판한 많은 철학자들이 있는 것으로 아는데 포이어바흐의 기독교 비판이 지니는 독창성은 무엇입니까?

기독교의 실천적인 모습, 예컨대 성직자들의 도덕적인 타락과 같은 비행을 들추어내는 것이 아니라 기독교가 발생하는 과정, 교리가 만들어진 과정을 객관적으로 분석한 것입니다. 그러므로 성서를 철저하게 알지 못하는 사람들은 포이어바흐처럼 비판을 할 수 없습니다. 그러므로 기독교 신학자들은 포이어바흐의 비판에 이론적인 반박을 하기가 매우 어렵습니다.

👍 Like   💬 Comment   ➜ Share

철학 꿀딴죽
3hrs · 🌐

인간이 세계의 중심이다, 종교적 소외

남녀 간의 사랑이 종교의 기초라는 생각에 전적으로 동감입니다. 그런데 그러한 사랑은 영속성이 없고 너무 이기적이 아닌가요?

사랑은 영원하며 영원해야 된다고 생각하는 사람이 있는데 사랑도 변합니다. 변하는 사랑이 꼭 나쁜 것은 아니지요. 세상의 만물이 변하니까요. 물론 변한다는 전제 아래 사랑을 해서는 안 되고 영원하다는 믿음 속에서 출발해야지요. 사랑을 통해서 가족이 생기고, 아이들이 생기고 그 아이들을 위해 올바른 사회를 만들어야 한다는 자각이 생긴다면 사랑이 꼭 이기적인 것만은 아니지요.

👍 Like   💬 Comment   ➤ Share

5장

민중 속으로

러시아 철학

체르니셰프스키

IDENTIFICATION
삶 이 곧 예 술

스스로를 독일의 유물론 철학자 포이어바흐의 제자라 일컬었던 러시아의 문예비평가 겸 철학자 체르니셰프스키(Nikolai Chernyshevksy, 1828~1896)는 제정 러시아가 무너지고 자본주의로 진입하던 1853년부터 1862년 사이에 활동한 인물입니다. 차르 제국은 농민들의 항거에 부딪혀 1861년에 농노제를 폐지하는 법령을 반포했지만 그것은 형식상의 해방이었을 뿐 실제로 농민들은 지주의 구속을 벗어나지 못했습니다. 그러므로 당시까지도 러시아에는 시민 계급이나 노동 계급이 성장하지 못했고 농민 운동이 중심이 되어 절대주의 체제를 변화시키려 애쓰던 상황이었어요. 그러나 농민 운동을 체계적으로 이끌 지도자가 없었기에 결국 실패하고 마는데요. 이러한 농민 운동에 동조하면서 사회를 변혁하려던 일종의 소시민적 지식인들이 나타났는데, 그들이 바로 18세기 말부터 활동한 벨린스키와 게르첸, 그리고 이들을 계승한 도브롤류보프와 체르니셰프스키입니다. 이들은 정부의 탄압을 비켜가기 쉬웠던 문학 비평에 열중하는 동시에 철학 연구도 계속했어요. 물론 이들이 연구한 철학은 봉건주의와 절대 군주제를 무너뜨리는 데 도움이 되는 유물론 철학이었습니다.

성직자의 아들로 태어난 체르니셰프스키는 페테르부르크 대학에 입학하여 문학과 철학을 공부했습니다. 특히 1848년의 독일 시민 혁명에 영향을 미친 포이어바흐의 『기독교의 본질』을 읽고 유물론자가 되었고, 이어서 농민 운동에 도움이 되는 유물론적인 글들을 꾸준히 발표합니다. 1856년에 그는 비슷한 생각을 지닌 도브롤류보프를 만나 혁명적 민주파의 잡지를 꾸리는 데 동참해요. 하지만 농민 해방 운동을 부추기는 글 때문에 체포된 체르니셰프스키는 감옥에서 『무엇을 할 것인가?』라는 소설을 써서 동지들에게 혁명을 계속하라고 독려합니다. 이에 차르 정권은 그를 시베리아의 유형지로 보냈고 그는 20년 동안 강제 노동을 하게 됩니다. 죽기 얼마 전에 풀려났으나 체르니셰프스키는 이미 극도로 쇠약해진 상태였지요.

예술가의 작품은 삶의 교과서다.

체르니셰프스키는 그의 박사 학위 논문인 「현실에 대한 예술의 미학적 관계」에서 관념론적 미학에 대항하여 유물론적인 미학을 옹호했어요. 당시 러시아 정부는 전반적으로 정치와 무관한 '순수 예술'을 권장했고, 미학자들도 독일의 칸트나 헤겔의 철학을 근간으로 하는 순수 예술 이론을 전파하는 데 주력하던 상황이었습니다. 체르니셰프스키는 여기에 대항하여 혁명적 민주파 지식인들은 사실주의 예술 이론을 옹호하면서 예술과 정치의 연관성을 강조해야 한다고 주장합니다. 예술의 사명은 과학과 마찬가지로 생활을 올바르게 인식하도록 도와주는 데 있으며 인간의 정신생활과 사회생활의 다양한 측면을 밝혀내고 인간을 도덕적으로 교육하는 데 있다고 믿었기 때문인데요. 그는 이런 의미에서 "미는 생활이다"라고 말하기도 했습니다. 물론 그가 말하는 삶과 연관된 예술은 자연주의 예술과는 거리가 멀었으며 다음 세대에 나타나는 사회적 사실주의 예술의 전(前) 단계적 의미를 지닙니다.

인간의 본질은 하나임에도 불구하고 사람들은 물질적인 현상과 정신적인 현상을 구분한다.

이 말은 체르니셰프스키의 대표적인 철학 저술 『인간학적 원리』에 나옵니다. 제목이 암시하는 것처럼 이 책은 포이어바흐의 '인간학적 유물론'의 영향을 받은 저작이에요. 그는 플라톤의 철학이 과학과 거리가 먼 환상적인 관념론임을 지적했고 칸트와 헤겔 철학을 비판했으며 데모크리토스, 스피노자, 포이어바흐의 철학을 높이 평가했습니다. 그는 모든 철학이 항상 그것이 속해 있는 사회의 정치적 입장과 깊이 연관된다고 주장하면서 특히 관념론은 착취 계급의 이익에 봉사한다고 말했어요. 예컨대 셸링의 철학은 혁명을 두려워하는 봉건 계층의 이익을 대변한 것이고, 헤겔의 철학은 혁명을 두려워하는 온건한 자유주의자의 이념이라고 비판하지요. 물질과 정신이 각각 다른 근원을 갖는다고 주장하는 관념론은 대부분 정신노동과 육체노동이 분리되어 육체노동을 멸시하는 사회가 만들어낸 편견의 산물일 뿐이라고요. 인간 이해에서 관념론과 이원론을 극복하고 유물론을 복원시키는 것이 그에게는 바로 '인간학적 원리'였습니다.

철학 꿀딴죽
2hrs · 🌏

농민 운동, 사회 변혁

일반적으로 삶이 무엇인가를 배우려 하는 사람들은 그 시대의 상황을 잘 묘사해주는 소설을 읽습니다. 그런데 왜 또 철학이 필요합니까?

삶이 무엇인가를 파악하고 인간에서 올바로 살아갈 수 있는 방향을 제시해준다는 점에 있어서 예술과 철학의 과제는 비슷하다고 말할 수 있습니다. 그러나 구체적인 형상을 사용하는 예술이 인간의 감성에 호소하면서 삶의 가치를 제시해주는 반면 추상적인 개념을 사용하는 철학은 인간의 이성을 통해서 올바른 삶을 살아야 된다는 신념을 심어줍니다. 인간에게는 감성과 이성이 다 같이 중요합니다. 삶의 현상에 만족하지 않고 그 본질을 인식하려는 사람은 철학을 알아야 합니다. 또한 철학의 한 분야인 미학은 예술의 본질 및 그 과제가 무엇인가를 해명해주는 역할을 합니다. 예컨대 가난한 사람들이 비참하고 억울한 삶을 살아가는 이야기는 훌륭한 예술의 소재가 되지만 그러한 가난이 어디서 왔고 그 가난을 해결할 수 있는 구체적인 방법이 무엇인가를 해명하는 것은 철학의 일입니다. 예술과 철학은 항상 유기적으로 연관되어 있습니다. 그러므로 위대한 예술가의 심중에는 심오한 철학이 자리 잡아야 합니다. 인류 역사에 나타난 위대한 예술가들은 항상 보이지 않는 철학을 지니고 있었습니다.

👍 Like   Comment   Share

플레하노프

IDENTIFICATION

노동은 예술을 앞선다

무신론적이고 유물론적인 철학을 예술 비판 및 미학 이론에 잘 적용한 러시아 철학자가 플레하노프(Georgy Valentinovich Plekhanov, 1856~1918)입니다. 그는 러시아의 작은 마을에서 퇴역 장교인 하급 지주의 아들로 태어났어요. 어머니는 7남매를 남기고 사망한 첫째 부인 대신 들어온 두 번째 부인으로서 첫 부인의 큰 아들과 비슷한 나이였지요. 그의 아버지는 군주제를 지지하는 매우 보수적인 인물이었어요. "항상 일을 해야 하며 쉬는 일은 죽은 다음에 하면 된다"는 아버지의 말을 플레하노프는 일생 동안 잊지 않았다고 합니다. 어머니는 아들에게 러시아어, 프랑스어, 수학을 가르쳤으며 음악에 대한 사랑을 길러주었어요. 플레하노프는 학비를 국가에서 부담하는 한 군사고등학교에 입학했는데 처음에는 공부를 열심히 했으나 강압적이고 무식한 교장이 부임한 후로 학교 교육에 흥미를 잃고 러시아 문학과 역사에 열중합니다. 아버지가 사망하자 플레하노프는 어머니를 돕기 위해 학교를 그만둡니다.

플레하노프는 1873년에 페테르부르크에 있는 보병 학교에서 잠시, 그리고 다음해에 광산 전문학교에서 공부했습니다. 이 시기에 이곳 노동 운동을 알게 되었고, 당시의 민중 조직인 '땅과 자유'의 회원으로 비밀리에 활동하지요. 또한 1876년에 러시아 최초의 정치 시위를 주동하면서 연설도 맡습니다. 러시아 황제(알렉산더 2세)에 대한 암살 기도가 있은 뒤 러시아 정부는 이 조직을 파괴하려 했는데요. 결국 조직은 양분되었고, 플레하노프는 혁명 그룹 쪽의 지도자가 됩니다. 두 번이나 체포되었던 플레하노프는 1877년 처음으로 유럽에 망명하여 베를린과 파리에 머물다가 귀국, 1878년에 마르코브나와 결혼해요. 이듬해 다시 스위스로 이주하여 서구의 노동 운동에 대해 배우면서 맑스주의 저술들을 읽고 맑스주의자가 됩니다. 그는 또 아나키즘 운동에도 관심을 가졌어요. 1881년에 맑스의 『공산당 선언』을 최초로 러시아어로 번역하여 제네바에서 발간했고, 1883년에 러시아 망명자들과 함께 '노동 해방'이라는 조직을 결성합니다. 그들의 목적은 맑스주의를 전파하고 맑스와 엥겔스의 저술들을 러시아어로 번역하는 것이었지요.

1883년에 플레하노프는 최초로 『사회주의와 정치 투쟁』이라는 글을 썼는데 여기서 그는 혁명가들에게 옛 이념을 버리고 사회민주주의 이념을 위해 단합할 것을 호소합니다. 그는 러시아에서 사회주의를 성립시킬 수 있는 핵심 세력은 농민이 아니라 노동자라는 사실을 강조해요. 플레하노프는 1887년에 폐결핵을 앓게 되어 고생하게 되지만 이에 굴하지 않은 채 사회주의 운동을 이어나갑니다. 이후 1889년 그는 아나키즘 운동에 가담했다는 이유로 스위스에서 추방되어 런던으로 갑니다. 그리고 그곳에서 엥겔스와 만나요. 1891년 플레하노프는 엥겔스의 저술인 『루트비히 포이어바흐와 독일 고전 철학의 종말』을 러시아어로 번역했고,

1891년에 「헤겔 60주기에 부쳐」라는 기사를 씁니다. 1894년에는 「아나키즘과 사회주의」라는 팸플릿을 베를린에서 독일어로 작성했고요. 그 후 스위스, 프랑스, 영국 등으로 옮겨 다니면서 유럽의 사회 운동에 동참했고 이 시기 역사 문제에 관한 저작을 많이 내놓습니다. 역사 발전의 근본 동인은 위대한 인물이 아니라 민중이며 민중의 의식은 자발적으로 발생하지 않기 때문에 철학이 도와주어야 한다는 이념이 그의 역사관을 주도했는데요. 1900년에는 예술 철학에 관한 주요 저술인 『주소 없는 편지』를 페테르부르크에서 발간하지요.

플레하노프는 1903년에 러시아 사회주의 운동의 소수파인 멘셰비키 쪽으로 넘어가 다수파인 볼셰비키를 주도하던 레닌과 의견이 갈라져요. 철학적인 저술에서 플레하노프는 신(新)칸트학파와 실증주의에 나타나는 관념론과 형이상학을 철저하게 비판하면서 유물론적, 변증법적 철학 전통을 옹호했습니다. 그러나 정치 문제에서 그는 농민 운동을 과소평가하면서 노동자들에게서 사회 운동의 핵심을 찾았고 이들이 자유 부르주아지와 협력해야 한다고 주장합니다. 계급투쟁이나 프롤레타리아 독재에 대해서는 침묵을 지켰고, 레닌이 주도한 러시아 10월 혁명을 반대하는 입장을 취했고요. 플레하노프는 '프롤레타리아 독재'라는 표현 대신 '프롤레타리아 권력'이라는 말을 사용했습니다.

죽음이란 자연과 하나가 되는 것이다.

|

모든 유물론자들에서 나타나는 사생관(死生觀)의 표현입니다. 인간도 자연의 일부이고 자연에서 나와 자연으로 돌아가는 것이 삶과 죽음의 원리

이기 때문에 내세를 생각할 필요가 없고 죽음을 두려워할 필요도 없이 여유 있게 죽음을 맞이하라는 태도이지요.

종교는 본질상 인간과 자연을 공허하게 만든다.
|
종교는 인간과 자연의 가치를 있는 그대로 인정하고 존중하는 것이 아니라 신이라는 유령을 만들어놓고 인간과 자연을 공허하게 만든다는 생각을 표현한 것으로 인간 중심의 무신론적 사상이 잘 드러나 있습니다.

진화론은 유물론의 진리를 명백히 밝혀준다.
|
19세기의 철학자들에게 다윈의 진화론은 많은 충격을 안겨주었습니다. 기독교의 창조설을 무너뜨리고 결국 모든 생명이 물질로부터 나와 물질로 돌아간다는 유물론의 명제를 확인시켜주는 계기가 되었으니까요. 이 말은 그런 맥락에서 나온 것입니다.

현대 자연 과학이 무너뜨리는 것은 관념론이지 변증법이 아니다.
|
관념론 철학자들은 물질과 연관되는 변증법이 불가능하고, 그러므로 변증법은 신비적이고, 현대 과학에 의해서 무너졌다고 주장합니다. 하지만 플레하노프는 맑스의 변증법적 유물론을 받아들이며 자연과 역사의 발전에서 나타나는 변증법을 인정하고, 그것이 현대 과학의 연구결과를 통해서 더 확정되었다고 주장했습니다.

서구 여러 나라의 정치적 해방 투쟁에서 인민들만이 결정적인 역할을 수행했다.

|

역사 발전에서 결정적인 역할을 했던 주인공이 누구인가를 해명하는 것은 역사 철학의 한 과제입니다. 많은 관념론적인 역사 철학은 왕이나 장군들의 능력에서 그것을 찾았는데요. 플레하노프는 인민들이 역사 발전의 주인공이라는 주장을 고수했답니다.

혁명 이론이 없으면 진정한 의미의 혁명 운동도 없다.

|

실천을 강조하는 철학자들은 괴테의 『파우스트』에 나오는 "이론은 회색이나 생명의 산 나무는 푸르다"는 말을 곧잘 인용하면서 실천의 우위성을 강조하는데요. 플레하노프는 이론과 실천의 유기적인 통일을 강조했어요. 이 문제에 대한 해명은 이미 맑스의 철학에서도 등장했답니다.

노동의 역사가 예술의 역사보다 오래되었다.

|

예술의 본질을 해명하려면 예술의 발생 동기를 해명하는 일이 선결되어야 합니다. 일반적으로 인류 예술의 발생 동기를 유희 본능, 종교 의식, 모방 본능, 노동 등에서 찾는데요. 플레하노프는 인류 발전의 사회·역사적인 연구를 통해서 노동이 예술보다 앞섰다는 것을 밝히면서 그에 따라 예술은 노동을 도와주기 위한 보조 수단으로 발생했을 뿐이라고 주장했습니다.

예술은 인간의 감정뿐만 아니라 사상을, 그것도 추상적으로가 아니라 생생한 형상으로 표현한다.

순수 예술을 옹호하는 미학자들은 예술이 주로 인간의 감정을 표현하며 사상과는 무관하다고 주장해요. 이에 반해 사실주의 미학 이론가들은 예술의 인식 기능을 강조하면서 사상성이 없는 예술은 위대한 예술이 될 수 없다고 주장합니다.

철학 꿀딴죽

2hrs · 🔥

 # 이론과 실천의 유기적인 통일 강조

생각을 많이 하는 사람은 사랑할 수 없다는 말이 있습니다. 그와 마찬가지로 예술은 감성과 관계되기 때문에 예술 이론이나 철학이 오히려 예술 창작에 방해가 된다고 생각하는 주장이 있는데요?

생각 없는 사랑은 실패하기 쉽습니다. 물론 예술 이론이나 철학을 습득하여 그것을 기계적으로 창작에 적용할 수는 없습니다. 철학은 우리가 먹는 음식처럼 예술가의 몸 속에서 소화되어야 합니다. 소화된 이론은 피가 되어 예술가에게 보이지 않는 힘이 됩니다. 예술 창작에서 즉흥적인 느낌이 중요한 것은 사실이지만 심오한 사색은 예술의 질을 무한히 높여줍니다.

예술 해석에서 심리적 측면과 사회적 측면을 다 같이 고려해야 한다면 그 가운데서도 더 중요한 것은 무엇입니까?

다 같이 중요합니다. 심리적 측면만을 강조한다면 삶의 무대인 사회관계가 소홀이 되어 개인주의적인 예술관에 빠지기 쉽고, 사회적 측면만을 강조한다면 예술의 개성과 독창성이 훼손되기 쉽습니다.

👍 Like   💬 Comment   ➤ Share

러시아 공산당 및 소비에트 연방국가의 창시자인 레닌(Vladimir Ilich Ul·ya·nov Lenin, 1870~1924)은 교사의 아들로 태어나 카잔 대학에서 법학을 공부했습니다. 반정부 운동을 하다가 처형된 형의 영향을 받고 레닌은 대학 시절에 학생 운동에 가담했다가 체포되어 그곳으로부터 추방당하는데요. 나중에 페테르부르크 대학을 청강생으로 졸업하고 검사보로 일하면서 맑스와 엥겔스의 저작을 읽게 됩니다. 그는 맑스주의자가 되어 노동 해방 운동의 조직과 활동에 참여하다가 다시 당국에 의해 체포되어 시베리아로 유형을 가요. 그리고 유형지에서 1898년에 크룹스카야와 결혼합니다.

　유형 생활을 마친 레닌은 1900년에 스위스와 독일 등으로 망명하여 맑스주의를 전파하면서 러시아 사회민주노동당의 건설에 헌신합니다. 1905년 러시아 혁명 때 레닌은 일시 귀국하지만 혁명이 실패하자 다시 망명길에 오릅니다. 오랫동안 망명자 및 국내 운동가들과 손을 잡고 러시아에서의 혁명을 준비하던 레닌은 1917년에 비밀리에 귀국하여 차르

▲레닌의 어린 시절 가족사진

정권을 무너뜨리는 10월 혁명에 앞장섭니다. 그리고 세계 최초로 맑스주의에 기초한 사회주의 혁명을 실현시키지요. 레닌은 10월 혁명이 성공한 후 소비에트 연방공화국을 창설하고 주도하면서 정치적 실천뿐만 아니라 이론적인 작업에도 많은 노력을 기울여요. 1918년에는 파니 부인의 암살 시도로 부상을 당하여 건강을 훼손합니다. 레닌이 남긴 방대한 저작 가운데『유물론과 경험 비판론』을 철학적인 주저로 꼽습니다.

물질이란 인간의 감각에 주어지며, 인간의 감각에 의하여 복사되고 촬영되고 모사되면서, 감각으로부터 독립하여 존재하는 객관적 실재를 표현하기 위한 철학적 범주이다.

『유물론과 경험비판론』의 핵심이자 현대적인 의미의 유물론을 해명해주는 이 명제를 이해하는 데엔 비교적 자세한 설명이 필요합니다. 레닌

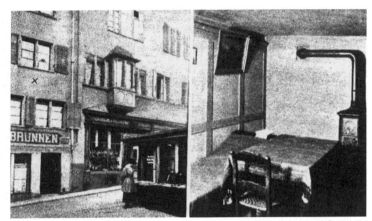

▲스위스 취리히에서 망명 생활을 하던 곳

은 맑스와 엥겔스의 철학을 시대적 조건에 맞게 창조적으로 발전시키려 노력했어요. 레닌의 시대에 자본주의는 제국주의 단계에 들어섰으며 과학의 발전은 유물론에 대한 새로운 형식을 요구했는데요. 이러한 요구에 부응하여 저술된 책이 바로 『유물론과 경험 비판론』입니다.

1905년과 1907년에 일어난 러시아 민중 혁명이 실패한 후 차르 독재 정부는 보다 많은 탄압을 자행했고 그에 따라 철학에서도 보수적인 관념론이 세력을 펼쳤습니다. 종교적 신비주의가 되살아나 과학과 예술에 영향을 많이 미쳤지요. 자연과 사회의 합법칙적인 발전 및 그에 대한 인식이 부정되고, 개인주의와 상대주의가 확산되었으며, 정치와 무관한 순수 학문과 순수 예술이 칭송되었던 반면 맑스주의를 비롯한 유물론은 비판되었습니다. 이러한 상황에서 관념론적인 비판자들을 다시 비판하고 유물론의 정당성을 규명할 시대적인 요구가 나타났는데, 그에 앞장선 사람

▲1917년 4월, 레닌이 '봉인열차'로 탔던 열차

이 바로 레닌이었어요. 이 작업은 매우 어려운 일이었기에 깊은 철학적인 연구를 필요로 했습니다. 철학적인 연구를 위해서는 발전된 과학적인 지식을 습득해야만 했는데요. 당시에는 러시아에서뿐만 아니라 세계 도처에서 맑스주의를 비판하거나 수정하려는 움직임이 나타났습니다. 대표적인 예가 실증주의의 한 변종인 '마흐주의'였어요. '비판적 경험'을 강조하는 이들의 철학은 '경험 비판론'으로 불렸는데, 이들은 스스로를 유물론과 관념론을 동시에 극복한 유일한 '과학 철학'이라 내세웠습니다. 그러나 레닌이 보기에는 이들의 철학이 영국의 경험론자 버클리와 흄을 반복하는 주관적 관념론에 불과했어요. 맑스와 엥겔스의 철학을 이해하는 대신 왜곡하고 수정하려는 보수적인 철학자들의 속임수라고 생각했지요. 이러한 속임수를 객관적으로 분석하고 파헤치는 작업의 결과가 바로 『유물론과 경험 비판론』이었습니다.

당시의 관념론 철학자들은 객관적 실재의 인식이 불가능하다는 사실을 증명하려고 노력했으며 '물질'이라는 개념이 이미 낡았으므로 과학의 과제는 지각을 분석하는 데 있다고 주장했어요. 자연 과학의 새로운 발견으로 그것을 증명하려 했고요. 이에 대해 레닌은 물질을 운동과 직결시켜 고찰합니다. 객관적 실체는 고정된 어떤 것이 아니라 움직이는 물체라고 주장한 거예요. 물질의 소멸 가능성, 물질의 에너지화, 어떤 비물질적인 정신적 존재를 가정하려던 경험 비판론자들의 주장에 레닌의 정의는 커다란 타격을 주었답니다.

철학 꿀딴죽
2hrs · 🌐

사회민주노동당 건설, 10월 혁명

👤 인간의 감각이 독자적으로 존재하는 물질을 반영하여 의식이 발생한다면 인간의 의식에서 창조성과 능동성이 소멸되는 것이 아닙니까?

👤 그 근원이 무엇인가가 중요합니다. 물질을 반영하여 발생한 의식은 다시 물질에 역작용을 합니다. 다시 말하면 물질의 법칙을 인식하고 그것을 변혁해갑니다. 물질과 의식이 독자적으로 존재하는 어떤 것이라면 상호연관성이 사라질 것이고 인간은 자연을 변화시킬 수도, 역사를 만들어갈 수도 없을 것입니다.

👤 '마흐주의'는 누구에 의해서 주창되었습니까?

👤 마흐(Ernst Mach, 1838~1916)라는 오스트리아의 철학자입니다. 그 외에도 아베나리우스(Avenarius)라는 사람이 있습니다. 이 철학은 실증주의의 한 분파로서 주관적 관념론을 현대적인 모습으로 재생하려 했습니다. 이들은 객관적인 물질은 부정하고 감각이 유일한 실재라고 주장했습니다

👤 레닌이 말하는 물질 개념은 이전 철학자들이 말하는 물질 개념과 어떤 차이가 있습니까?

👤 이전의 유물론에서는 고정되어 있는 물질적인 알맹이를 가정했습니다. 그러나 레닌은 고정된 물질 대신에 '물질적인 것'을 가정했습니다. 그것은 항상 유동적인 상태에 있기 때문에 그 개념 규정이 어렵습니다만, 인간의 주관을 벗어나 객관적으로 존재한다는 특성을 갖고 있습니다. 레닌은 이러한 범주가 현대 과학의 연구 결과에 더 적합하다고 생각했습니다.

👍 Like　　💬 Comment　　➤ Share

6장

현실로 돌아가라

서양 현대 철학

쇼펜하우어

IDENTIFICATION

염세주의 만세

베이컨에서 헤겔에 이르기까지 세계를 과학적으로 인식하고 합리적으로 변화시키려는 이성의 철학이 이어졌는데요. 이에 대한 반발은 헤겔이 죽은 다음 쇼펜하우어(Arthur Schopenhauer, 1788~1860)를 중심으로 나타납니다. 쇼펜하우어는 독일의 상업 도시 단치히에서 상인의 아들로 태어났어요. 어려서부터 아버지를 따라 유럽 각국을 여행하면서 견문을 넓힌 그는 16세가 되던 해 아버지의 희망에 따라서 함부르크의 한 상업학교에 입학했으나 실은 학문 쪽에 더 관심이 많았습니다.

아버지가 세상을 떠나자 쇼펜하우어는 어머니를 따라 당시 독일 문화의 중심지였던 바이마르로 이사합니다. 그곳에는 괴테, 빌란트, 슐레겔 같은 문인들이 살고 있었는데, 이런 문인들의 사교계에 소설가이기도 했던 그의 어머니 요한나가 발을 들여놓습니다. 쇼펜하우어는 상업학교 교육을 그만두고 괴팅겐 대학에서 두 학기를 공부한 후 베를린 대학으로 옮겨요. 그리고 그곳에서 철학과 언어학, 자연 과학을 공부합니다. 1813년에 「충족률의 4근거」라는 논문으로 학위를 받은 그는 바이마르로 되

▲1805년까지 쇼펜하우어 가족이 살던 함부르크의 집

돌아갔지만 자유분방한 어머니와 불화 때문에 둘은 영영 헤어집니다. 쇼펜하우어가 학위 논문을 내보이자 어머니는 "그런 것은 약장수들이나 읽을 책"이라고 비꼬았는데, 이에 쇼펜하우어는 "내 책은 그래도 읽을 사람이 있지만 어머니의 책은 한 권도 서재에 꽂혀 있지 않을 것입니다"라고 응수했다 합니다.

쇼펜하우어는 바이마르를 떠나 드레스덴에서 그의 주요 저작들을 집필합니다. 1819년, 그의 주저인 『의지와 표상으로서의 세계』가 나온 뒤 그는 베를린 대학에서 교수 자격을 인정받아요. 스스로 천재라 자부했던 쇼펜하우어는 당시의 주도적인 철학자 헤겔과 경쟁하려 했으나 실패하고 학교를 떠납니다. 1831년, 베를린에 콜레라가 번지는 바람에 헤겔도 이 병으로 죽었지만 염세주의를 외치던 쇼펜하우어는 프랑크푸르트로 도피하여 죽을 때까지 그곳에 머물렀습니다. 어렸을 때 읽었던 인도의 우파니샤드 철학은 그의 사상 형성에 많은 영향을 미쳤습니다.

모든 사랑은 아무리 숭고한 모습을 지닌다 할지라도 다만 성욕 속에 그 근원을 갖는다.

이 말은 쇼펜하우어의 주저 『의지와 표상으로서의 세계』에 나옵니다. 쇼펜하우어 이전의 철학자들은 대부분 성욕과 같은 인간 본능의 문제에 눈을 돌리지 않았지만 쇼펜하우어는 주저에 들어 있는 '성애의 형이상학'이라는 항목에서 성(性)의 문제를 진지하게 다룹니다.

쇼펜하우어에 의하면 세계의 본질은 '맹목적인 의지'예요. 인간도 이러한 의지에 따라 움직이며, 인간의 이성적인 사유는 의지에 종속되는 부수적인 현상이라고 보았지요. 쇼펜하우어는 "의지란 불구의 이성을 어깨에 메고 있는 힘센 장님과 같다"고 말합니다. 얼핏 보기에 인간의 삶을 이성이 이끌어가고 있는 것 같지만 앞으로 나아가는 힘은 의지로부터 나온다는 뜻인데요. 따라서 이성은 의지에 의해 밀리고 있는 것이며 의지의 심부름꾼일 뿐이라 본 것입니다.

맹목적 의지는 생물체에서 성적인 충동으로 표현됩니다. 남녀가 서로 사랑하게 되는 것도 보이지 않는 맹목적 의지가 종족의 보전을 위해서 그렇게 추동하기 때문이고요. 사랑에 관한 한 남자들은 대개 본성상 변하기 쉽고 여자들은 보다 항구적이라 말합니다. 남자의 사랑은 만족을 얻는 순간부터 현저하게 시들어진다고 하며, 거의 모든 다른 여자가 그가 이미 소유했던 여자보다 매력적으로 다가온다고 말합니다. 이유가 무엇일까요? 쇼펜하우어에 의하면 여자가 도덕적으로 더 착하고 남자가 더 부도덕적이기 때문이 아닙니다. 그는 이 같은 현상이 벌어지는 이유가 우주의 법칙, 곧 의지의 법칙에 있다고 보았어요. 즉, 사랑의 목적은 생식이기에 남녀가 사랑하여 아이를 갖게 되었을 때 남자는 또 다른 아이를 출산시키기 위하여 임신 가능한 다른 여자를 찾아 나선다는 것입니다. 이에 반해 여자는 아이가 태어날 때까지 스스로를 보호해주고 부양해줄 보호자를 필요로 하고요. 그는 또한 아무리 예쁜 여자도 나이가 들면 매력을 상실하게 마련이며, 그 원인은 바로 생산 능력의 상실이라 주장했습니다. 생식의 목적이 끝날 때 사랑도 함께 사라진다면서요.

쇼펜하우어의 주장은 남녀 간의 사랑을 너무 생식을 위한 성적인 본능과 연관시켰다는 오류를 범합니다. 인간은 사회적인 동물이며 건전한 문화 발전을 위해서 성을 억제할 수 있는 힘을 길러왔잖아요? 그것이 무너진다면 인간은 동물과 다를 바 없겠지요.

삶이란 고통과 지루함 사이를 오고가는 추에 불과하다.

쇼펜하우어는 서양 철학사를 통틀어 최대의 염세주의 철학자라 할 수 있습니다. 그는 『인생론』에서 염세주의를 보다 생생하게 서술해요. 삶의 무가치성을 날카롭게 제시하지요. 쇼펜하우어에 의하면 행복이나 쾌락 자체도 불행이나 고통이 일순간 부재하는 데서 오는 환상에 불과합니다. 쾌락의 전제 조건은 결핍이며, 만족과 더불어 결핍이, 그리고 그것과 결부된 쾌락이 소멸한다고 보았습니다. 만족이나 행복감이란 결국 고통으로부터의 일시적인 해방에 불과하다면서 그것이 사라지면 다시 고통이 몰아친다고 주장했어요. 주말을 기다리면서 일주일 동안 열심히 일하지만 주말을 맞이하면 지루함으로 고통을 받는 것이 인간이라고 말이에요. 따라서 쇼펜하우어는 '해피 엔드'로 끝나는 연극도 속임수라고 했습니다. 막이 내려진 후에는 다시 불행이 시작된다면서요.

이처럼 '행복을 소극적으로, 불행을 적극적으로' 해석하는 데 쇼펜하우어의 특징이 있습니다. 그 근거를 쇼펜하우어는 철학적으로 규명해요. 인간의 소원이나 욕망은 결국 맹목적인 세계 의지의 표현에 불과하며, 인간은 이러한 세계 의지가 시키는 대로 놀아나는 장난감에 불과하므로 영원한 만족이나 행복은 불가능하다고 말입니다. 또한 그는 "의지는 목적이 없을 뿐만 아니라 끝도 없이 움직여가며 만족을 모른다. 소극적인 행복 속에 나타나는 것은 존재의 근원인 세계 의지의 무의미함뿐이고, 삶의 불행은 결국 존재의 본질에서 연원한다. 그러므로 세계와 의지가 존재하는 한 그것은 소멸되지 않는다"고 말했습니다. 알 듯, 말 듯… 좀 어렵지요?

이렇게 생각해봅시다. 이 세상은 전체적으로 볼 때 하루도 조용하고 편안한 날이 없어요. 세계 모든 곳에 비극이 도사리고 있습니다. 전쟁이 벌어지는 곳, 자연 재해 때문에 신음하는 곳, 국내 문제로 분쟁이 일어나는 곳, 국가 경제가 위기에 내몰려 시민들이 허덕이는 곳 등등 우리 지구촌은 날마다 비명을 질러댑니다. 지금 내가 살고 있는 곳이 안전하다고 해서 지구촌 전체가 평안을 누리고 있는 건 아니라는 뜻이지요. 자연의 법칙이 지배하는 동물의 세계를 상상해보세요. 거기엔 여전히 약육강식의 원리가 존재합니다. 자연에는 인간의 손까지 뻗쳐 소멸의 운명에 처한 개체들도 많습니다. 그러나 자연은 냉담해요. 어떤 개체가 멸종 위기에 놓였다고 해서 스스로 생태계를 거꾸로 돌려 정화작용을 서두르지 않습니다. 따라서 쇼펜하우어는 각 개체의 고통이나 죽음은 종의 보존을 위해서만 가치 있다고 생각했어요. 특히 동물은 종족 보존을 위해 죽음을 절망적으로 거부하면서 살아가는 고통 자체라고 보았지요. 물론 그는 인간도 동물과 결코 다를 바 없다고 생각했습니다. 인간의 삶 역시 결국은 불행과 지루함의 연속이라고 보았거든요.

삶은 아름다운 꽃으로 장식된 화단은 아니지요. 하지만 쇼펜하우어가 말하는 것처럼 무의미한 비극도 아닙니다. 인간의 비극과 모순은 자연으로부터 오는 영원한 것이 아니라 정치·경제적인 사회 구조에서 오는 시대적인 것이니까요. 쇼펜하우어는 생존 경쟁을 위주로 하는 자본주의가 만들어낸 비극을 인간의 원초적인 비극과 혼동했어요. 인류는 합리적 이성과 과학적인 지식을 동원하여 사회적인 모순을 해결하려 많은 노력을 기울이고 있잖아요? 쇼펜하우어는 아직 거기까지 나아가지 못했던 거고요.

철학 꿀딴죽
1hr · 🌏

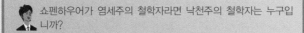

맹목적인 세계 의지

🧑 쇼펜하우어가 염세주의 철학자라면 낙천주의 철학자는 누구입니까?

👤 모든 것이 조화를 이루도록 예정되어 있다고 주장하는 라이프니츠, 쇼펜하우어의 염세주의를 적극적으로 극복하려 했던 니체, 소외를 벗어나 창조적인 노동 속에서 다 같이 행복을 누릴 수 있다고 주장하는 맑스 등입니다. 전체적으로 염세주의를 주장하는 철학자들은 소수에 불과하다고 말할 수 있습니다.

🧑 쇼펜하우어가 그처럼 강하게 염세주의를 표방한 동기는 무엇입니까?

👤 개인적으로는 불행한 가정환경 때문입니다. 아버지가 돌아가시자 어머니는 소설을 쓴다면서 문인들과 어울렸고 쇼펜하우어에게 별다른 관심을 기울이지 않았습니다. 사회적으로는 자본주의가 발전하여 약육강식의 사회가 되고 강대국들도 침략에 혈안이 되어 전쟁의 위기가 항상 도사리고 있었고요.

🧑 비극적인 삶으로부터 벗어날 수 있는 길을 쇼펜하우어는 제시하지 않았나요?

👤 예술에 몰두하면 고통을 잊을 수 있지만 그것은 일시적인 도피라고 주장하면서 금욕이 더 영속적이라고 말했어요. 그러니까 불교에서처럼 모든 욕망을 버리고 해탈하라는 것이지요. 그러나 인간이 욕망을 버리면 식물적인 인간이 되어 살아 있다고 말할 수 없지요. 욕망을 버릴 것이 아니라 자신과 사회를 위해 유용한 욕망을 찾아가야지요.

👍 Like 　　💬 Comment 　　➡ Share

철학 꿀딴죽
1hr · 🌐

고통 자체

 얼핏 보면 성을 절대시하는 쇼펜하우어의 사상은 프로이트의 사상과 비슷한데 그 차이점은 무엇입니까?

 다 같이 인간의 성 문제에 많은 관심을 돌렸지만 쇼펜하우어는 그것을 세계의 본질과 결합시킨 철학자이고, 프로이트는 인간의 행위와 연관시킨 심리학자라는 차이가 있습니다.

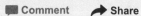 👍 Like 💬 Comment ➤ Share

니 체

IDENTIFICATION

망치와 다이너마이트

니체(Friedrich Wilhelm Nietzsche, 1844~1900)는 독일의 작은 마을에서 목사의 아들로 태어났습니다. 니체가 다섯 살 되던 해에 아버지가 세상을 떠났는데 당시 아버지의 연령은 서른여섯이었어요. 지금으로 봐도 매우 젊은 나이에 삶을 등진 것이지요. 니체는 자기 아버지가 죽기 1년 전에 돌계단에서 넘어져 뇌를 다쳤다고 말했습니다. 23세의 나이로 과부가 된 니체의 어머니는 목사 부인답게 성실한 삶을 유지했어요. 여러 가지 방식으로 아들의 학업을 위해 경제 문제를 해결했으며 아이들의 교육에도 소홀하지 않았지요. 어렸을 적부터 시력이 약했던 니체를 위해 어머니는 비타민이 충분한 과일을 많이 먹게 했고, 수영과 스케이트, 썰매 등을 가르쳤다고 합니다. 니체가 성인이 된 뒤에도 그의 어머니는 아들에게 술과 담배를 결코 허용하지 않았다고 해요.

니체는 어려서부터 성실하고 섬세한 성격을 지녔으며 고독을 좋아했고 친구가 많지 않았습니다. 아버지를 닮아 음악을 매우 좋아했고요. 그는 열네 살 때 엄격한 수도생활과 고전 교육으로 유명한 인문학교인 슐

▲1871년 니체와 친구들─에르빈 로데, 칼 폰 게르도르프, 니체

포르타(Schulpforta)에 입학합니다. 이 시절 니체는 문학과 음악이 중심이
된 학생 서클 '게르마니아(Germania)'에 들어가 친구들을 사귀면서 예술
에의 사랑을 길렀어요. 시를 썼고 작곡도 많이 했습니다.

니체는 1864년에 본 대학에 입학합니다. 처음에 그는 신학과 철학을
동시에 공부하면서 어머니의 희망에 따라 목사가 될 것인가, 아니면 자

유로운 학문의 길을 택할 것인가 고민했는데요. 결국에는 전공을 고전문헌학으로 결정합니다. 니체가 따르고 존경했던 리철 교수가 라이프치히 대학으로 옮겨가자 니체도 그를 따라 대학을 옮겨요. 라이프치히로 옮긴 후 얼마 안 되어 니체의 생애에 중요한 두 가지 사건이 일어납니다. 하나는 고서점에서 우연히 쇼펜하우어의 『의지와 표상으로서의 세계』를 발견하여 거기에 심취하게 된 일이고, 다른 하나는 리철 교수 부인의 주선으로 라이프치히 대학 동방학과 교수 부인이었던 음악가 바그너의 여동생과 바그너를 만나게 된 일입니다. 두 사건은 물론 서로 연관되어 있어요. 니체의 청년 시절, 그리고 그의 철학 형성에서 쇼펜하우어 및 바그너와의 관계는 빼어놓을 수 없기 때문이지요. 니체는 이때부터 31살 위인 바그너를 삶의 스승으로 대합니다.

1867년 10월부터 1년간 포병 부대의 지원병으로 근무한 후 니체는 박사 학위도 받지 않은 채 그가 학생 시절에 쓴 현상 논문과 리철 교수의 추천으로 스위스 바젤 대학의 고전문헌학 정외교수로 채용됩니다. 여기서 니체는 계속 열심히 고전문학을 연구하면서 당시 바젤에서 멀지 않은 곳에 머물고 있던 바그너와 계속 교제해요. 그러던 중 독·프 전쟁이 일어나자 니체는 자원 위생병으로 참가하지만 콜레라 및 디프테리아에 전염되어 돌아옵니다. 그리고 1879년, 니체는 건강상의 이유로 대학을 사직해요.

위장 장애와 편두통으로 늘 고생하던 니체는 날씨가 맑고 경치가 좋은 이탈리아와 스위스 남쪽으로 옮겨 다닙니다. 그런데 1889년 1월에 토리노에서 정신병 증세가 처음으로 나타나요. 곧 바젤 정신병원으로 옮겨졌고 일주일 후 어머니가 그를 고향에서 가까운 예나의 정신병원으로 데리고 갑니다. 사망 후 그는 고향 교회의 정원에 부모와 함께 묻힙니다.

니체의 철학이 지니는 특징은 반주지주의, 반염세주의, 반기독교주의, 반도덕주의, 반여성주의, 반민주주의, 반사회주의로 요약할 수 있습니다.

신은 죽었다.

이 말은 이미 니체 이전에 독일의 철학자 헤겔과 문학가 괴테가 사용한 것입니다. 그럼에도 마치 니체가 만들어낸 니체의 전용어처럼 이해되는 것은 이 말이 니체의 철학에서 핵심을 이루기 때문이에요. 신에 대해서 니체는 어떤 입장을 취했을까요? 이에 대해서는 많은 논쟁이 있습니다. 니체가 어렸을 때 쓴 「미지의 신에게」라는 시를 근거로 니체가 신을 찾아 갔다고 해석하는 사람도 있고, 니체가 비판한 것은 예수 그리스도가 아니라 기독교라고 해석하는 사람도 있습니다.

다시 말하면, 니체는 신을 부정한 것이 아니라 예수의 정신과 어긋난 기독교, 변질된 기독교를 비판하고 올바른 신을 추구했다는 뜻인데요. 이러한 해석을 시도한 대표적인 사람이 철학자 야스퍼스입니다. 야스퍼스에 의하면 니체의 기독교 비판은 참된 예수의 정신을 외면하고 있는 현대인의 신앙에 대한 비판이며, 니체도 예수처럼 보이지 않는 절대적인 진리*를 찾아갔다는 것입니다. 물론 "신은 죽었다"라는 말 자체가 신을 전제로 하지 않느냐고 반문하는 사람도 있어요. 이에 대하여 "죽을 수 있는 신은 결코 신이 아니다"라 응수하는 사람도 있고요. 그

*야스퍼스의 표현에 의하면 '초월자'이다.

러나 니체의 철학을 총괄하여 판단하면 니체는 분명 신을 부정한 철저한 무신론자입니다. '권력의지', '모든 가치의 변혁', '변화의 무죄', '초인', '운명애' 등의 철학은 결코 기독교적인 유신론과 조화될 수 없으니까요. 그러므로 니체가 무신론자인가 아닌가를 우리는 그가 남긴 몇 마디 말에서가 아니라 그의 철학을 총괄하면서 판단해야 할 것입니다.

초인은 대지의 의미다.

신이 죽은 후에 나타날 이상적인 인간을 니체는 '초인(Übermensch)'이라 불렀습니다. 니체가 말하는 초인이 무엇인가에 대한 논쟁이 참 많은데요. 위에 언급한 니체의 말이 의미하는 것처럼 초인은 내세나 초월적인 것에 눈을 돌리지 않고 현세를 긍정하며 권력의지로 무장하고 강하게 살아가는 인간을 상징합니다.

기독교의 신 개념은 지상에서 도달된 것 가운데 가장 부패한 것이다.

니체는 기독교를 비롯한 여러 종교가 존재하지도 않는 신을 가정해놓고 현재의 삶을 비하하고 약화시킨다고 비판합니다. 동정과 사랑을 설교함으로써 인간의 강한 의지를 무디게 만든다고 말이에요.

목사는 가장 위험한 기생충이고 삶의 독거미다.

니체는 성직자들이 스스로 일하지 않고 남이 일한 덕에 살아간다고 생각했어요. 동시에 강한 자의 삶에 독을 퍼뜨려 마비시키는 역할을 한다고 보았습니다. 그런 의미에서 니체는 기독교를 '인류의 영원한 치욕'이라 부르기도 했지요.

이것이 인생이더냐, 좋다! 다시 한 번.

니체는 쇼펜하우어의 철학을 받아들여 세계의 본질은 이성이 아니라 의지라고 강조합니다. 그러나 맹목적인 의지가 아니라 권력의지라고 강조해요. 이렇게 하여 니체는 쇼펜하우어의 염세주의를 극복하고 적극적인 힘과 권력의 철학을 내세웠습니다. 삶에 대한 강인한 긍정이지요.

나를 파멸시키지 못하는 것은 나를 강하게 만들 뿐이다.

니체는 일생동안 편두통과 위장 장애에 시달렸을 만큼 질병과 더불어 살았지만 결코 절망하지 않았어요. 오히려 더욱 대담하게 자신의 이념을 실현하려 했습니다. 그의 철학에 대한 수많은 비판도 그의 용기를 꺾지 못했고요. 비난이나 비판을 통해서 그는 더욱더 강해졌답니다.

나는 인간이 아니고 다이너마이트다.

니체는 전통적인 가치(도덕, 종교, 철학, 예술 등)를 파괴하고 새로운 가치를 내세우려 했어요. 전통적인 가치에만 사로잡히면 인간은 허무적이 되고 왜소하게 된다고 생각했기 때문입니다. 그래서 자신을 종종 '망치를 든 철학자'로 표현하기도 했지요. 종래의 가치를 폭파해야 새로운 인류의 이상이 솟아날 수 있다는 뜻으로 말이에요.

여자들에게 가려느냐? 채찍을 잊지 마라!

니체의 반여성주의적인 사상이 잘 표현된 말입니다. 니체는 여성이 선천적으로 남성보다 약하며 교묘한 술수로 남성을 지배하려 한다고 생각했어요. 따라서 그는 남녀평등이란 어불성설이며 남자는 여자를 강하게 다루고 부엌에나 가두어놓아야 한다고 말했지요. "여성적인 책을 펴면 곧 우리는 한숨을 짓는다. 여기 다시 불행한 식모가 하나 있다"라고 말한 것도 이런 맥락입니다. 니체의 철학 가운데 가장 큰 오류가 반여성주의인데요. 왜 니체는 여자를 멸시하고 증오했을까요? 사람들은 대개 니체가 어려서부터 여성들 속에 살면서 압박을 느꼈고 실연을 하고 결혼을 하지 못했던 탓이라고 말합니다. 삶에서 오는 귀결이라고요. 하지만 저는, 니체가 여전히 봉건주의나 자본주의 사상에 지배되는 사회적 통념을 벗어나지 못한 관념론 철학자였기 때문이라고 생각합니다. 니체가 유물론 철학을 습득하고 인간과 사회에 대한 과학적인 통찰을 할 수 있었더라면 그의 여성관도 달라지지 않았을까요?

삶은 그 자체가 하나의 착취다.

니체가 가장 싫어했던 두 가지 단어가 있어요. 바로 '동정'과 '평등'입니다. 종교가 발생하게 된 원인 중의 하나인 사랑과 동정은 오히려 상대방을 약하게 만들어 파멸시키므로 동정 대신 강하게 다루어 약한 인간을 강한 인간으로 만들어야 한다고 그는 주장했습니다. 그런 의미에서 니체는 "강자가 약자를 지배하는 것이 정의이고 자연법칙이다"라고 말했어요. 엎어지려 하는 사람을 붙잡아주지 말고 오히려 발로 차버리라면서요. 니체는 동정을 싫어하면서 종교를 부정했고, 평등을 싫어하면서 민주주의와 사회주의를 다 같이 비판하고 거부했습니다.

변화는 무죄다.

많은 사람들이 진리란 영원히 변하지 않는 어떤 것이라 생각합니다. 그런데 니체는 그것이 편견이고 착각이라고 주장해요. 세상에 변하지 않는 것은 없으며 영원히 옳은 것도 없다고 말입니다. 인간을 강하게 만드는 거짓말도 진리가 될 수 있다고 했지요. 이런 의미에서 니체는 이익이 되는 것이 진리라고 주장하는 미국 실용주의 철학에 많은 영향을 미친 철학자로 평가됩니다.

*니체가 그의 저서 『차라투스트라는 이렇게 말했다』에서 내세운 근본 사상. 영원한 시간은 원형(圓形)을 이루고, 그 원형 안에서 우주와 인생은 영원히 되풀이된다는 사상이다.

존재의 수레바퀴는 영원히 굴러간다.

모든 것은 영원히 반복된다는 이른바 '영겁회귀(永劫回歸)'* 사상을 상징적으로 표현한 말입니다. 니체의 영겁회귀 사상을 둘러싼 논란이 참 많은데요. 어떤 해석자들은 이 사상이야말로 니체가 목표로 하는 최후의 종점이라고 해석합니다. 그러나 니체는 현재의

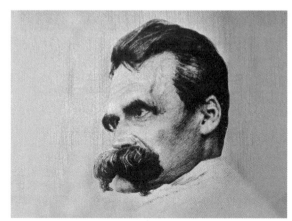

▲니체의 초상(한스 올데의 드로잉, 1899)

삶을 너무나 사랑했고, 변화의 무죄와 권력의지의 신성함을 주장한 사람
이에요. 만일 영겁회귀가 옳다면 인간은 허무적으로 되지 않을 수 없습
니다. 약자이든 강자이든 다시 되돌아올 테니까요. 니체는 이 사상을 『차
라투스트라는 이렇게 말했다』에서 난쟁이의 입을 통해 상징적으로 말했
는데, 특별히 확고한 신념을 가지고 한 말은 아닌 것 같아요. 그저 니체의
철학에 잠깐 등장하는 하나의 에피소드에 불과한 것처럼 보입니다. 다이
너마이트와 망치를 들고 이전의 모든 사상을 폭파시킨 니체는 말년에 무
엇인가 불안을 느꼈나 봐요. 그래서 뭔가 양보와 화해를 해보고 싶은 생
각이 들었겠지요. 그렇게 하여 신비적으로 제시한 사상이 바로 영겁회귀
였지만 그는 이 사상을 체계적으로 개진하지 못했습니다.

철학 꿀딴죽
1hr · 🌐

반기독교주의, 반민주주의, 영겁회귀

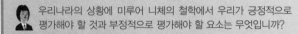

우리나라의 상황에 미루어 니체의 철학에서 우리가 긍정적으로 평가해야 할 것과 부정적으로 평가해야 할 요소는 무엇입니까?

앞에서 니체의 철학이 지니는 일곱 가지 특성을 언급했는데, 그 가운데서 낙천주의와 반기독교주의는 긍정적인 요소라고 생각하며, 반여성주의, 반민주주의, 반사회주의 등은 매우 부정적인 요소라고 생각합니다.

니체가 나치와 관계된다는 말이 있는데요?

물론 직접적인 관계는 없었습니다. 나치는 니체가 사망한 후에 등장했으니까요. 그러나 간접적으로, 다시 말하면 철학적으로 많은 영향을 미친 것은 사실입니다. 나치는 강자가 약자를 지배해야 한다는 것이 정당하다는 니체의 이념을 수용하고 실천에 옮겼으니까요.

우리나라에 니체에 관한 책들이 너무 많은 것 같습니다. 초보자는 어떤 책을 읽어야 합니까?

우리나라뿐만 아니라 세계적으로 니체만큼 논쟁과 관심의 대상이 된 철학자도 없습니다. 우리나라 사람들은 당연히 우리나라의 시대적 상황과 연관하여 니체를 수용하고 비판해야 합니다. 그러나 대부분의 책은 해설이나 찬양으로 끝나고 맙니다. 다시 말하면 비판적인 입장에서 쓴 책이 드뭅니다. 초보자들은 비판적인 입문서와 단순한 해설서를 비교해보면서 니체에 접근해야 합니다. 제가 쓴 책 중 『망치를 든 철학자 니체 vs. 불꽃을 품은 철학자 포이어바흐』를 참고하시면 좋겠습니다. 초보자를 위한 비판적 안내서이거든요.

👍 Like　　💬 Comment　　➤ Share

베르그송(Henri Bergson, 1859~1941)은 프랑스의 대표적인 생철학자입니다. 칸트와 헤겔 등에서 나타나는 이성 중심의 철학에서 벗어나 생생한 삶의 체험을 중시하려는 철학 경향이 헤겔의 사후에 독일과 프랑스에서 나타났는데요. 독일에서는 쇼펜하우어와 니체를 선두로 딜타이가, 프랑스에서는 베르그송이 대표자입니다. 이들은 모두 삶이란 설명이나 분석 대신 해명하고 이해되어야 하며, 철학의 과제를 이러한 삶의 이해에 두었던 비합리주의적 철학을 강조했습니다.

유대 계통의 가문에서 태어난 베르그송은 오랫동안 파리 고등사범학교 교사로 근무하다가 파리 대학의 교수가 됩니다. 주저는 『창조적 진화』이며, 1914년에 프랑스 학사원의 회원이 되었고, 1927년에는 노벨문학상을 받습니다. 말년에 건강이 악화되어 신비주의적인 가톨릭 사상으로 기울어졌으나 가톨릭에 귀의하지 않았던 터라 가톨릭교회는 그의 저서들을 금서 목록에 포함시켰습니다.

인간은 의지가 없이 적응하는 기계가 아니라 창조적 진화의 중심이다.

|

베르그송은 유물론을 비판하고 부정하려는 목적에서 철학을 시작했어요. 기계적 유물론에서는 세계의 본질이 물질이고, 물질은 시종일관 인과법칙에 따라 움직인다고 주장합니다. 물질로부터 만들어진 인간도 그 법칙에서 예외일 수 없다고 하고요. 그러니까 인간의 삶도 결정론적인 범주를 벗어나지 못하는 거죠. 그러나 로마 초기의 유물론 철학자 에피쿠로스가 이미 데모크리토스의 결정론에 비판을 가하고 원자 운동의 편차를 인정하면서 인간 정신의 자유를 인정했잖아요? 많은 유물론자들 역시 물질의 최고 형식인 인간의 정신은 기계적으로 결정될 수 없다고 주장했고요. 변증법적 유물론에서는 이런 주장이 훨씬 두드러집니다.

베르그송은 자연 과학이 운동과 힘 대신에 물질의 상태나 작용만을 고찰한다는 성급한 결론을 내렸어요. 자연 과학의 성과를 부정하면서 자연 과학적 지식을 밑받침으로 하는 세계관도 부정했고요. 그러면서 베르그송은 자신의 주장을 합리화하려고 공간과 시간의 질적인 차이를 들고 나섭니다. 공간은 물질과 연관되지만, 시간은 그것을 벗어난다는 것이지요. 하지만 유물론 철학에 의하면 공간과 시간은 다 같이 물질의 존재 방식이에요. 베르그송은 시간이 항상 흘러가기 때문에 직관적으로만 파악될 수 있다고 주장했고, 인식에서 직관을 중시합니다. 삶은 일종의 '약동'이므로 과학적인 분석의 대상이 아니라 직관적인 체험의 대상이라는 것인데요. 분석과 직관을 분리시키고 직관만을 강조할 때, 인식론은 결국 신비주의를 벗어나지 못하게 됩니다. 신비주의가 삶의 본질을 파악할 수 있다는 주장도 매우 환상적이고요.

　베르그송은 기독교의 창조설을 거부할 수도 수용할 수도 없었기에 '창조적 진화'라는 애매한 표현을 사용한 것 같습니다. 인간의 삶이 중심이 되는 모든 세계의 발전이 진화를 벗어날 수 없지만 그것은 다윈이 말하는 과학적인 진화가 아니라 신비가 포함된 창조적 진화라고 말했어요. 즉, 베르그송은 진화의 핵심에 신비적인 요소가 작용한다고 본 것입니다.

철학 꿀딴죽
1hr · 👍

창조적 진화

시간에는 객관적 시간과 함께 주관적 시간도 있습니다. 그러므로 시간을 물질의 한 속성으로 보는 것은 너무 일면적이지 않습니까?

주관적 시간도 객관적 시간을 근거로 합니다. 물질이 존재하지 않는다면 인간의 의식도 사라지고 그와 함께 주관적인 시간도 의미가 없어집니다. 그 반면에 인간이 사라진다 해도 물질은 그대로 남아 존재하며 그 변화를 통해 시간은 흘러갑니다. 세계를 너무 주관적으로 해석하면 세계에 대한 과학적인 인식의 길이 차단되고 맙니다.

👍 Like   💬 Comment   ➤ Share

맑스(Karl Marx, 1818~1883)는 독일의 작은 도시 트리어에서 법률가인 아버지와 유대 계통의 어머니 사이에서 태어났습니다. 형제가 여럿 있었는데 그중에서 맑스와 세 명의 누이만 살아남았어요. 아버지의 소원에 따라 본 대학에서 법학 공부를 시작했지만 헤겔의 철학, 특히 변증법에 흥미를 느낀 맑스는 철학으로 전공을 바꾸고 예나 대학에서 철학 박사 학위를 받습니다. 맑스는 고교 친구의 누나였던 예니와 결혼했는데요. 네살 연상에다가 귀족 가문 출신이었던 예니는 평생 맑스의 반려자로서 그의 사상과 이념이 실현될 수 있도록 헌신적인 노력을 기울였습니다.

맑스는 24세에 〈라인 신문〉의 편집장을 맡으면서 사회생활을 익혔지만 진보적인 내용 때문에 신문은 폐간되었고 맑스는 프랑스로 추방됩니다. 여기서 그는 루게와 함께 ≪독·불 연감≫이라는 비판적인 잡지를 발간했고 그 때문에 다시 한 번 벨기에의 브뤼셀로 추방당해요. 맑스는 파리에서 생활할 당시 친구 엥겔스와 공동으로 저술을 하면서 사회 활동에도 참여했는데, 최초의 중요한 공동 저술이 1848년에 나온 『공산당 선언』입니다.『독일 이데올로기』와『신성 가족』도 이들의 주요한 공동 저술에 속해요.

맑스는 만년에 런던에 머물면서 브뤼셀에서 1868년에 개최된 '국제 노동자 협회'(제1인터내셔널)의 임시 위원으로 활동했고, 이 협회의 창립 선언문과 임시 규약을 작성합니다. 당시 맑스는 경제적으로 어려운 처지

▼엥겔스와 맑스, 그리고 맑스의 딸들

에 놓여 있었지만 친구 엥겔스의 헌신적인 도움 덕분에 정치와 경제 분야의 여러 문제들을 연구할 수 있었는데요. 이 기간에 특히 자본주의의 분석에 심혈을 기울였습니다. 그 결과 『자본론』 1권을 완성했고, 애초 기획했던 2권과 3권은 유고로 출판됩니다. 저서를 집필하는 일 외에도 맑스는 국제적인 노동 운동의 조직에 참여했어요. 맑스의 묘는 런던 교외에 있는 하이게이트 공동묘지에 있는데, 묘비에는 "만국의 프롤레타리아여, 단결하라!"고 쓰여 있답니다.

만국의 프롤레타리아여, 단결하라!

엥겔스와 함께 쓴 『공산당 선언』 말미에 나오는 문장입니다. 프롤레타리아는 사유재산을 갖지 않는 무산자(無産者)이며, 이에 반대되는 사람이 사유재산을 소유한 부르주아인데요. 여기서 말하는 사유재산은 자동차나 전화기 같은 소비재가 아니라 토지나 공장 같은 생산 수단을 말합니다. 프롤레타리아의 핵심을 이루는 자본주의 사회의 노동자들은 애국심이라는 명목 아래 무조건 국가를 위해 싸우는 국수주의자가 되기 쉬운데요. 맑스와 엥겔스는 모든 인류의 역사가 계급투쟁의 역사이며 전쟁도 일종의 계급투쟁이기 때문에 적대적인 계급을 위해 싸울 필요가 없다고 주장했어요. 국수주의보다도 무산자가 단결하는 국제주의가 세계 평화에 더 도움이 되며 모든 나라의 무산자들은 단결하여 착취 계급인 부르주아를 무너뜨리고 사회주의를 건설해야 한다고 생각했습니다. 이것이 바로 저 유명한 문장의 의도랍니다.

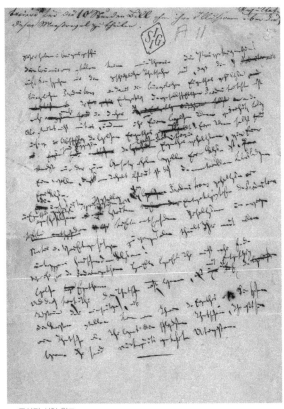

▲공산당 선언 원고

의식이 존재를 결정하는 것이 아니라 존재가 의식을 결정한다.

맑스와 엥겔스에 의해서 체계화된 맑스주의 철학은 크게 변증법적 유물론과 역사적 유물론으로 나누어집니다. 변증법적 유물론은 이전의 유물론이 내세우는 물질의 기계적인 특성을 부정하고 변증법적 발전을 강조한 것인데요. 종전의 관념론 철학은 의식(정신)이 존재(물질)를 결정한다거나 의식과 존재는 서로 독립해 있다고 주장했지만, 유물론은 의식이 물질로부터 파생되어 나오기 때문에 물질이 의식을 결정한다고 주장합니다. 맑스주의는 종래의 유물론을 수용하여 창조적으로 발전시킨 것입니다.

사물의 현상과 본질이 일치한다면 모든 과학은 쓸모없을 것이다.

사물에는 현상과 본질이 있습니다. 현상은 밖으로 나타나지만 본질은 비록 눈에 보이지 않아도 현상을 가능하게 해주는 일종의 숨어 있는 법칙이지요. 예를 들어 현상으로 나타나는 태양은 공처럼 보이고, 현상으로 나타나는 지구는 편편한 것처럼 느껴지며 움직임도 느낄 수 없지만, 본질에서 태양은 커다란 광채이며 지구는 둥글고 움직이는 천체이지요. 현대 서양 철학 가운데 실증주의는 본질이란 존재하거나 인식될 수 없으므로 우리는 현상만을 다루어야 한다고 주장합니다. 이에 반해 맑스주의는 모든 학문이 현상의 관찰을 통해서 그 본질을 찾아내야 한다고 주장해요. 자연 과학뿐만 아니라 사회 과학에도 이런 작업이 통용된다고 했고요. 현상만 놓고 보자면 자본가와 노동자는 서로 도우면서 조화를 이루는 것 같습니다. 그러나 맑스는 자본주의의 현상이 아니라 본질을 파헤쳤고, 이에 따라 자본주의는 본질상 자본가가 노동자를 착취하는 구조라는 것을 『자본론』을 통해 규명했습니다.

이론은 대중을 사로잡자마자 물질적인 힘이 된다.

|

일반적으로 사람들은 사회 변혁에서 이론이 큰 힘을 발휘하지 못한다고 생각합니다. 공리공론으로 끝나는 이론은 대개 그렇지요. 그러나 맑스주의는 대중을 사로잡고 대중의 이익에 봉사하는 이론은 커다란 힘이 될 수 있다고 주장했어요. 역사를 움직이는 주인은 노동자 대중이며 이들이 확고한 신념을 갖고 움직일 때 혁명이 일어나고 사회가 변혁될 수 있다는 거예요. 그래서 맑스와 엥겔스는 무엇보다 먼저 대중을 사로잡는 이론적인 철학 연구에 몰두했으며, 그것을 바탕으로 훗날 레닌은 사회주의 혁명을 실현할 수 있었습니다.

인간은 자기 자신의 역사를 만들지만 마음대로가 아니라 주어진 조건 아래서다.

|

인간은 자기 자신의 운명뿐만 아니라 인류의 역사를 만들어갑니다. 인간만이 역사의 주인공이라는 이 주장은 인간의 역사가 우연에 의해서 만들어진다든가, 신의 섭리에 의해서 만들어진다든가, 절대정신의 발전에 따라 만들어진다고 주장하는 관념론적 역사관에 대한 거부이자 역사 발전의 중심에 인간 자신을 들어앉히는 휴머니즘적 역사관입니다. 인간이 역사를 만든다고 하여 마음대로 만드는 것이 아니라 항상 주어진 조건을 고려하고 거기에 상응하는 행동을 통해서 만들어야 한다는 말은 곧 역사 발전의 객관적 조건과 주관적 조건을 변증법적으로 통일시킨 것이라 볼 수 있어요.

자유란 필연을 인식하는 것이다.
|

자유란 무엇인가에 대한 철학적 논쟁은 모든 철학에서 나타납니다. 참다운 자유는 '자기 멋대로 하는' 자의와 구별되는데요. 어떤 철학자들은 자유가 필연의 반대인 것처럼 해석하지만, 맑스는 자유의 전제가 '필연적인 법칙의 인식'이라고 주장하면서 자유와 필연의 관계 역시 변증법적으로 연관시켰습니다. 자유는 필연적인 법칙을 인식하고 그에 맞게 행동하는 주관적인 의지에서 비롯하는 것이라고 말이에요. 자연에서 나타나는 것과 같은 필연적인 법칙을 벗어나는 것이 자유라고 주장하는 관념론 철학에 비하면 맑스 철학의 자유 개념 정립이 매우 탁월한 견해로 보입니다.

능력에 따라 일하고 일한 만큼 가져가는 사회가 사회주의라면 능력에 따라 일하고 필요한 만큼 가져가는 사회가 공산주의다.
|

맑스는 사회주의와 공산주의의 차이를 이렇게 규정했어요. 자본주의가 무너지고 사유재산이 폐기된 첫 단계가 사회주의 사회이며, 이 단계를 지나 생산이 증가하고 풍요로워지면 공산주의 사회가 도달한다는 것입니다. 공산주의 사회는 그러므로 먼 인류의 이상일지도 모르겠어요.

종교는 아편이다.
|

맑스주의는 종교의 발생을 인간의 이기적인 본성에서 추론해내려는 포이어바흐의 시도에 만족하지 않고 사회적 조건과 연결시켰습니다. 결

국 종교도 도덕, 철학, 예술, 학문처럼 일종의 사회의식이며 경제관계라는 토대에서 발생한 상부구조(上部構造)*입니다. 그러므로 종교는 그 시대의 경제관계의 구조 안에서 해명되어야 해요. 하지만 허위의식으로서의 종교가 사라지기 위해서는 이론적인 인식만으로 불가능합니다. 철학만으로도 불가능해요. 종교가 발생하고 지탱하는 사회관계의 변혁이 필수적이지요. 다시 말하면 실천적인 사회 혁명을 통해 사회의 근본 구조가 변하지 않는 한 종교는 결코 사라질 수 없어요. 왜냐고요? 종교는 비참한 사회관계에 대한 항변의 표시이지만 이 항변은 적극적인 투쟁으로 나아가지 못하고 소극적인 자기 위로에만 머물기 때문입니다. 지배 계층이 항상 보다 효과적인 지배를 위해서 종교를 이용한 것도 이런 이유랍니다.

종교 속에서 인간은 지상에서 도달하지 못한 행복을 내세에서 꿈꾸지요. 그러고는 행복하다는 환상에 빠집니다. 마치 감옥에서 족쇄를 차고 있는 죄수가 꿈속에서 자유로운 행복을 맛보며 행복을 느끼는 것처럼요. 아편 환자들도 아편을 맞으면서 육체적·정신적 고통을 잊고 행복을 느끼

*유물 사관에서, 정치·법률·도덕·예술 따위의 관념 및 이에 대응하는 제도와 기관들을 이르는 말. 사회 형성의 토대가 되는 경제적 구조에 의하여 규정된다.

잖아요? 그래서 맑스는 종교가 아편과 비슷한 역할을 한다고 본 것입니다. 이전 사회에서 자연에 대한 불안과 공포가 종교의 온상이었다면 현대 자본주의 사회에서는 자본의 횡포, 기아와 실업, 전쟁에 대한 불안 등이 많은 사람들을 종교로 도피하게 만드는 동기로 작용합니다. 사회가 혼란하고 모순이 많으면 많을수록 종교가 팽창하는 이유가 바로 여기에 있어요. 그러나 종교가 사라짐으로써 인간 중심의 인간다운

사회가 실현되는 것은 아니에요. 이런 생각은 본말이 전도된 거예요. 먼저 착취가 사라지고 인간이 인간답게 살 수 있는 사회가 만들어져야 비로소 종교도 사라집니다. 맑스는 이런 생각을 한 것입니다. 맑스의 이러한 입장에도 인간의 의식이 물질적 조건에 의해서 결정된다는 유물사관이 적용되고 있습니다.

철학 꿀딴죽
1hr · 🌏

역사의 주인은 노동자, 휴머니즘적 역사관, 유물사관

 맑스가 주장하는 공산사회란 실현되기 어려운 이상에 불과한 것이 아닙니까?

 맑스는 스스로의 철학이 이전의 공상적 사회주의와 구분되는 과학적 사회주의라고 말했습니다. 과학적 연구 결과를 밑받침으로 하는 이상은 인류의 노력에 의해 점차 실현될 수 있다는 것이지요.

👍 Like   💬 Comment   ➤ Share

엥 겔 스

IDENTIFICATION
위 대 한 영 혼

맑스보다 두 살 아래인 엥겔스(Friedrich Engels, 1820~1895)는 맑스가 태어
난 곳에서 180킬로미터쯤 떨어진 부퍼탈에서 공장주의 아들로 태어났
습니다. 아버지의 강요 때문에 대학 진학을 포기하고 아버지 회사의 견
습생으로 들어갔지만 그는 이미 고등학교 시절부터 사회의 부조리와 모
순에 대한 예리한 통찰을 하고 있었어요. 고향의 아름다움은 날품팔이꾼
뿐만 아니라 대부분의 직조공, 염색공과 표백공들이 꾸려나가야 하는 비
참한 생활과 뚜렷한 대조를 이루고 있었거든요. 또한 집도 없는 가난한
일꾼들이 술을 마시면서 현실을 잊으려 하는 모습을 종종 보았고, 적은
임금을 받고 혹사당하는 부녀자와 아이들의 비참한 모습도 목격했습니
다. 하지만, 편안히 살면서 아이들을 혹사시키고 노동자를 착취하는 공
장주들이 주말에는 평온한 얼굴로 교회에 가는 모습을 보면서 엥겔스는
분개했어요. 위선적인 공장주들에 대한 이런 인상은 평생 그를 따라 다
닙니다.

　장남을 유능한 상인으로 만들고자 했던 아버지는 아들을 1838년에 자

유 도시 브레멘으로 보내요. 엥겔스는 아버지 친구의 회사에서 회계를 돕는 점원으로 일하면서 틈틈이 헤겔 철학을 공부했고 사회를 비판하는 글을 신문에 투고하기 시작합니다. 1841년, 엥겔스는 병역 의무를 마치기 위해 베를린으로 가요. 베를린 대학에서 셸링의 강의를 들은 그는 셸링의 '계시 철학'에 실망하고 셸링을 비판하는 글을 씁니다. 엥겔스에게는 셸링이 '스스로의 이익을 위해 헤겔 철학을 격하시켰으며 기독교를 자신의 신비적인 철학으로 합리화한 사람'으로 보였거든요. 따라서 엥겔스는 셸링의 시도를 단호하게 반박하면서 헤겔의 변증법을 왜곡하려는 셸링의 시도를 반박해요. 엥겔스는 셸링의 철학이 스콜라주의와 신비주의로 후퇴하면서 철학을 다시 신학의 시녀로 만들고 기독교를 절대적인 진리로 선언하려 한다고 강력히 비판합니다. 셸링에 대한 엥겔스의 단호한 투쟁은 청년 헤겔파의 열렬한 환영을 받았어요. 엥겔스는 청년 헤겔파와 교제했고, 포이어바흐의 『기독교의 본질』을 읽은 후 종교와 관념론으로부터 완전히 해방됩니다.

1842년에 엥겔스는 영국의 맨체스터로 가서 아버지의 공장 일을 돌보게 됩니다. 영국으로 가면서 엥겔스는 쾰른에 들려 맑스를 처음 만나요. 영국에서 엥겔스는 두 가지 중요한 체험을 합니다. 하나는 독일에서와 마찬가지로 노동자들의 비참한 생활을 목격한 것이고, 다른 하나는 아일랜드 출신의 메리를 사귀게 된 것이지요. 메리는 소박한 공장 처녀로서 계급의식을 갖기 시작한 노동자였습니다. 메리와의 교제는 엥겔스로 하여금 노동자들의 처지를 과학적으로 탐구하고, 노동 혁명을 위한 이론가로 성장하게 되는 계기를 제공합니다. 이렇게 하여 나온 저술이 바로『영국 노동 계급의 상태』입니다. 말년에 맑스가 경제 문제를 연구하는 데 집중했다면 엥겔스는 철학 문제에 집중했어요. 엥겔스의 철학적인 주저는 『자연 변증법』입니다. 엥겔스는 맨체스터에 기거하는 20년(1850~1870) 동안 아버지 회사의 회계 일을 보고, 학문적인 연구를 계속하고, 열심히 기사를 썼습니다. 정말이지 엄청난 정신력과 체력을 요하는 날들이었지요. 그러나 엥겔스는 이 모든 일을 거뜬히 해냈답니다. 그는 매우 정력적인 기질과 체력의 소유자였거든요. '장군'이라는 별명에 어울릴 만큼 체격도 좋고 건강했습니다. 또한 그는 운동을 게을리 하지 않았어요. 무엇보다 승마를 좋아했고요. 여행도 즐겼기에 시간이 날 때마다 덴마크, 벨기에, 룩셈부르크, 독일 등을 둘러보았습니다.

1860년, 엥겔스는 아버지가 위독하다는 소식을 받아요. 부자간의 관계가 원만하지 못했지만 엥겔스는 즉시 고향으로 달려갑니다. 엥겔스의 어머니는 엥겔스가 2주간 아버지를 방문할 수 있도록 허락해달라고 당국에 신청했지만, 신청 허가가 나왔을 때는 이미 아버지가 돌아가신 뒤였지요. 1863년에는 동반자였던 메리가 갑자기 사망했고, 1864년에는 그의 절친한 친구 볼프가 사망해요. 이러한 갑작스러운 운명의 충격에도 불구하고 엥겔스는 결코 마음이 약해지지 않았습니다.

1864년에 엥겔스는 맑스와 함께 국제 노동자 연합인 '제1인터내셔널'의 창립에 적극 가담합니다. 이들은 이 조직을 프롤레타리아의 계급의식을 발전시키고 투쟁의 구체적인 목적과 수단을 명확하게 할 수 있는 중요한 수단으로 간주했어요. 메리가 죽은 후 엥겔스는 그녀의 여동생 리디아를 반려자로 맞습니다. 그녀 역시 언니 못지않은 혁명적 기질을 지닌 여인으로서 당시 맨체스터의 한 공장에서 일하고 있었는데요. 그녀는 아일랜드 독립을 위한 어떤 운동 단체의 일원이었습니다.

▲맑스와 엥겔스

   1870년에 엥겔스는 회사를 그만두고 리디아와 함께 맑스가 살고 있는 런던으로 이사해요. 엥겔스는 리디아가 죽기 하루 전인 1878년 9월 11일에 그녀와 공식적으로 결혼했습니다. 엥겔스는 그때까지 부르주아적인 결혼을 멸시하고 있었기에 결혼 생각을 하지 않고 지냈지만, 종교 신자였던 리디아의 마지막 소원을 들어주기 위해 마음을 바꾼 것입니다. 혁명적인 노동자들은 엥겔스로부터 지식과 경험뿐만 아니라 강인한 투쟁 정신, 역사적 낙관주의, 필승의 신념 등을 배웠어요. 그들은 엥겔스에게 항상 조언을 구했을 뿐만 아니라 급한 경우 물질적인 도움도 받았어요. 엥겔스는 검소하게 살면서 절약했지만, 당이나 운동가들에 대해서는 돈을 아끼지 않았습니다. 특히 친구 맑스에 대한 경제적인 지원은 상상을 초월했지요.

엥겔스는 1895년 8월 5일 오후 10시 30분경에 눈을 감았습니다. 위대하고 화려한 삶을 살았던 엥겔스는 유물론자답게 죽음을 매우 침착하고 안정되게 맞이했어요. 물질로부터 온 인간의 생명이 다시 물질로 돌아가는 것이 죽음이라는 사실을 받아들였기 때문이지요. 그는 생전에 이미 유언장을 만들어놓았는데요. 전 재산을 친구들과 맑스의 자녀들에게 물려준다는 내용이었습니다. 그는 또한 자신의 모든 책과 저작권 및 천 파운드에 이르는 돈을 독일 사회민주당에 기증했어요. 유언 집행자에게 보낸 편지에서 엥겔스는 자신의 유해는 화장하여 바다에 뿌려달라고 부탁했고, 그의 소원대로 유해는 화장된 후 이스트번의 해안에 뿌려집니다. 이렇게 하여 위대한 철학자의 영혼은 오늘날까지 푸른 파도 속에서 넘실거리며 외치게 되었지요. "만국의 노동자여! 단결하라!"고 말입니다.

지금까지의 철학은 세계를 다양하게 해석했을 뿐인데 중요한 것은 세계를 변화시키는 일이다.

이전의 모든 철학, 특히 관념론 철학은 세계를 해석하는 데 만족했기에 철학이 실생활에서 별 쓸모가 없다는 것이라는 비판을 받았습니다. 엥겔스는 이러한 사실을 지적하면서 그것은 철학 자체에 잘못이 있지 않고 옳지 못한 철학에 책임이 있다고 주장했어요. 옳은 철학은 세계, 자연, 인간에 대한 과학적인 지식을 토대로 인간과 사회를 바꿀 수 있는 철학입니다. 다시 말하면 혁명적인 철학이죠. 이러한 혁명적인 철학은 바로 맑스주의에서 비로소 시작된다고 엥겔스는 주장했습니다.

물질은 모든 변화에도 불구하고 영원히 그 자체로 남는다.

|

엥겔스의 주저『자연 변증법』에 나오는 말입니다. 변증법이란 사물을 변화하는 상태에서 바라보는 철학적 방법인데요. 그리스의 헤라클레이토스에서 단초가 드러난 변증법은 헤겔의 철학에서 최정상에 도달했고 엥겔스도 그것을 받아들였습니다. 엥겔스는 인간의 사고와 역사뿐만 아니라 자연의 모든 변화가 변증법적으로 발전한다는 사실을 규명하려 했어요. 변증법적인 발전이란 모순을 통한 발전을 뜻합니다. 모순되는 적대적인 두 요소가 상호 투쟁을 통해 질적으로 새로운 것을 만들어내는 것이지요. 자연의 변증법이 가능한 것은 자연의 근거가 물질이기 때문입니다. 물질은 항상 변하며 새로운 것을 발생시키지만 물질이라는 속성은 영원히 그대로 남아 있어요. 물질은 시작도 없고 끝도 없으며 영원하다는 유물론의 진리를 엥겔스는 모든 현대 과학의 결과를 동원하여 증명하려 했답니다.

모든 철학의 근본 문제는 사유와 존재의 관계에 관한 것이다.

|

엥겔스는 철학의 근본 문제가 무엇인가를 제시하고, 그에 따라 철학을 유물론과 관념론으로 구분했어요. 사유는 인간의 의식이나 정신과 관계

되는 것이고, 존재란 물질이나 자연의 근거가 되는 어떤 것입니다. 신이나 인간의 의식으로부터 물질세계가 발생한다고 주장하는 철학이 관념론인데요. 신이나 이데아, 절대정신과 같은 객관적으로 존재하는 정신적인 것을 가정하는 철학이 '객관적 관념론'이고, 모든 객관적 세계의 실체를 부정하고 인간의 의식이 그것을 결정한다고 주장하는 철학이 '주관적 관념론'이에요. 엥겔스에 의하면 인류의 철학사는 유물론과 관념론의 투쟁 역사였으며 오늘날에도 그 투쟁은 계속됩니다.

사실주의는 전형적 환경에서의 전형적 성격을 충실하게 재현하는 것이다.

|

엥겔스가 런던에서 1885년 11월 26일에 미나 카우츠키 여사에게 보낸 편지에 들어 있는 말로서 사실주의 문학을 규정하는 열쇠 역할을 합니다. 전형적인 환경이나 성격은 여러 환경이나 성격을 대변하는 보편적인 성격을 지니는데요. 현상으로 나타나는 환경이나 성격의 본질을 나타내기도 하지요. 그러므로 사실주의는 사실을 충실하게 재현하여 묘사하되 사진을 찍는 것처럼 그대로 모사하는 것이 아니라 그 본질을 강조하여 묘사합니다. 자연을 있는 그대로 사진 찍듯이 묘사하는 예술 경향은 자연주의에 속하고요.

노동은 모든 인간 생활의 기본 조건이다.

|

노동은 인간을 인간답게 만드는 조건입니다. 엥겔스는 어떻게 원숭이가

인간으로 진화할 수 있는가를 규명하면서 그 근거가 도구를 사용한 노동이라는 점에 있다고 확신했습니다. 인간이 형성되는 과정에서도 노동이 중요하며, 인간이 인간다운 삶을 영위하는 과정에서도 노동은 중요합니다. 인간의 창조적인 모든 활동 역시 노동 속에서 드러나지요. 그러나 강요된 노동은 인간을 오히려 소외시킵니다. 자본주의 사회에서 굶어죽지 않기 위해서 하는 노동은 강요된 노동이지요. 엥겔스는 즐거운 마음으로 무엇인가를 창조한다는 즐거움을 주는 노동만이 인간을 인간답게 만든다고 본 거예요. 하지만 이런 노동은 돈이 인간을 지배하지 않는 사회주의 사회에서만 가능하지요.

인간은 정치, 과학, 예술, 종교 등을 추진할 수 있기 전에 무엇보다도 우선 먹고 마시고 거주하고 옷을 입지 않으면 안 된다.

이 말은 엥겔스가 맑스의 장례식에서 한 것입니다. 물질적인 생활 조건이 충족된 후에야 그 기초 위에서 정신적인 문화가 발생할 수 있다는 사실을 표현한 것이며, 맑스주의의 역사적 유물론(유물사관)을 규정하는 말이기도 합니다. 맑스주의는 사회를 물질적인 하부구조(토대)와 그 위에서 형성되는 상부구조(법, 정치, 도덕, 예술, 철학, 종교 등)로 구분하는데요. 하부구조의 핵심을 이루는 것이 바로 물질적인 생산입니다. 상부구조는 하부구조에 의존하여 발생하고 변화할 수밖에 없어요. 여러분이 역사 시간에 배운 농업 혁명이나 산업 혁명을 떠올려보세요. 농산물의 생산량이 늘어나고 공산품의 대량 생산이 가능해지면서 당시 사회에 어떤 일들이 벌어졌는지 생각해보세요. 이 같은 물질적인 생활의 변화와 함께 인류의 삶에도 이전과 다른 원칙과 제도들이 생겼잖아요? 자연이나 사물, 세상을 바라보는 인간의 시각도 달라지고요. 상부구조는 하부구조에 의존하여 발생하고 변화한다는 것은 바로 이런 뜻입니다. 즉, 사회 변화는 전체적으로 생산력의 발전에 따른다는 것인데요. 이념이 역사 발전을 이끌어가고 그에 따라 생산력을 발전시킨다는 관념론적 역사관과 정반대인 유물사관은 이처럼 매우 현실적인 측면을 지니고 있어요.

사랑을 밑받침으로 하는 결혼만이 윤리적이다.

결혼과 가정에 대한 엥겔스의 입장을 보여주는 말입니다. 결혼과 가정생활은 물론 사랑을 밑받침으로 하지만 황금만능주의가 지배하는 자본주의 사회에서는 돈이 사랑을 포함한 인간관계를 지배합니다. 돈이 삶의 목적이 되지 않고 단순한 수단의 역할만 하는 사회에서만 참다운 사랑이 가능하다는 엥겔스의 주장에는 일리가 있어요. 사랑 중에서 가장 아름답고 오래가는 것은 동지애라는 사실을 연상시켜주는 문장입니다.

우리의 이론은 도그마가 아니다.

'도그마(dogma)'란 철학에서 흔히 응고되어 변하지 않는 이론, 즉 독단적인 신념이나 학설을 말해요. 엥겔스는 말년에 맑스와 자신의 철학 이론을 되돌아보면서 자신들의 이론에도 당시의 생산 관계를 고려한 시대적인 한계가 있으므로 앞으로 과학이나 생산이 더 발전하면 이론 역시 변화할 것이라고 예언했어요. 그래서 맑스와 엥겔스의 원전을 들먹이며 문

구를 외우는 사람들을 교조주의*자라 비판하는 것이
지요. 만일 맑스와 엥겔스가 오늘날 글을 썼다면 내
용도 달라질 테니까요. 하지만 맑스주의가 내세우는
원칙마저 팽개친다면 그는 분명 수정주의*자라는 비
난을 면하기 어려울 것입니다.

*특정한 교의나 사상을 절대적
인 것으로 받아들여 현실을 무
시하고 이를 기계적으로 적용
하려는 태도. 특히 마르크스주
의에 있어서 마르크스주의를
발전하는 것으로 파악하지 않
고 고전에 서술되어 있는 명제
를 절대적인 교조라고 생각하
여, 당면한 구체적인 여러 조건
을 음미하지 않고 현실을 무시
한 채 기계적으로 적용하려는
태도나 생각을 이른다.
*마르크스주의를 진리로 간주
하는 사람들이 마르크스의 본
디 주장을 수정하려는 태도를
비난조로 이르는 말.

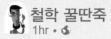

철학 꿀딴죽
1hr · 🔥

인간과 사회를 바꾸는 철학, 노동 중시

엥겔스는 자기의 모든 재산까지 바치면서 맑스를 도와준 훌륭한 사람인 것 같습니다. 문학가나 철학자들은 자존심이 강해서 독불장군이 되기 쉬운데요. 인류의 역사에서 맑스와 엥겔스처럼 참된 우정을 실현한 또 다른 예가 있습니까?

제가 알기로는 독일의 문학가 괴테와 실러가 있습니다. 그들의 우정도 모범이 될 만하지만 공동으로 창작이나 저술은 하지 않았습니다. 맑스와 엥겔스는 공동으로 많은 저술을 하였고 겸손했던 엥겔스가 맑스를 앞에 내세웠기 때문에 훗날 이들의 철학이 '맑스주의'로 불리게 된 것이지요. 특히 말년에는 맑스가 경제 문제에 집중한 반면 철학 문제는 엥겔스가 도맡았습니다.

👍 Like　　💬 Comment　　➤ Share

콩 트

IDENTIFICATION
현 상 을   기 술 하 자

프랑스 철학자 콩트(Auguste Comte, 1798~1857)는 '주어진 것', '사실적인 것', '실증적인 것'으로부터 철학이 출발해야 된다고 주장하면서 본질에 대한 물음이나 사실의 원인에 대한 물음을 철학에서 배제하려 했습니다. 특히 형이상학적 문제를 다루는 종래의 철학을 거부하면서 새로운 과학 발전에 부합하는 자신의 철학을 '실증주의'라 불렀어요. 형이상학적 문제가 배제된 후 철학이 다루는 대상은 현상뿐입니다. 따라서 콩트는 현상으로 주어지는 사실을 그대로 받아들이고 그것을 현상 사이의 연관성에 따라 정돈하며 알려진 법칙에 의하여 미래를 예견하는 것이 실증주의의 과제라고 말했어요.

실증주의가 프랑스에서 나타난 것은 우연이 아닙니다. 프랑스 계몽주의 철학자들은 유물론이라는 이념적인 무기를 동원하여 시민 혁명에 성공했으며, 그 결과 무신론과 유물론이 확장되었는데요. 이에 불안을 느낀 프랑스 부르주아 지식인들은 모든 수단을 동원하여 유물론을 격파하려 했고 여기에 콩트가 앞장섰으며 콩트는 영국 경험론의 주장을 새로운 모습으로 변형하여 실증주의를 만들었으니까요.

객관적 실재의 존재나 인식 가능성을 인정하는 모든 이론은 형이상학적이다.

객관적으로 존재하는 실체를 부정하는 철학 사상은 회의주의와 불가지론에 빠지게 마련입니다. 자칫 영국 경험론으로 되돌아가기 쉽지요. 콩트도 그랬습니다. 콩트는 유물론과 관념론을 모두 형이상학과 일치시키면서 실증주의가 양자를 극복하는 '새로운 철학'이라 주장하지만, 그것은 현상과 본질의 관계를 올바로 파악하지 못하는 데서 오는 또 하나의 관념론적 오류일 뿐이었어요. 현상과 본질의 문제를 다루는 것이 인식론인데, 인식론은 이론적 연구와 함께 사회적 실천을 밑받침으로 해야 하니까요. 마치 본질이 어디엔가 그 자체로 존재하고 사변을 통하여 그것을 찾아가야 한다고 주장하는 것은 콩트가 지적한 것처럼 무용한 형이상학적 방법입니다. 그러나 현상과 본질, 개별적인 것과 보편적인 것의 상호작용을 무시한 채 감각적인 현상에만 매달리는 것도 일면적이에요. 이양자는 변증법적으로 서로 연관되어 있기 때문입니다. 콩트를 비롯한 실증주의의 오류는 결국 현상과 본질을 형이상학적으로 분리시키는 데 있습니다.

철학 꿀딴죽
1hr · 🌐

실증주의

현대 한국 철학에 실증주의와 연관되는 분석 철학이 주도하는 현상을 우리는 어떻게 평가해야 합니까?

한국의 철학자들이 대부분 미국에서 공부했고 미국의 자료에 의존하기 때문입니다. 우리는 외국의 사상이나 철학을 무조건 수용해서도 안 되고 소개에 그쳐서도 안 됩니다. 비판적으로 수용해야 합니다. 우리 민족의 가장 큰 과제는 외세의 강요로 분단된 나라의 통일입니다. 모든 사상이나 철학은 이 문제와 연관되어야 합니다. 실증주의나 분석 철학이 통일에 관해서 어떤 말을 합니까? 언어나 논리의 분석이 통일을 가져옵니까? 물론 그것도 학문의 발전에 기여할 수 있습니다. 언어와 문장을 논리정연하게 개선하는 일입니다. 그러나 그것은 인간이 어떻게 살아야 하는가를 제시해주는 철학의 본령이 아니라 언어학의 과제입니다. 올바른 삶을 지향해주는 세계관이 논리적으로 증명될 수 없기 때문에 무의미하다는 주장은 철학으로서의 철학을 포기하고 언어 문제로 환원하려는 몸부림입니다. 일제강점기에 일본 사람들이 전파한 철학은 주로 독일 관념론과 실존주의였습니다. 이런 철학은 철학이 사회 문제나 역사 문제에 눈을 돌리는 대신 추상적인 이념이나 개인의 결단만을 강조합니다. 사회의 모순으로부터 눈을 돌리게 합니다. 구체적으로 독립 운동에 관심을 갖지 않게 만듭니다. 분석 철학도 오늘날 비슷한 입장에 있습니다. 역사 문제나 사회 문제보다 언어 문제에 집중하게 합니다. 자본주의 사회의 구조적 모순 대신 언어의 혼란을 분석하게 합니다. 그것은 우리 민족과 연관하여 매우 근시안적이고 기회주의적인 태도라고 말할 수 있습니다.

👍 Like   💬 Comment   ➡ Share

후설(Edmund Husserl, 1859~1938)은 현상학의 대표적인 철학자인데요. 양친은 유대계였으며 아버지는 관료 출신이었습니다. 양친에게 받은 가정 교육이나 학교 교육이 후설에게 큰 영향을 미치지 못한 탓인지 그는 청년기에 이르러 개신교 신자가 됩니다. 후설은 독일 라이프치히 대학에서 천문학, 물리학, 수학, 철학 등을 공부했는데, 철학 분야에서 그에게 처음으로 영향을 준 사람은 심리학자 분트*였습니다. 여기서 세 학기를 마친 후설은 베를린 대학으로 옮겨 수학과 철학에만 전념합니다. 이때 당시 베를린 대학의 수학 교수였던 바이어슈트라스* 가 그의 사상 형성에 큰 영향을 미쳐요. 후설은 수학에 더 많은 관심을 갖게 되었고, 이후 빈 대학에서 수학에 관한 연구로 박사 학위를 받은 뒤 베를린 대학에서 바이어슈트라스의 조교로 일합니다. 2년 후에 그는 빈 대학으로 옮겨 철학자 브렌타노*의 영향을

*빌헬름 분트(Wilhelm Wundt, 1832~1920)는 독일의 심리학자이자 철학자이다. 실험 심리학 분야를 개척하고, 진화론적 철학 체계를 수립했다. 저서로 『생리학적 심리학』 『철학 세계』 『심리학 원론』 등이 있다.
*바이어슈트라스(Karl Theodor Wilhelm Weierstrass, 1815~1897)는 독일의 수학자이다. 미분 계수를 갖지 않는 연속 함수를 발견하였으며, 복소 함수론의 기초를 이룩했다.
*브렌타노(Franz Brentano, 1838~1917)는 독일의 철학자이자 심리학자이다. 철학의 기초학으로서 기술 심리학을 전개하여, 뒤에 후설의 현상학에 큰 영향을 주었다. 저서에 『경험적 입장에서의 심리학』이 있다.

▲현상학의 기초를 정립한 후설이 살았던 프라이부르크의 집(CC BY-SA 3.0)

받고 수학에서 철학으로 넘어갑니다. 이들은 철학도 수학처럼 '엄밀한 과학'이 될 수 있다고 확신했어요. 브렌타노는 스콜라 철학의 전통을 이어받고 콩트가 중심이 되는 프랑스의 실증주의와 영국의 경험론에 기울어진 철학자였는데요. 그는 칸트에서 출발한 현대 철학이 '편견의 철학'이 되었다고 생각했습니다. 칸트가 말하는 선천적 종합판단이 바로 그같은 편견의 산물이고요. 칸트는 "2+3은 5다"와 같은 판단은 경험에 의하지 않으면서도 보편성을 지니고 새로운 지식을 전달해주는 종합판단

이라고 주장했기 때문인데요. 헤겔, 쇼펜하우어, 니체에서 이러한 편견이
절정에 도달한다고 브렌타노는 결론지었습니다.

브렌타노의 주장은 물론 부분적으로 타당하지만 전체적으로는 옳지
않아요. 칸트에서 헤겔에 이르는 독일 고전 철학은 관념론임에도 불구하
고 시민 사회의 형성에 도움을 주는 합리적인 철학인 반면 쇼펜하우어와
니체로 이어지는 철학은 이성을 파괴하는 비합리적인 철학이기 때문이
지요. 여하튼 브렌타노는 현대 철학을 경험에 의거하는 자연과학적인 방
법으로 재구성해야 한다고 생각했습니다. 그러나 천박한 경험주의에 빠
지지 않기 위해 심리학의 도움을 받아야 했어요. 후설은 브렌타노의 주
장을 받아들여 경험주의와 심리주의를 밑받침으로 철학을 재구성하려
노력했습니다. 하지만 차차 심리학이 중심이 되는 철학에 거부감을 느껴
서 '순수 이론'을 찾아 나섰고 결국 현상학에 도달했던 것입니다.

선험적 환원이 모든 과학적인 철학의 출발점이다.

후설은 사물의 본질을 과학적으로 찾아내는 것이 철학의 가장 중요한 과
제라고 말해요. 모든 과학적인 철학은 여기에 동의합니다. 그러나 본질
을 찾는 방법에서 차이가 나타나는데요. 맑스주의는 먼저 실험과 관찰을
통해서 현상을 분석한 후 그 현상의 배후에 숨어 있는 법칙을 찾아가는
방법을 택했어요. 이에 반해 후설은 본질을 직관하는 방법을 택합니다.
본질을 직관하려면 우리는 먼저 일상적인 태도에서 벗어나 선험적인 입
장에 들어서야 하는데요. 선험적 주관은 일상적인 태도를 벗어나 판단을
중지하고 '사실 자체'로 나아가는 것을 말해요. 즉, 모든 주관적인 선입

견을 버리고 대상의 본질을 직관해야 한다는 뜻입니다. 선험적인 환원을 통해서 본질을 직관할 때만 과학적인 철학이 성취된다는 것인데요. 조금 어렵지요? 여기서 말하는 '환원'이란 잡다한 사물이나 현상을 어떤 근본적인 것으로 바꾸는 일을 말해요. 그러니까 선험적 환원이란 곧 주관을 배제한 본질을 파악하는 것이라 할 수 있지요.

후설이 가장 과학적인 방법이라고 주장하는 본질 직관은 그러나 매우 신비적이고 주관적입니다. 그는 인식 과정에서 나타나는 직관, 분석, 추리의 변증법적인 연관성을 무시하고 이들을 형이상학적으로 분리시켰는데, 이처럼 순수한 직관에 의하여 본질을 파악하는 것은 도사에게나 가능한 일이지 보통 사람에게는 도무지 불가능한 일이니까요. 예를 들어 우리는 사랑의 본질을 어떻게 파악하나요? '사랑'이라는 말을 들으면 자동으로 떠오르는 어떤 관념이나 이미지는 실제로 자타의 경험과 학습된 것들을 바탕으로 본인이 "이런 거야" 혹은 "저럴 것이다"라고 재구성한 개념입니다. 그 본질이 무엇인지 실제로는 아무도 몰라요. 추상적인 개념이라서 눈으로 본 적도 없고요. 그런데 우리가 과연 사랑과 연결된 그 모든 것들을 다 배제하고 사랑의 본질로 직행할 수 있을까요? 여러 해를 살고 공부하면서 스스로 통찰을 얻어갈 수는 있지만 불순물이 제거된 순수한 직관을 갖기란 너무도 어려운 일 아닐까요?

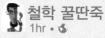

철학 꿀딴죽
1hr · 🌐

현상학, 철학도 엄밀한 과학이 될 수 있다

실증주의자, 현상학자, 맑스주의자들은 모두 자기들의 철학이 과학적인 철학이라고 주장하는데 누구 말이 맞는 것일까요??

과학의 과제는 사물의 현상을 연구하고 분석하여 그 본질, 다시 말하면 그 법칙을 찾아가는 데 있습니다. 실증주의는 현상에만 매달리며 현상학자들은 직관에만 매달리기 때문에 제 생각으로 가장 과학적인 철학은 역시 자연, 인간, 사회의 문제에서 그 보편적인 법칙을 찾아가는 맑스주의입니다. 맑스는 자본주의의 여러 현상을 연구하여 그 법칙을 찾아내었습니다. 그것이 바로 『자본론』입니다. 실증주의와 현상학은 방법 면에서 다소 과학적이라 말할 수 있습니다.

👍 Like　　💬 Comment　　➤ Share

프 로 이 트

IDENTIFICATION

잠 재 의 식 이   너 무 해

프로이트(Sigmund Freud, 1856~1939)는 오스트리아에서 유대인의 아들로 태어났습니다. 빈 대학에서 의학을 공부한 그는 대학을 졸업한 후 빈의 한 생리학 연구소에서 근무했고, 대학에서 신경생리학 분야의 강의도 맡았어요. 그 후 파리의 의학자 샤르코* 및 빈의 생리학자 브로이어와 히스테리(정신분열증)에 관한 공동 연구를 수행하면서 이러한 연구들을 밑받침으로 정신병의 근본 원인이 무의식이라고 주장했지요. 자신의 이론을 '정신분석학'이라는 이름으로 체계화했고요. 1891년부터 1938년까지 프로이트는 빈에서 상담실을 운영하면서 많은 저술을 했는데요. 히틀러가 오스트리아를 침공하자 런던으로 이주하여 그곳에서 생애를 마칩니다.

*샤르코(Jean Martin Charcot, 1825~1893)는 프랑스의 신경병리학자이다. 근육 위축성 측삭(側索) 경화증, 근육 위축증 따위의 신경 계통 질병을 처음으로 보고하였다.

신경성 불면증은 그 원인이 대부분 성적인 만족의 결여에 있다.

프로이트의 대표적인 저술 『성욕에 관한 세 편의 에세이』에 나오는 이 말은 정신분석학을 이끌어가는 실마리가 되었습니다. 쇼펜하우어가 철학에서 중시하기 시작한 인간의 본능적인 성욕을 프로이트는 심리학에서 극대화했습니다. 프로이트에 의하면 '리비도(Libido)'라 불리는 성욕이 인간의 모든 행위를 주도하는 근원적인 힘이라고 해요. 인간의 심리 상태는 무의식, 의식, 사회적 규범이라는 3요소로 구성되어 있는데요. 의식이란 거대하게 숨겨져 있는 무의식에 비해 빙산의 일각과 같다고 합니다. 그는 인간의 행위를 결정하는 가장 중요한 요인으로 무의식 상태인 성욕을 꼽아요. 성욕의 만족과 불만족에 따라 인간의 심리 상태가 결정되고 그것이 행동으로 표출된다는 거예요. 성욕의 불만족이 곧 정신 분열을 유발하고요.

프로이트의 인간 이해는 지극히 생물학적이고 기계적입니다. 무의식과 의식, 본능과 이성을 기계적으로 대치시키기 때문이지요. 프로이트는 인간의 심리 상태와 행위뿐 아니라 종교나 문화의 발생까지도 성적인 문제와 결부시켰는데요. 현실은 금기, 도덕, 종교 등의 모습으로 성욕을 억누르기 때문에 사람들은 성적인 만족 대신에 그 에너지를 다른 곳으로 승화시키면서 예술, 철학, 종교 등이 발생했다고 한 거예요. 프로이트에 의하면 종교는 인간의 본성에서 나타나는 '집단적 노이로제'의 산물일 뿐이고요.

인간의 문제, 특히 심리 문제를 구체적인 인간 이해를 중심으로 과학적으로 제시하려 했다는 장점에도 불구하고 프로이트의 주장에는 많은 한계가 있습니다. 인간의 성은 동물적인 본능을 사회적 규범에 의하여 규제하는 데 그 특성이 있어요. 하지만 성의 억압 못지않게 성의 무분별한 남용도 조화로운 인간 생활을 파괴한다는 사실을 프로이트는 간과한 것 같아요. 성의 남용은 자본주의 사회 구조 안에서 성의 상품화로 변질되고, 인간 특히 여성의 존엄성을 훼손하는 양상으로도 번집니다. 프로이트의 한계는 그가 성욕을 기반으로 하여 인간의 모든 문제를 해결하려 했다는 그 점보다 성욕이 조화롭게 만족될 수 있는 사회 구조를 분석하는 데 게을렀다는 점에 있습니다. 성은 물론 개인의 사생활이나 사회생활에서 중요한 부분이기는 하지만 그렇다고 해서 성이 모든 것을 주도하는 원리가 되는 건 아니지요. 또한 관념론 철학의 영향을 벗어나지 못한 프로이트는 인간의 의식이 독자적으로 존재하는 외부 세계의 반영이라는 사실을 간과한 채 생물학적인 의미의 충동과만 연관시키고 있어요. 건전한 인격은 생물학적 본능과 사회적 규범의 조화로운 통일을 통해서 형성되는데 말이에요. 성의 문제에서 생물학적 충동을 완전히 배제하는 것도 문제지만 사회적 배경을 소홀히 하는 것도 인간을 동물 수준으로 후퇴시키는 것 아닐까요? 성의 해방이나 여성의 해방은 성의 무분별한 남용과 거리가 멀고, 오히려 그것을 알맞게 조절하는 데 있습니다. 참된 성의 해방은 황금만능의 사회 풍조를 벗어나 인간의 존엄성이 유지되는 사회 구조 안에서만 가능하다는 사실을 프로이트는 파악하지 못했나 봐요.

철학 꿀딴죽

1hr · 🌐

의식, 무의식, 리비도

우리 사회에 정신 질환자나 자살자가 많은 것은 성적인 문제와 많이 연관되지 않을까요? 예컨대, 실연이나 이혼, 불륜 같은 것 말입니다.

그러한 문제의 근원에는 경제적인 문제가 자리 잡고 있습니다. 제 생각으로 자살의 가장 큰 원인은 경제적인 불평등입니다. 그러므로 자살에는 개인이나 가족의 책임보다도 사회나 국가에 더 많은 책임이 있습니다. 빈부의 차이에서 오는 소외감을 느끼지 않으며 창조적으로 노동에 종사할 수 있는 사회에서는 자살률이 줄어든다고 생각합니다. 자살을 방지하기 위한 도덕적인 설교나 종교적인 설득은 문제를 근본적으로 해결할 수 없습니다.

👍 Like　　💬 Comment　　➤ Share

야 스 퍼 스

IDENTIFICATION

초 월 자 의   암 호

하이데거와 함께 독일 실존 철학을 대표하는 야스퍼스(Karl Jaspers, 1883~1969)는 북독의 소도시 올덴부르크에서 지방 장관의 아들로 태어 났습니다. 어렸을 때엔 몸이 허약했기 때문에 항상 고독하고 조용하게 생활했는데요. 뮌헨 대학과 하이델베르크 대학에서 법학과 의학을 공부 한 후 1909년에 「향수와 범죄」라는 논문으로 의학 박사 학위를 받고 하 이델베르크 정신병원에서 조수로 근무합니다. 다음 해에 의과대학 동급 생의 누나와 결혼했는데, 네 살 연상인 부인에 대한 사랑은 정말 감동적 입니다. 부인의 건강을 생각하여 아이를 갖지 않았으며 나치 시절에 유 대인이었던 부인이 체포될 경우를 대비하여 언제라도 자살할 수 있도록 독약을 지니고 다녔다고 해요.

야스퍼스는 빈델반트 교수 밑에서 『일반 정신 병리학』으로 교수 자격 을 획득한 후 하이델베르크의 심리학 교수가 됩니다. 그러나 심리적인 연구가 인간의 영혼 문제를 완전히 해결해줄 수 없다는 것을 깨닫고 철 학으로 넘어가지요. 1919년에 나온 『세계관의 심리학』은 이러한 변화를 잘 보여줍니다. 1932년엔 그의 주저 『철학』 3권이 나오고요. 유대인 부인 때문에 나치 시절에 교수직을 박탈당했지만 전후(戰後)에 복직되어 바젤 대학으로 옮겨 강의를 계속하지요.

실존 철학은 유물론과 거리가 먼 극단적인 주관적 관념론이었고, 사회 중심적인 맑스주의에 대항하는 의미를 지녔습니다. 사회적인 안정보

▼올덴부르크에 있는 야스퍼스의 청동 흉상(크리스타 비움게르텔 작품, 1983)(CC BY-SA 3.0 de)

다도 개인의 영혼 문제에 더 큰 비중을 두었고요. "세상이 무너져도 나의 혼만 살아 있으면 된다"는 생각이 주도했다는 것이 쉬운 예입니다. 그러므로 실존 철학에서는 논리나 체계보다 불안이나 절망 같은 비논리적이고 비합리적인 문제들이 추구되며, 인간의 내면을 심각하게 추구하고 주관적인 진리를 내세웁니다. 여기서 문제가 되는 것은 보편타당한 객관적인 진리보다도 한계 상황에 놓인 구체적인 인간의 혼을 일깨워주는 힘을 가진 진리인데요. 종래의 합리적인 철학 체계에서처럼 논리적인 증명법을 취하는 것이 아니라 역설이나 잠언 등을 통해서 인간으로 하여금 진정한 자기로 돌아가는 결단을 촉구하거나 인간의 양심에 호소하는 방법을 취한다는 것이 문제라는 뜻입니다. 따라서 현대의 어두운 면을 폭로하기도 하고, 보통 생각하기에 비철학적인 문제들, 곧 무·불안·죽음 등을 다루기도 해요. 릴케나 카프카 같은 문인들도 곧잘 이런 방식으로 실존 철학적인 문제를 다루잖아요? 실존 철학은 실증주의와 달리 철학이 인간의 세계관, 다시 말하면 어떻게 살아야 하는가의 문제를 해명해야 한다고 주장합니다. 그래서 야스퍼스는 실증주의를 '철학적인 자살'로 간주했고, 현상학의 창시자 후설의 철학을 '철학에 대한 배반'으로 낙인찍었나 봅니다.

초월자의 언어인 암호를 읽으면서 현존은 실존이 된다.

야스퍼스는 철학자로서 교회가 중심이 되는 정통적인 인격신을 받아들일 수 없었습니다. 그렇다고 해서 서구의 전통적인 기독교를 부정할 수도 없었고요. 이러한 입장에서 그가 생각해낸 개념이 바로 '초월자'입니다. 초월자란 인격의 개념이 박탈된 초월적인 존재를 말하는데요. 초월자는 대개 암호를 통해서 인간에게 나타납니다. 초월자의 언어인 암호는 분석이나 설명이 불가능하며 해독될 수 있을 뿐이라고 야스퍼스는 말해요. 그것은 주관적이며 신비적인 이해와 거리가 멀지 않은 것으로서 대개 자연 속에서, 역사 속에서, 철학 속에서 나타나며 이러한 암호를 읽는 순간 인간은 자유로운 실존이 된다고 주장합니다. 하지만 이것은 무신론도 아니고 유신론도 아닌 어중간한 입장이에요. 야스퍼스는 예수, 석가, 소크라테스, 공자 등을 암호를 해독해가는 철학자로 간주했습니다. 따라서 철학은 결국 암호 해독이며, 과학은 그것을 할 수 없다고 주장해요. 암호 해독을 하지 못하는 보통 사람(현존)은 본질 직관을 하지 못하는 사람처럼 철학에 접근할 수 없다고도 했지요.

야스퍼스의 철학에는 주관주의, 개인주의, 귀족주의, 신비주의, 비합리주의 등의 요소가 들어 있습니다. 그는 인간 존재를 현존과 실존으로 양극화하면서 귀족주의적인 주관주의를 옹호했는데요. 그에 따르면 현존은 생물학적이고 본능적인 본성에 따라 살아지는 삶입니다. 야스퍼스는 개인의 삶을 위협하는 기술 문명을 비판하지만 기술이 개인의 삶을 소외시킬 수밖에 없는 자본주의적 사회 구조에 대해서는 언급을 회피합니다. 야스퍼스는 현존을 모순과 고통으로 가득 차 있다고 보았어요. 현존에 얽매이는 것은 인간의 참된 본질인 실존의 상실을 의미하고요. 따라서 그는 자유, 인간성, 삶의 가치 등이 오직 실존에서만 실현된다고 주장합니다. 하지만 저는 현존에 대한 거부와 실존에로의 호소는 자본주의 사회에서 일그러진 대중의 삶에 대한 모멸이자 지식인의 오만을 의미한다고 생각해요. 어쩌면 야스퍼스는 불교의 승려나 기독교의 수도자처럼 사회생활에 우려와 모멸감을 드러내며 현존으로부터 실존에로의 도피를 호소한 게 아닐는지요?

진리는 둘 사이에서 시작된다.

|

실존 철학은 일반적으로 인간의 고독한 내면을 강조하는 철학입니다. 그러나 인간은 사회를 떠나 존재할 수 없는 '사회적 동물'이므로 실존 철학자들도 타인과의 관계를 고려하지 않을 수 없었어요. 그래서 "세상이 무너져도 나의 혼만 살아 있으면 된다"고 부르짖은 키르케고르*와 달리 하이데거는 '세계 내의 존재'를, 사르트르는 '타인의 시선'이라는 문제를 고려하지 않을 수 없었나 봅니다. 야스퍼스는 실존들의 교제를 강조해요. 그리고 진리를 위한 인간 사이의 대화를 중시합니다. 이것은 그의 철학에서 나타나는 긍정적인 측면인데요. 교제나 대화는 모든 인간 사이에서 이루어져야 합니다. 노동자나 민중이 대화의 중심에 들어서야 하지요. 따라서 야스퍼스가 말하는 실존 사이의 교제는 엘리트가 중심이 되는 지식인들의 교제로 머물 위험성이 있습니다. 만일 이렇게 된다면 그것은 수도원에서의 교제처럼 노동자나 민중이 소외되는 지적인 교제일 뿐입니다.

*키르케고르(Sø ren Aabye Kierkegaard, 1813~1855)는 덴마크의 철학자이다. 실존의 문제를 제기하여 실존 철학과 변증법 신학에 큰 영향을 끼쳤다. 저서에 「이것이냐 저것이냐」, 「죽음에 이르는 병」, 「불안의 개념」 등이 있다.

어중간한 철학은 현실을 떠나지만 진정한 철학은 현실로 돌아온다.

|

현실을 중시하고 세계관으로서의 철학을 고수하는

것은 야스퍼스의 철학이 지니는 장점입니다. 철학은 현실에 대한 불만이나 비판과 함께 시작해요. 현실에 빠져 아무런 비판도 없이 살아가는 사람은 철학과 거리가 멀어요. 그렇다고 해서 현실을 부정하면서 현실을 떠나버리는 것 역시 참다운 철학적인 태도가 아니지요. 모순이 많고 부조리할수록 우리는 현실로 파고들어 그것과 대결해야 합니다. 철학은 어두운 현실을 파헤쳐나갈 수 있는 힘과 신념을 주는 나침반 역할을 하니까요. 즉, 삶의 방향을 제시해주지요. 그러나 어떤 철학들은 철학이 그것을 제공해줄 수 없다고 체념하며 언어 연구와 같은 지엽적인 문제에 눈을 돌리기도 하지요. 야스퍼스는 '엄밀한 과학으로서의 철학'을 주장하는 후설의 철학이나 실증주의 철학을 '철학에 대한 배반'의 본보기로 들었습니다. 야스퍼스는 철학이 과학 없이는 한 발자국도 나아갈 수 없다고 주장하면서도 과학이 줄 수 없는 세계관의 역할을 강조하는 모순을 보여줍니다. 그리고 '철학적 신앙'이라는 말까지 사용하며 그것을 제목으로 한 방대한 저술까지 내놓았지요. 갈릴레이와 브루노를 비교하면서 철학자는 자기의 철학을 위해 죽을 각오가 되어 있어야 한다고 강조하기도 했고요. 물론 야스퍼스는 과학과 철학의 관계를 옳게 파악하지 못하고 니체의 철학이나 맑스주의 철학을 비판했다는 한계를 지니지만, 실증주의에 대한 비판은 올바른 철학이 무엇인가에 대한 많은 암시를 주었다고 평가할 수 있습니다.

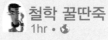

철학 꿀딴죽
1hr · 🌐

 # 실증주의 비판

의학과 철학은 어떤 관계가 있나요? 우리나라에서는 의사들이 철학에 별 관심이 없는데 의학을 공부한 후 철학으로 넘어간 야스퍼스가 신기하다는 생각이 듭니다.

옳은 의사가 되기 위해서는 철학이 필요하지요. 의사이기 이전에 인간이어야 한다는 말도 있습니다. 철학과 의학을 직접적으로 연결해주는 학문이 '의학 윤리'입니다. 의학을 돈벌이를 위한 기술의 수단으로 간주하는 사회에는 미래가 없습니다. 물론 야스퍼스는 의학 가운데서도 정신 병리학을 공부했고 그 때문에 심리학과 철학으로 넘어갈 수 있었습니다. 그러나 의사가 건전한 철학을 갖는다는 것은 의사들 자신뿐만 아니라 사회 발전을 위해서도 중요합니다. 모든 의사들은 인간 문제에 관심을 가져야 합니다. 다시 말하면 철학적 소양을 갖고 있어야 합니다. 어떤 의사들은 관념론 철학에만 관심이 있는데 의사라는 직업이 인간의 물질적인 육체의 병과 연관되기 때문에 유물론 철학에도 관심을 가져야 합니다. 18~19세기의 많은 프랑스·독일 의사들이 유물론 철학자가 된 것은 우연이 아니며, 그들의 의술과 철학은 사회 발전에 커다란 기여를 했습니다. 원래 의술은 유물론을 기저로 하는데 우리나라의 의사 가운데 몇 사람이나 유물론 철학을 이해하는지 의문입니다.

👍 Like   💬 Comment   ➤ Share

하이데거

IDENTIFICATION

언어는 존재의 집

후설의 조교로서 출발한 하이데거(Martin Heidegger, 1889~1976)는 야스퍼스와 달리 히틀러 정권 아래 나치 당원이 되었고, 1939년에 프라이부르크 대학 총장에 취임하면서 학생들에게 위대한 나치의 정신으로 무장할 것을 역설했던 사람입니다. 그 때문에 전후에 대학에서 추방을 당했는데요. 그는 초기의 주저 『존재와 시간』에서 존재 문제를 집중적으로 추구했습니다. 하이데거에 의하면 자신에 이르기까지의 서양 철학은 존재를 그 자체로 추구하지 못하고 존재자를 존재로서 추구해왔기 때문에 존재 망각의 역사가 되었다고 합니다. 다시 말하면 존재가 은폐된 비(非)진리의 역사라는 것인데요. 그는 니체까지도 '가치'라는 존재자에 얽매여 참된 존재를 파악할 수 없었다고 말해요.

하이데거에 의하면 존재로서의 존재를 파악하려면 무엇보다 먼저 인간을 이해해야 합니다. 인간이 존재를 이해하는 유일한 통로이기 때문인데요. 그는 또한 인간의 존재 이해에서 가장 중요한 것을 시간의 체험이라고 보았습니다. 시간을 체험함으로써 인간은 죽음을 예견하고 '죽음에

의 선구적 결단'을 내릴 수 있다는 거예요. 그와 동시에 인간은 '일상인 (das Man)'에서 벗어날 수 있으며, 시간 속에서 불안과 심려 혹은 걱정을 근본적으로 체험해간다는 것입니다. 하이데거는 불안에 휩싸인 자본주의 사회의 고독한 개인의 문제를 시적인 언어를 동원하여 철학사의 문제와 연결시키려는 일종의 '민중 망각의 철학'에 머물게 했습니다.

언어는 존재의 집이다.

하이데거는 『숲속 길』 등의 후기 저서에서 야스퍼스와 비슷하게 기술 문명에 의한 인간의 소외 문제에 눈을 돌립니다. 그는 또한 현대 사회의 인간 소외도 결국 존재 망각의 한 형태라고 주장하면서 기술로부터의 구출, 곧 전체가 존재 자체로부터 나와야 한다고 강조합니다. 그에 따르면, 인간은 예술과 시 속에서 존재에 대한 집을 마련해야 해요. 언어가 곧 존재의 집이 되어야 하고요. 결국 하이데거가 도달하는 종착역은 존재의 계시이고, 그것은 신앙과 그다지 거리가 멀지 않습니다. 일반적으로 하이데거를 무신론적 실존 철학자로 부르지만 엄밀한 의미에서 그는 무신론적인 철학자가 아니에요. 그의 박사 학위 논문은 중세 신학의 문제를 다룬 것이며, 후기 저서에서도 그는 신의 존재를 부정하지 않고 신의 문제에 대해 다만 침묵을 지켰을 뿐이거든요.

　존재는 하이데거가 주장하는 것처럼 언어에 갇혀 있을 수 없어요. 존재는 인간의 사회적 실천을 통해 체현되고, 그 가치가 검증되기 때문입니다. 노동자나 민중은 '존재'라는 말 대신 '진리'나 '정의'라는 말과 더 친숙하고요.

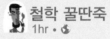

철학 꿀딴죽

1hr · 🌏

 # 민중 망각의 철학

하이데거가 나치의 당원이었다는데 그의 철학도 나치의 이념과 연관됩니까?

직접적이지는 않으나 간접적으로 연관된다고 말할 수 있습니다. 하이데거의 철학과 나치의 이념을 비교해서 다룬 책들이 이미 독일에서 나왔습니다. 존재 문제에 집중하면서 나치의 이념에 비판을 하지 않았다는 것 자체가 나치의 이념에 동조했다는 것을 의미합니다. 일제강점기에 순수 문학으로 도피한 우리나라의 문인들이 간접적으로 일제에 동조한 것과 비슷합니다. 조선 민중이 일제의 탄압으로 신음하고 있을 때 한가하게 커피를 마시면서 낙엽을 태우는 장면이 이효석의 수필 「낙엽을 태우면서」에 나타납니다. 과연 올바른 작가의 태도이겠습니까?

👍 Like   💬 Comment   ➤ Share

퍼　　스

IDENTIFICATION
유용한　것이　진리

실용주의(pragmatism)는 영·미에서 나타난 주관적 관념론의 새로운 형태입니다. 이 철학에도 다른 주관적 관념론에서처럼 불가지론*적인 요소가 많이 들어 있지요. 실용주의 철학이 발생하게 된 시대적 배경은 서구인의 식민지 건설입니다. 더 정확히 말하면 17세기 후반부터 시작된 서구인의 아메리카 개척 정신이 이 철학에 반영되어 있지요. 좋은 말로 표현하면 '개척 정신'이지만, 실제로 그것은 남의 나라(인디언의 나라)를 무자비하게 빼앗는 '강탈 정신'이었습니다. 광활하고 자원이 가득한 나라를 빼앗는다는 것은 빼앗는 사람에게는 물론 매우 유쾌하고 신이 나는 일이겠지요. 인디언을 섬멸하는 기고만장한 서부 활극의 주인공이 바로 그런 기분을 느꼈을 테고요. 하지만 입장을 바꿔서 생각해봅시다. 나라를 빼앗기는 사람에게는 말로다 못할 엄청난 비극입니다. 1644년에서 1666년 사이에 학살된 인디언의 수가 약 30만 명에 이르렀다

*사물의 본질이나 궁극적 실재의 참모습은 사람의 경험으로는 결코 인식할 수 없다는 이론이다.

고 하니, 정말 입이 딱 벌어집니다. 1846년에 미국 정부는 인디언의 피부 가죽 한 장에 50달러씩 주는 법령을 반포했는데요. 빼앗는 자가 내세우는 진리란 '이기는 것'에 다름 아닙니다. 모든 수단을 다하여 이기는 것이 유용한 것이며, 유용한 것이 바로 진리라는 거죠. 실용주의의 핵심은 바로 "유용한 것이 진리다"라는 명제에 있어요. 그러므로 여기서는 '인간적인 것'이나 '보편적인 것'이 고려되지 않습니다.

미국의 실용주의 철학자 퍼스(Charles Sanders Peirce, 1839~1914)는 케임브리지에서 태어났어요. 어렸을 때부터 수학과 물리학에 재능을 보였던 퍼스는 하버드에 있는 로렌스 과학학교를 졸업한 후 하버드 천문대에서 근무했습니다. 칸트와 다윈 등이 그의 사상 형성에 많은 영향을 미쳤고요. 그는 두 번 결혼했으나 자녀를 갖지 않은 채 사망합니다.

진리는 믿음이다.

퍼스는 잡지《월간 대중 과학》에 기고한 두 논문 「신념의 고정」에서 라이트가 선구적으로 닦아놓은 실용주의를 이론적으로 체계화했습니다. 그는 "사물의 인식은 불가능하다. 그러나 사회가 유지되어야 하고 인간은 항상 행동한다. 행동의 어떤 근거가 규명되어야 한다"는 근거를 신념에서 찾으면서 일반 사람들에게도 그것을 확신시키려 노력했어요. 퍼스가 다루는 문제는 지식이나 인식의 문제가 아니라 회의와 신념의 문제였습니다. 행위를 유도하는 것은 이론이 아니라 신념이며 행위를 방해하는 것이 회의라고 본 거예요. 그러므로 문제는 신념을 고정시키는 일이지요. 퍼스는 우선 '신념'을 '행위를 규정하는 습관'으로 정의합니다. 신념은 일정한 방식으로 행동하게 만드는 습관이라는 뜻이지요. 또한 '사고'는 '신념과 회의 사이의 갈등'이라 말하면서 사유의 기능은 인식의 획득이 아니라 신념의 정착이라고 강조합니다. 신념을 창출하는 것이 사유의 유일한 기능이라는 거죠.

퍼스는 "진리를 믿는다"는 말이 난센스라 주장합니다. 왜냐하면 신념이 바로 진리이기 때문이에요. "신념을 믿는다"고 하는 것은 따라서 "믿는다는 것을 믿는다"는 것과 같아 동어반복에 불과하다는 것이지요. '참된 신념'이라는 표현도 불필요합니다. 이미 두 개념의 의미가 같기 때문이에요. 퍼스는 "신념이 참이고 참된 것이 신념이다. 신념의 반대는 회의이다. 그러므로 진리의 반대는 비진리가 아니고 회의이다. 진리는 신념을 고정시킨다는 말과 같으며 그것이 바로 과학적인 연구의 대상이 되어야 한다"고 주장했는데요. 이러한 주장의 이면에는 객관적 진리를 탐구하는 과학에 대한 부정이 깔려 있습니다. 물질적인 자연 세계와 사회의 발전이 진리의 기초가 되어야 한다는 과학적인 세계관에 대한 거부라고 볼 수 있으니까요. 이것은 지배 계급에게 매우 유용한 이론입니다. 예컨대 백인이 흑인에 대하여 우월하다는 신념이 습관적으로 길러졌다고 생각해보세요. 이러한 주장의 정당성과 부당성을 밝히기 위하여 흑인과 백인에 대한 과학적인(생물학적, 역사적, 사회적) 분석이 전제되어야 하는데도 만일 이러한 분석 대신 단순하게 신념을 진리로 고정시킨다면 백인 우위론을 계속 유지할 수밖에 없잖아요?

퍼스는 신념을 고정시키는 방법으로 '지속의 법칙'을 말합니다. 어떤 것을 끈기 있게 지속적으로 믿을 때 그것은 존재하는 것과 같은 작용을 한다는 뜻인데요. 예컨대 어떤 사람이 신이 있다는 것을 지속적으로 믿으면 그에게는 실제로 신이 존재하는 것과 같다는 것입니다. 거짓말을 수없이 들으면 언젠가는 참말처럼 믿게 되는 것도 같은 이치고요. 퍼스의 오류는 신념의 부당성과 정당성을 말해줄 수 있는 객관적 척도가 없다는 데 있습니다. 각자의 신념은 상이하고 서로 모순될 수 있으며, 신비적이고 비합리적인 미신도 일종의 신념으로 간주할 수 있는 데다가 대다수 신념은 통념에서 나오는 경우가 많기 때문입니다. 또한 '지속의 방법'을 통해서는 미신이나 무지가 극복될 수 없어요. 물론 비합리적인 것들이 주도하는 사회에서는 이러한 방법이 바람직해요. 사회의 원리를 건드리지 않으니까요. 퍼스는 이러한 난제로부터 벗어나기 위해 신념이 항상 작용하는 것은 아니며 상이한 신념을 가진 타인과 만남으로써 신념이 회의로 변할 수 있다고 말합니다. 즉, 실패가 지속의 법칙을 무너뜨린다는 거예요. 그러므로 개인의 신념 대신에 사회적 신념이 고정되어야 하는데, 사회적 신념을 고정시키는 방법으로 퍼스는 일반 대중의 신념을 고정시키는 '권위의 방법'과 지식인과 같은 엘리트의 신념을 고정시키는 '과학의 방법'을 제시합니다.

　권위의 방법은 정치적인 신념을 고정시키는 것으로 국가 권력의 지원 아래 실현됩니다. 국가는 모든 수단(특히 매스미디어)을 동원하여 대중의 정치적인 신념을 고정시키는데요. 퍼스는 '권위의 방법'이 '지속의 법칙'에 비해 효과가 크다고 추켜세웁니다. 지배 계급은 항상 '권위의 방법'에 의존하는데요. 퍼스는 지배 계급의 강압주의를 자연의 불가피한 요소로 간주하면서 민중이 거기에 복종해야 한다고 말합니다. 권위의 방법에는 잔인성과 폭력이 따르게 마련이지만 그것은 자연스러운 현상이라고 보았지요. 따라서 권위의 방법이 가장 효과적인 방법이므로 최선의 방법이라고 결론을 내립니다. 퍼스는 또한 노예제를 옹호하면서 대중은 항상 권위적인 방법에 의해서 지배되어야 한다고 주장했어요. 평화는 권위의 방법에 의해서만 가능하다고 말이에요. 하지만 이 경우, 평화란 민중을 억압하고 진보를 방해하는 강권주의의 미화된 수식어에 불과해요. 권위의 방법은 종종 민중의 신념을 조장하고 조종하기 때문입니다. '평화를 위한 전쟁'이라든가 '자유를 위한 자유의 유보'라는 말들을 마치 진리인 양 수용하는 것도 같은 맥락이잖아요?

신념을 고정시키는 세 번째 방법은 '과학의 방법'입니다. 저속한 '권위의 방법'에 만족하지 못하는 지식인을 위한 방법인데요. 지식인들은 많은 경험과 지식을 통해 일상적인 신념이나 권위에 회의를 갖게 마련입니다. 얼핏 보기에 과학의 방법은 자의에 의존하지 않고 객관적인 진리에 의존하는 것 같아요. 퍼스가 '과학', '진리', '실재성' 같은 말을 사용하기 때문인데요. 퍼스는 과학의 방법에 의한 신념은 인간의 사유에 영향 받지 않는 어떤 외적인 요인을 통해서 고정된다고 말합니다. 그러나 그는 곧 '외적인 요인'이란 인간의 의식을 떠나 있는 객관적 요인이 아니라 개인을 넘어서는 공통적인 요인이라고 덧붙여요. 세계가 나의 체험이나 산물이 아니고 우리의 체험이자 우리의 산물이라고 말한 거예요. 결국 퍼스의 입장은 개인적 고립주의를 다수의 공통주의로 대치시키는 것일 뿐, 주관적 관념론에서 벗어나 객관적 진리를 인정하는 것이 아닙니다. 세계가 나의 체험이든 우리의 체험이든 간에 실제 세계의 객관적 존재는 부정되니까요. 두 경우 모두 인간 인식의 진위가 객관적 세계의 척도에 의하여 제한되거나 결정되지 않고 주관적 신념에 의존하잖아요. 인간의 의식으로부터 독립한 객관적 존재도 부정되고요.

전반적으로 실용주의의 진리관은 "유용한 것이 진리다"입니다. 물론, 진리가 공허한 이론에 머물지 않고 인간의 삶에 실천적인 도움을 주어야 한다는 것은 옳은 말이에요. 그러나 문제는 누구에게 이익을 주느냐 하는 점입니다. 어떤 개인, 어떤 집단, 어떤 국가에만 이익을 주면서 타인의 권리를 심각하게 손상한다면 그것은 진리가 될 수 없지요. 노동자를 착취하는 것은 자본가에게 이익이 되고, 약소국가를 침략하는 것은 강대국에 이익이 됩니다. 과연 이것이 진리일까요? 인간의 평등과 자유를 고려하지 않은 채 한 집단에게 이익이 되는 유용성은 결코 옳은 것이 될 수 없습니다.

철학 꿀딴죽
1hr · 🌐

신념 고정, 미국 실용주의

 일반적으로 '실용적'이라는 말이 많이 사용됩니다. 예컨대 실용적 학문, 실용적 외교, 실용적 예술 등입니다. 이 말이 그렇게 나쁜 것이 아니지 않습니까?

 '실용적'과 '실용주의'는 일치하는 것이 아닙니다. '추상적 사변'을 벗어나는 '실용적인 것'의 추구는 바람직한 현상이지요. 그러나 그것을 철학적인 원리로 절대화시켜 진리의 기준으로 삼는 데 문제가 있는 것입니다. 이러한 실용성이 개인이나 집단의 이익과 연관될 때 특히 그러합니다. 그것은 자기만 좋으면 된다는 이기주의로 나아갑니다. 앞에서도 언급했습니다만 자기 민족을 위해 타민족을 침략해도 된다는 궤변이 될 수 있습니다. 실용성은 항상 보편적인 원리와 조화를 이루어야 합니다. 보편적인 인간을 염두에 두지 않은 실용성을 강조하는 철학이 미국의 실용주의입니다. 실용주의는 강자에게만 유리한 철학입니다.

 👍 Like   💬 Comment   ➤ Share

제 임 스

IDENTIFICATION

우 니 까 슬 프 다

실용주의 철학을 심리학의 영역에서 강화해준 제임스(William James, 1824~1910)는 영국, 프랑스, 스위스, 독일 등에서 중등교육을 받았습니다. 이 시절에 그는 자연 과학과 회화에 관심을 가졌는데요. 1861년에 하버드에 있는 로렌스 과학학교에 입학하여 화학, 비교해부학, 생리학 등을 공부합니다. 1864년에는 의과대학으로 옮겨 의학을 공부했고, 1867년에 다시 독일에 건너가 실험생물학을 연구했지요. 1868년에 케임브리지로 돌아와 다음해에 의학 박사 학위를 받습니다. 1873년부터는 하버드 대학에서 해부학, 생리학, 철학 등의 분야에서 강의를 했고, 1907년에 정년퇴임합니다. 평소 몸이 약했던 제임스는 신경불안증으로 고통을 받기도 했습니다.

슬프니까 우는 것이 아니라 우니까 슬프다.

1890년에 방대한 제임스의 저서 『심리학의 원리』가 나왔습니다. 이 책은 실용주의의 체계화에 크게 기여했는데요. 실용주의적 인식론은 이 책에서 비로소 기초를 정립합니다. 제임스의 인식론은 부르주아적인 의식 이론의 전형으로 심리 현상을 역사적으로가 아니라 고정된 인간의 본질과 연관시켜 파악해요. 인간의 심리가 본능, 충동, 감정을 중심으로 고찰되는데 그것은 미국이라는 자본주의 사회에서 나타나는 속성들이죠. 제임스는 그것을 모든 인간의 속성인 것처럼 말하고, 임금 노동, 돈벌이, 전쟁, 경쟁 등이 인간 본성의 영원한 특성인 것처럼 제시합니다. 일반적으로 부르주아 심리 철학은 사회적인 차원보다 생물학적인 차원에서 문제의 발단을 찾곤 합니다. 제임스의 심리 철학은 전통적이고 종교적인 심리학을 공격하면서 진화론적인 입장에 서 있는 것 같은 인상을 줘요. 전통 심리학에 의하면 이러한 모든 심리적 기능들은 절대적이며 신에 의해서 주어진 특성들입니다. 이런 특성들은 항구 불변이지요. 진화론은 그러나 인간의 발전과 함께 인간의 의식도 발전한다고 가르칩니다.

제임스는 '본능의 기초 구조'에 관하여 말합니다. 본능은 하나의 목표를 향한 맹목적이고 자동적인 충동, 즉 목적을 알지 못하는 합목적적인 행동이라 비판합니다. 제임스는 인간의 본능을 자세하게 서술했는데요. 젖을 빨거나 무는 데서 시작하여 성적 본능에 이르기까지의 유아 본능뿐만 아니라 소유 본능, 취업 본능도 다루었어요. 예컨대 사유재산은 역사 발전에서 오는 산물이 아니고 본능의 산물이며, 소유 본능의 결과로 나타나는 것이 수집 본능이라는 거예요. 또 다른 본능으로 그는 '살인 본능', 혹은 '거친 투쟁욕' 등을 말합니다. 이러한 본능이 린치, 칼부림, 전쟁 등에서 잘 드러난다고요. 따라서 제임스는 이러한 본능의 기초가 되는 인간 사회를 '만인에 대한 만인의 투쟁 상태'로 파악합니다. 오늘의

적이 내일의 친구가 되고, 오늘의 친구가 내일의 적이 된다면서요. 그리고 이러한 본능이 '정신의 유기적 구조'를 만들어낸다는 거예요. 그는 "본능적인 정신 구조는 경험의 앞문을 통해 의식으로 들어오는 것들을 규정하는 뒷문"이라 말했는데요. 본능은 경쟁을 위주로 하는 자본주의 사회의 전형적인 본능이에요. 그러나 제임스는 그것을 모든 인간의 본능으로 환원시키며 자본주의 사회의 모순을 은폐하려고 했답니다.

제임스의 감정 변화 이론은 매우 주관주의적이에요. 생리학을 기초로 하는 과학적인 분석인 것 같은 인상을 주면서 실제로는 과학적인 분석과 상반되는 방향으로 나아갔으니까요. 따지고 보면 객관적인 실재와 무관한 감정 변화란 공허한 가설이잖아요? 흑인이나 노동자들의 분노라는 감정을 예로 들어볼게요. 이들의 분노는 근본적으로 백인 우월주의나 노동의 착취에 대한 반작용으로 나타납니다. 사회적인 불평등이 근본적으로 작용하고 있고요. 그러나 제임스는 자극된 신체를 진정시키면 분노가 자연히 사라지니까 열까지 세면서 기분을 전환하라고 말합니다. 이는 '엔도르핀'에 의해 건강이 좌우되므로 많이 웃고 친절하고 남의 말을 좋게 하고 적당하게 살아가라는 이야기와 다를 바 없습니다. 이들의 본의는 분명해요. 사회적 모순을 신체상의 자극이나 감정의 움직임으로 돌리면서 은폐하고, 지배 계급의 기득권을 아무 이상 없이 유지하려는 것일 뿐이지요. 기발한 착상으로 민중의 분노를 무마시키려는 거고요. 남이야 어떻게 되든 나라와 민족이 어떻게 되든 나만 건강하면 된다는 극단적인 이기주의에 편승하여 사회 문제나 역사 문제를 은폐하려는 이러한 시도들은 아편보다 더 위험합니다.

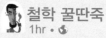

철학 꿀딴죽
1hr · 🌐

실용주의 체계화

불평하고 화를 내는 것보다 항상 웃으며 즐겁게 살아가는 것이 행복의 첩경이 아닙니까?

그것은 지극히 이기적이고 개인주의적인 생각입니다. 나라나 사회가 안정이 안 되면 개인이나 가정의 행복도 결국 무너지고 맙니다. 개인의 본능이 행복의 기초가 되는 것이 아니라 개인의 본능을 사회적 규범으로 규제하면서 개인의 욕구와 사회적 욕구가 조화를 이루는 곳에 참된 행복이 있다고 생각합니다. 인간의 성격은 교육과 같은 사회적 환경에 따라 변할 수 있는데 관념론 철학은 영원히 변하지 않는 인간의 본성을 가정합니다.

👍 Like　　💬 Comment　　➤ Share

듀　　　　이

IDENTIFICATION
아 동 중 심 교 육

실용주의 교육 이론의 대표자라 할 수 있는 듀이(John Dewey, 1589~1952)
는 버몬트 대학을 졸업한 후 고등학교에서 고전, 과학, 수학 등을 가르쳤
습니다. 홉킨스 대학에서 칸트의 심리학에 관한 논문으로 학위를 받은
후에는 미시건 대학에서 활동했고요. 1894년에 시카고 대학에서 철학
과, 심리학과, 교육학과 학과장이 되었고, 1904년에 콜롬비아 대학으로
옮겨 사범대학에서 활동합니다. 1919년에서 1921년 사이에 일본 등 해
외에서도 많은 강연을 했는데요. 미국의 다른 실용주의학자들이 주로 하
버드에서 활동한 반면 듀이는 시카고에서 활동하면서 시카고학파의 중
심인물이 되지요. 시카고 대학은 1892년에 록펠러재단에 의하여 설립되
었고 재정적 지원을 받았는데, 이 대학의 초대 총장이 듀이를 초청했습
니다. 시카고에서 듀이는 10여 년 동안 실용주의 교육 이론을 개발하는
데 집중했어요. 이 대학 부설 학교인 실험학교와 연관하여 실용주의 교
육 철학을 기초했는데, 1899년의 저서 『학교와 사회』에서 그는 6년간의
실험 및 연구 결과를 토대로 실용주의 교육 이론을 제시합니다.

교사와 교과서가 중심이 되는 이전의 교육으로부터 아동의 관심과 흥미가 중심이 되는 '새 교육'으로의 전환이 '코페르니쿠스적 혁명'이다.

|

듀이는 어린 아이들이 생득적으로 지니고 있는 본능과 충동의 개발을 새로운 교육 목표로 내세웠습니다. 듀이는 사회관계가 급변했으므로 교육의 본질도 새롭게 바뀌어야 한다는 전제에서 출발해요. 대다수의 사람들이 정신 문제보다도 실천 문제에 관심을 갖게 되었다는 사실을 지적하면서 교육도 정신적인 것보다 실천적인 것에 초점을 맞추어야 한다고 주장했지요. 그것이 바로 교육 내용의 새로운 변화라면서 말이에요. 듀이의 주장은 무엇을 반영할까요? 그것은 급증하는 노동자로 구성되는 자본주의 사회의 현실을 반영한 것입니다. 가진 자들의 아들딸들(요즘 우리나라에서는 이들을 '금수저'라 일컫지요)은 '정신적인 성향'을 지니는 반면 노동자의 아들딸들은 '실천적인 성향'밖에 갖지 않으므로 교육이 이러한 성향에 관심을 기울여야 한다는 뜻인데요. 듀이의 결론은 자본주의 사회의 노동자들이 노동자가 된 것은 자본주의라는 생산 구조 때문이 아니고 이들이 '실천적인 성향과 관심'을 갖고 태어났기 때문이라는 것입니다. 듀이는 대부분의 인간 본성 속에는 순수한 정신적인 관심이 들어 있지 않다는 결론으로부터 그의 실용주의 교육 이론을 전개해요. 듀이가 말하는 '대부분의 인간'을 '노동자'로 대치시켜서 생각해보면 듀이의 의도가 더 분명하게 드러납니다. 듀이는 마치 노동자들의 관심이나 성향이 생산, 다시 말하면 자본가 계급의 이윤 증대를 향하여 치닫고 있는 것처럼 착각하고 있어요. 착각이 아니라 의식적으로 조작하지요. 듀이는 새로운 교

육 제도에서 중심 역할을 하는 것이 노동 습관이라고 말합니다. 노동자의 아이들은 본성에 합당한 직업 훈련을 받아야 하고, 초등학교는 사실과 진리만을 가르쳐서는 안 된다고도 말했고요. 실천을 중시하는 듀이의 이론 뒤에 숨어 있는 의도는 분명해 보여요. 사실과 진리가 노동 계급의 의식 안에 들어설 때 그것은 지배 계급에 저항하는 위험한 무기가 될 수 있으므로 그것을 막아야 한다는 것 아니겠어요? 특히 역사 과학이나 사회 과학은 금물이라고 말했으니까요. 듀이는 "노동자들은 스스로의 과제에 매진하는 것이 사회와 국가 발전의 초석이 되고, 스스로가 경제 신장의 역군이 된다고 생각하도록 교육해야 한다"고 강조했는데요. 어디선가 많이 들어본 말 같지 않나요? 노동자가 의식화되면 경제 파탄이 일어나 노동자나 자본가 모두 손해를 보기 때문에 노동자들은 그저 묵묵히 자기 일에만 종사하는 습관을 갖도록 교육해야 한다는 주장도 그렇고요.

듀이는 '경험'이라는 말을 많이 사용했습니다. 그러나 우리는 경험이 지니는 두 가지 의미를 구분해야 해요. 경험은 직접적이고 일상적일 수도 있고 사회생활을 통해서 보편화된 경험일 수도 있어요. 전자는 개인적인 활동과 연관되고, 후자는 과학적인 이론과 연관됩니다. 이 양자의 경험이 합쳐질 때 이론과 실천의 통일이 이루어져요. 듀이는 그러나 '독단'을 거부한다는 구실 아래 과학적 이론과 사회적 체험을 통해 축적되는 경험을 거부하면서 '일상적인 경험'을 유일한 최고의 권위로 내세웠습니다. 듀이의 교육 이론에서 핵심적인 역할을 하는 것은 '충동'이에요. 모든 충동이나 호기심은 결국 '근원적인 충동'으로부터 나오며, '근원적인 충동'은 유전된다고 보았지요. 제임스의 생물학적 심리학이 듀이의 '새 교육'에 기초가 되었던 거네요. 듀이는 인간의 본능과 충동에 의거하는 그의 교육 이론을 전통적인 교육 이론에 대한 공격으로 내세웁니다. 19세기에 독일의 프뢰벨도 듀이와 비슷한 이념을 내세운 바 있는데요. 이들은 다 같이 아동이 학교의 중심이 되어야 하고 아동의 본능이 교육의 전면으로 부각되어야 한다고 주장했습니다. 그것을 듀이는 '코페르니쿠스적 혁명'이라 불렀고요.

그러나 본능과 충동은 사회생활을 통해서 개발되고 규제되는 것입니다. 개인주의적 이기심이 마음껏 날개를 펴도록 도와주는 것이 교사의 임무가 아니지요. 가장 중요한 것은 사회와 민족과 세계 평화를 배우게 하는 것 아닐까요? 듀이는 교사가 아동에게 주는 영향을 2차적이라고 말하지만 어떤 사회도 교사들의 임무를 그렇게 방임하지 않을 것입니다. 교사들은 아동의 욕구 충족은 물론 국가가 기대하는 이념의 주입도 결코 소홀히 할 수 없어요. 아동의 부모나 국가에서 항상 주목하고 있으니까요. 특히 사회의 모순이 팽배한 나라나 민족이 분단된 나라에서는 아이들이 개인의 이익보다도 사회적 이념이나 민족적 이념을 우선으로 생각해야 하는 교육을 강조하게 마련인데요. 그러므로 실용주의 교육 이론은 우리나라의 현실에는 큰 도움이 될 수 없는 낯선 것입니다. 우리는 주체성을 갖고 우리의 현실에 적합한 교육을 시도해야 합니다. 외국에서 주입된 철학을 아무런 여과도 없이 무조건 추종하고 실천하는 것은 우리 민족의 장래에 별로 도움이 되지 않아요. 여러분은 이러한 사실을 꼭 명심하면 좋겠습니다.

철학 꿀딴죽
1hr · 🌎

 # 실용주의 교육 이론

일반적으로 권위에 의한 교사 중심의 교육보다는 아동 중심의 교육이 더 바람직한 현상이라면 우리나라 교육은 미국의 실용주의 교육을 통해 많은 발전을 한 것이 아닙니까?

아동 중심의 교육 방법에는 문제가 없습니다. 그러나 그 내용이 문제입니다. 교육 내용은 인간에 대한 사랑, 사회의 안정, 인류 사회의 평화를 염원하는 방향에서 결정되어야 합니다. 그러나 듀이가 말하는 아동 중심의 교육은 백인 우월주의, 자본주의 사회의 승화, 미국의 침략 정책 등을 간접적으로 옹호하는 데 문제가 있습니다. 약소국가들이 미국의 실용주의 교육을 무조건 추종할 필요는 없다고 생각합니다.

👍 Like   💬 Comment   ➤ Share

러 셀

IDENTIFICATION

행 동 하 는 양 심

『나는 왜 기독교인이 아닌가』라는 책으로 널리 알려진 영국의 수리논리학자 겸 철학자 러셀(Bertrand Russell, 1872~1970)은 영국의 작은 도시에서 귀족 가문의 아들로 태어났습니다. 할아버지는 자유로운 성향을 지닌 청교도 정치가였지요. 러셀은 두 살 때 어머니를 잃고, 네 살이 되었을 때 아버지마저 여읩니다. 자유사상가였던 아버지는 아들의 교육을 무신론자에게 맡기라는 유언을 남겼지만 고아가 된 러셀은 런던에 있는 할아버지 집으로 옮겨간 후 청교도적인 엄격한 분위기에서 어린 시절을 보내게 되지요. 할아버지가 세상을 떠난 후 할머니의 엄격한 금지와 규제만 있었던 가정에서 자라면서 그는 고독했고 수줍음 많고 폐쇄적인 성격을 지닌 소년으로 자랍니다. 어렸을 때 구구법을 쉽게 익히지 못해 가정교사를 화나게 만든 일도 있었지만 차츰 기하학에서 재능을 보였어요. 러셀은 할아버지의 서재에서 책을 읽으면서 철학적인 문제에 호기심을 갖게 되었고, 인습적인 종교와 논리적 사고 사이에서 갈등을 느끼게 됩니다. 그러다가 밀의 자서전을 읽고 나서 결국 무신론 쪽으로 기울어져요.

러셀은 열일곱 살 때 케임브리지 대학에 지원하여 입학시험을 보았는데 이때 시험관이 바로 젊은 수학 교수 화이트헤드*였어요. 시험관은 러셀의 재능을 인정하고 합격시킵니다. 대학에서 러셀은 특이한 학생들로 구성된 토론 모임에 참석했는데 여기서는 아무런 제한도 없이 모든 문제가 논의되었어요. 이 모임의 회원들은 '사도'라 불렸고, 여기서 러셀은 수학뿐만 아니라 영국 및 독일의 철학에 관해서도 견문을 넓히게 됩니다. 정치적인 문제에서는 중용과 타협을 선호하는 자유주의적인 분위기가 이 모임을 지배했는데, 4학년 때 러셀은 철학 공부에 눈을 돌립니다.

*화이트헤드(Alfred North Whitehead, 1861∼1947)는 영국의 철학자이자 수학자다. 기호 논리학을 확립한 사람 가운데 하나로 유기체론에 바탕을 둔 독창적인 형이상학을 수립했다. 저서에 공저(共著) 『수학 원리』, 『과정(過程)과 실재(實在)』, 『과학과 근대 세계』 등이 있다.

1889년 러셀은 퀘이커 신도였던 미국인 가정을 알게 되었고, 이 집안의 딸인 엘리스와 사랑하는 사이가 됩니다. 러셀보다 5년 연상인 이 여자와 결혼하는 것을 할머니는 극구 반대했어요. 할머니는 결혼을 저지하기 위해 우수한 성적으로 대학을 졸업한 러셀을 파리 영국 대사관 서기로 추천했고, 러셀도 할머니의 요구를 받아들입니다. 그러나 대사관 임무가 마음에 들지 않았던 러셀은 자신감을 갖고 몰래 수학 철학에 관한 연구에 몰두해요. 그러다가 결국 서기 직을 사임하고 1894년에 엘리스와 결혼하여 가문에 실망을 안겨주었지만, 스스로 작성한 논문을 케임브리지 대학에 제출하여 펠로우 자격을 얻기도 합니다. 그 후 러셀은 엘리스와 함께 독일 사회민주주의를 연구하기 위해 베를린으로 갑니다. 러셀의 사촌 매부가 독일에서 대사로 근무하고 있었거든요. 런던으로 돌아온 후 러셀은 런던 경제학교에서 사회민주주의에 대한 강의를 맡습니다. 그리고 그동안의 연구 결과와 발표 논문을 인정받아 1908년에 영국 왕실학회 회원이 되고, 1910년에는 케임브리지 대학 교수가 되지요. 1912년에 『철학의 문제들』이라는 저술을 통해 신(新)실증주의로 통하는 길을 열었으며, 1910년에서 1913년 사이에 화이트헤드와 함께 『수학 원리』를 저술하여 일약 명성을 얻습니다. 순수 수학을 논리적 공리로부터 추출해내는 이 방대한 저술은 현대 수학 방법론의 기초가 되었지요. 1945년에 출판한 『서양 철학』은 베스트셀러가 되었고요.

러셀은 1920년에 소련을 방문하여 레닌과 대화를 나누었고, 일본을 방문했으며, 중국 북경 대학에서 초빙 교수로 재직하기도 했어요. 1930년대부터 인도의 자유와 독립을 호소했고, 제2차 세계대전이 끝난 후에는 핵무장과 핵전쟁을 반대하는 국제적인 운동에도 앞장섭니다. 그는 물리학자 아인슈타인과 함께 핵무기 확산을 반대하는 '아인슈타인-러셀 헌장'을 발기했으며, 과학자들의 모임인 '퍼그워시 운동'을 창시하여 이 운동의 초대 회장을 역임합니다. 1950년에 노벨문학상을 받았고, 1951년에는 영국 정부의 공로훈장을 받았으며, 1955년에는 세계 평화에 기여한 공적을 인정받아 영국 정부로부터 '은·진주 컵'을 수여하지요. 1962년 쿠바 위기 때엔 중재의 역할도 했고요. 미국의 베트남 침입에 수동적으로 대응하는 영국 노동당에 대한 항의의 표시로 러셀은 1965년 10월에 51년 동안 몸 담았던 당을 떠납니다. 1967년, 러셀은 사르트르와 함께 스톡홀름에서 미국의 베트남 침입에 대한 모의 국제 재판을 개최하여 미국의 침략을 단죄했습니다. 1918년에는 반전 평화 운동 때문에 대학에서 해임되어 체포되기도 해요. 1940년에 뉴욕 시립 대학의 교수로 초빙되지만, 무신론적이라는 이유로 보수적인 단체들이 적극적으로 방

▲런던에서 열린 반핵 행진에 참여한 러셀(중앙)과
그의 아내 에디트(1961년 2월 18일)

해하는 바람에 결국 임명이 취소되는 상황에 처합니다.

러셀은 일생 동안 네 번 결혼했는데요. 첫 부인 엘리스와 헤어진 후 1921년에 도라 블랙과, 1936년에 파트리시아 스펜스와, 1952년에 에디트 핀치와 마지막으로 결혼했습니다. 그는 약 15년 간격으로 재혼을 했고 98세까지 장수를 누렸어요. 두 번째 부인과의 사이에서 첫 아들이 태어났고, 1927년에는 부인 도라와 함께 비컨 언덕에 개인 학교를 열고 여기에 모인 아이들을 스스로의 이상에 따라 교육했답니다.

철학에서 지적 고뇌에 대한 영웅적인 치료약을 찾으려 해서는 안 된다.

|

무신론자인 러셀은 철학적으로 관념론자였어요. 모든 유물론자는 동시

에 무신론자이지만 모든 무신론자가 유물론자인 것은 아니니까요. 무신론자인 니체와 러셀은 철학적으로 관념론자였습니다. 현대 철학은 사회주의 국가들의 이념적인 토대인 맑스주의적인 유물론과 자본주의 국가의 이념을 형성하는 관념론으로 양분되었는데요. 현대 관념론은 다시 네오토미즘이 중심이 되는 객관적 관념론과 기타의 부르주아 철학을 주도하는 주관적 관념론으로 구분될 수 있어요. 생철학, 실존주의, 실용주의, 실증주의, 현상학 등 대부분의 현대 부르주아 철학은 영국의 주관적 관념론자 버클리의 이론을 답습하고 변형하는 수준에 머물러 있습니다. 생철학에서 출발하여 실존주의로 이어지는 신비적이고 주관적인 경향과 콩트에서 출발하여 분석 철학으로 이어지는 실증주의는 외견상 상반되는 것 같지만 본질에 있어서는 일치합니다. 다 같이 주관적 관념론으로 유물론에 대항하려는 의도를 지니거든요. 러셀의 철학은 실증주의의 맥락에 서 있습니다. 그러므로 그도 세계관으로서의 철학을 부정하고 철학을 과학의 수준에 머물게 했어요. 그러나 인간이 어떻게 살아야 하는가를 제시해주는 세계관의 역할이 배제될 때 철학은 본래의 의미를 상실하고 맙니다. 러셀의 주장과 달리 많은 젊은이들이 철학 속에서 영웅적인 치료약을 발견했으며 자기의 이상을 위해서 삶을 희생했으니까요.

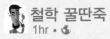
 # 핵무장 핵전쟁 반대, 행동하는 지식인

러셀은 비기독교 신자로서 여러 가지 불이익을 받았다는데 다른 실증주의 철학자들처럼 종교 문제에 침묵을 지키지 않고 기독교를 비판한 이유는 무엇일까요?

러셀의 성격 때문이라고 추측할 수 있습니다. 불의를 보고 참지 못하는 성격을 지닌 사람들이 많습니다. 러셀이 기독교를 부정한 것이나, 사르트르와 함께 미국의 베트남 전쟁을 침략 전쟁으로 낙인찍은 것은 지식인의 양심에서 나오는 정의로운 행동이었습니다. 참된 철학자는 '행동하는 양심'이 되어야 한다는 사실을 러셀이 보여준 것 같습니다.

👍 Like   💬 Comment   ➤ Share

비트겐슈타인

IDENTIFICATION

언 어 야 놀 자

실증주의를 계승하여 신실증주의를 주도한 대표적인 인물이 비트겐슈타인(Ludwig Wittgenstein, 1880~1951)입니다. 오스트리아 빈에서 태어난 비트겐슈타인은 공과대학에 들어가 공부하다가 영국으로 건너가 맨체스터 대학에서 연구를 계속했습니다. 처음에는 주로 항공에 관한 실험에 몰두했으나 차차 수학에 관심이 깊어졌고, 1903년에 러셀의『수학 원리』를 읽고 감동하여 러셀이 있는 케임브리지 대학으로 옮깁니다. 여기서 철학자 화이트헤드와 무어를 사귀게 되지요. 1913년부터 노르웨이로 가 대표 저술이라 할 수 있는『논리·철학 논고』를 완성합니다. 이 원고를 읽은 러셀이 적극적으로 출간을 추천해준 덕분에 비트겐슈타인은 명성을 얻게 됩니다. 그 후 오스트리아로 돌아와 초등학교 교사로 근무했으나 만족하지 못하고 수도원에서 정원사로 일합니다. 그러던 중 빈 대학에서 브로우어가 자신의 저술을 비판하는 강연을 하자 다시 철학 연구에 매진할 것을 결심하게 되지요. 비트겐슈타인은 1929년 케임브리지에서 무어의 후계자로 철학 교수로 임명됩니다.

세계는 사물의 총화가 아니라 사실의 총화다.

유물론이 세계를 사물의 총화로 해석했기 때문에 비트겐슈타인은 세계를 사실의 총화로 바꾸었습니다. 그는 '사실'을 대상들 사이의 관계성으로 이해했는데요. 그러나 사실을 엄밀하게 규정하기란 쉽지 않습니다. 게다가 사물의 본질이 규정되지 않으면 대상들 사이의 관계성 역시 지엽적인 현상의 나열에 불과해지고요. 따라서 그는 대상을 지칭하는 언어 문제로 돌아가게 됩니다. 언어의 문제가 철학의 궁극적인 문제라고 확신한 거예요. 하지만 언어와 현실의 연관성을 분석하고, 그것으로부터 출발하여 일정한 철학의 목표에 도달하려던 비트겐슈타인의 이념과 방법은 처음부터 잘못이었어요. 왜 그럴까요? 이유는 그가 인식 과정을 실천과 연관되는 사회적 발전 과정으로 파악하지 않고 그와 분리된 독자적인 과정으로 파악하려 했기 때문입니다. 그의 시도는 마치 사회 속에 고립된 하나의 섬을 연상시켜요. 이 섬에는 언어가 난무하고 있지요. 철학을 언어의 문제로 환원시키고 그것이 유일한 과학적인 방법이라고 주장하는 것은 사회의 모순으로부터 등을 돌리고 순수한 지적 유희에 만족하려는 기회주의적이고 소시민적인 지식인의 태도에 다름 아닙니다. 미래의 전망을 상실한 부르주아 지식인들은 진보적인 사회 발전을 거부하고 회의주의에 빠져 철학의 문제를 기초적인 특수 영역에 국한시키려 하는데요. 물론 철학 연구에서 언어의 문제는 중요한 역할을 합니다. 하지만, 그렇다고 해서 그것이 모두라고 주장하는 것은 주객이 전도된 것입니다.

철학 꿀딴죽
1hr · 🌐

사실의 총화

철학이 하나의 세계관으로서 삶의 문제에 대한 해답을 주는 것이 불가능하다면 더 구체적이고 작은 문제로부터 출발하는 것이 오히려 합리적이 아닐까요?

모든 학문에는 그 고유한 탐구 영역이 존재합니다. 그것이 어렵다고 해서 포기할 것이 아니라 계속 추구해야 합니다. 현재에도 많은 철학자들이 세계관의 문제를 해결하려고 고심하고 있으며 인류가 존재하는 한 세계관으로서의 철학은 사라지지 않을 것입니다.

철학 연구에서 언어의 문제는 중요한 것 아닐까요?

철학은 언어와 논리를 연구하여 인간이 어떻게 살아가야 하는가의 문제를 제시하고 그 답을 찾도록 이끌어줄 의무가 있어요. 이런 것이 바로 세계관이고요. 그런데 세계관을 제시해주기는커녕 언어의 문제로 후퇴하는 것은 철학을 과학으로 후퇴시키는 것이며 철학의 본령을 망각하는 것입니다.

👍 Like   💬 Comment   ➡ Share

카　뮈
IDENTIFICATION
시 시 포 스 의　반 항

프랑스 작가이자 철학자인 카뮈(Albert Camus, 1913~1960)는 프랑스의 식민지였던 알제리에서 태어났습니다. 프랑스 포도주 생산 회사의 직원이었던 아버지가 제1차 세계대전 중 전쟁에 동원되어 마른 강 전투에서 전사하는 바람에 어머니는 아이들을 데리고 알제 시의 빈민가로 이사하게 됩니다. 초등학교 시절부터 학업에 뛰어났던 카뮈는 장학금을 받아 인문계 고등학교에 입학했고, 대학에 들어가서는 철학을 전공합니다. 초등학교 시절의 루이 제르맹 선생, 고교 시절의 철학 교사 장 그르니에 선생은 카뮈를 아버지처럼 이끌어준 스승들이었어요. 카뮈는 이들의 도움으로 알제 대학 철학과에 입학합니다.

　카뮈는 20세에 미녀였던 의사의 딸과 결혼했으나 부인이 마약과 불륜에 빠지자 이혼합니다. 그런 이유 때문인지 이후 여성의 존재는 카뮈의 삶에 더 이상 커다란 비중을 지니지 못하지요. 1934년, 카뮈는 알제리 공산당에 입당했으나 3년 후에 탈당합니다. 카뮈의 대학교 졸업 논문의 테마는 '기독교와 신플라톤주의 형이상학'이었는데요. 폐가 나빠 교사가 되기 어려웠던 그는 철학에서 문학으로 눈을 돌립니다. 1939년에 제2차 세계대전이 일어나자 카뮈도 군에 지원했지만 건강 때문에 거부당해요. 그래서 프랑스 남부에서 요양하면서 작품을 썼는데, 1942년에 나온 『이방인』이 문단의 주목을 받게 되고, 곧 이어 철학 에세이인 『시시포스의 신화』도 출간합니다. 전쟁 기간에 그는 비밀 저항단체 레지스탕스 그룹의 신문인 〈콩바〉 지에서 활동했고, 이 시기에 철학자 사르트르를 알게 됩니다. 1947년에는 소설 『페스트』로 비평상을 수상했고요. 전쟁이 끝난 뒤 그는 두 번째 철학 에세이 『반항하는 인간』을 내놓습니다. 1957년에는 노벨문학상을 받았지요.

문학의 사회 참여를 강조하면서 카뮈와 8세 위인 사르트르는 한동안 긴밀한 우정을 나누었습니다. 사르트르의 『구토』와 카뮈의 『이방인』은 당시의 시대적 상황을 반영하는 대표적인 작품으로 간주되었지요. 그러나 카뮈의 『반항하는 인간』이 나오면서 사르트르와 카뮈는 서로 이념적인 차이가 있다는 것을 알게 됩니다. 결국 둘은 완전히 갈라서게 되고, 독자적인 길을 개척해나가요. 삶의 부조리를 외치던 카뮈는 부조리하게 삶을 마감합니다. 47세에 교통사고로 사망했으니까요.

나는 반항한다, 그러므로 존재한다.

카뮈는 '시시포스 신화'를 근거로 인간의 삶이란 근본적으로 부조리하다고 말합니다. 곧 비합리적이라는 것인데요. 물을 얻기 위해 제우스의 정사를 폭로하기도 하고 죽음의 신을 묶어버리기도 한 시시포스는 지하에 갇혀 무거운 바위를 산 위로 굴려 올리는 벌을 받습니다. 그러나 정상

▲티치아노가 그린 시시포스

까지 올라간 바위는 스스로의 무게 때문에 다시 떨어지고 말아요. 분명
이것은 무용한 일이고 부조리한 일입니다. 카뮈는 인간의 삶도 이와 비
슷하다고 생각했어요. 인간 역시 아무런 의미가 없는 부조리한 삶을 살
아가고 있다고 말이에요.

그러나 문제는 이 부조리한 삶에 대하여 어떻게 대처하느냐 하는 점입

니다. 우선 두 가지의 해결 방식이 가능해요. 하나는 아무 쓸모없는 삶을 스스로 포기하는 길이고, 다른 하나는 초월적인 어떤 존재로부터 삶의 의미를 찾는 길입니다. 전자는 자살을 최후의 해결 방법으로 택하며, 후자는 신의 구원이라는 인간 외의 절대적인 힘에 의지하는 종교적인 해결 방식을 찾는데요. 지금까지 인간은 보통 이 두 방향의 해결 방식을 생각해왔어요. 그러나 카뮈는 이 두 가지 해결 방식을 단호하게 거부합니다. 그는 부조리를 극복하는 유일한 방법으로 반항을 내세웁니다. 다시 말해 어떤 외적인 힘에 의존하지 말고 인간 스스로의 힘으로 부조리를 극복해야 한다는 것이지요. 그것은 부조리 그 자체를 사랑한다는 의미이기도 해요. 자살은 부조리한 삶과의 대결에서 결국 패배하는 것이며 삶에 굴복한다는 의미잖아요? 절대자에 의지한다는 것도 똑같이 부조리한 삶에 대한 일종의 굴복이고요. 인간의 좌절에서 초월을 찾는 키르케고르나 야스퍼스를 지칭하면서 카뮈는 실존적 태도를 '철학적 자살'이라 부릅니다. 그것은 부조리를 반항을 통해서 극복하려는 것이 아니라 그곳으로부터 도피하는 것을 의미한다고요. 어떤 다른 것에 의존하지 말고 스스로의 힘에 의해서 부조리한 삶을 사랑하고 거기에 계속 반항함으로써 그것을 극복하라는 것이 카뮈의 근본이념입니다. 따라서 매우 인간 중심적이라 할 수 있어요.

반항을 인간 조건의 기치로 내세우는 카뮈에게 반항은 그러나 주로 형이상학적 반항으로 나타납니다. 반항의 의미를 형이상학적으로 승화시키는 데 카뮈의 특색이 있고 동시에 한계가 있어요. 물론 그는 『반항하는 인간』에서 '형이상학적 반항'과 더불어 '역사적 반항'을 다루고 있지만, 그가 생각하고 있는 역사란 실존 철학에서처럼 '주관화된 역사'일 따름이에요. 역사의 의미와 목표, 그리고 발전 동인을 인간의 사회관계 속에서 과학적으로 추구하지 못했지요. 바로 여기에 카뮈의 비극과 한계가 있습니다. 명석한 판단력과 훌륭한 예술가적 기질에도 불구하고 그는 현실적인 문제들, 다시 말해 프랑스와 알제리 그리고 제국주의의 국가들과 식민지 국가들 사이에서 제기되는 문제에 과감한 결단을 내릴 수 없었고, 이는 결국 역사적·사회적 현실로부터 형이상학적인 세계로 도피하게 되는 결과를 초래합니다. 그러니까 정치·사회문제에 있어서 어중간한 태도를 취하는 서구 지식인의 무력함을 그대로 답습한 거예요. 알제리 봉기에서 조국 프랑스를 비판하여 이념적으로 알제리를 지원했고 베트남 전쟁에서 미국을 전범자로 낙인찍은 사르트르의 결연한 태도와 매우 대조적이지요?

알제리 봉기 및 베트남 전쟁에서 사르트르는 서구인의 양심에 호소하면서 제3세계에 대한 열강들의 범죄 행위를 단죄하려 했습니다. 그것은 조국 프랑스도 예외가 될 수 없었어요. 작가적 양심은 애국의 한계에 얽매이지 않아요. 카뮈도 나름대로 인류의 고통을 바라보려 했지만, 그는 추상적이고 형이상학적인 도덕 영역에 머물렀습니다. 그렇기 때문에 식민지 원주민들이나 약소국가의 혁명 투사들이 사용하는 폭력을 용서하지 않으면서 열강들이 사용하는 공개적인 혹은 비공개적인 폭력들을 응징할 수 없었던 것이지요. 카뮈는 혁명을 타락한 반항이라 생각했고, 혁명의 발생에서 제기되는 역사적·경제적 상황의 역할을 고려하지 않았습니다.

철학 꿀딴죽
1hr · 🌐

 # 문학의 사회 참여, 반항

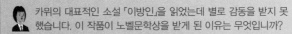 카뮈의 대표적인 소설 「이방인」을 읽었는데 별로 감동을 받지 못했습니다. 이 작품이 노벨문학상을 받게 된 이유는 무엇입니까?

현대 사회에서 나타나는 인간의 부조리한 삶을 아무런 여과 없이 있는 그대로 묘사했기 때문이라 생각합니다. 그러나 카뮈는 이러한 부조리가 발생하지 않으면 안 되는 정치적, 경제적 원인을 파헤치지 않았고 그것을 극복할 수 있는 구체적 대안도 제시하지 못했습니다. 참고로 말한다면 노벨문학상이 꼭 작품의 가치를 평가해주는 기준이 되는 것은 아닙니다. 거기에는 정치적 이해관계가 많이 작용합니다. 그러므로 나중에 사르트르는 그 수상을 거부했습니다.

 👍 Like　💬 Comment　➤ Share

사 르 트 르

IDENTIFICATION

서 구 의 양 심

프랑스의 대표적인 실존 철학자 사르트르(Jean Paul Sartre, 1905~1980)는 파리에서 해군 장교의 아들로 태어났습니다. 사르트르가 두 살 되었을 때 해군으로 복무하던 아버지가 바다에서 얻은 병으로 사망한 후 어머니는 그를 외가로 데려갑니다. 사르트르의 어머니는 독일어 교사의 딸이었는데 그녀의 삼촌이 바로 슈바이처 박사의 아버지였어요. 사르트르는 열두 살이 되었을 때 어머니가 재가하는 바람에 외가에서 자랐어요. 어려서부터 이방인처럼 살아야 했기에 사르트르는 강하게 자신을 주장해야하는 상황에 익숙했고, 소유에 의해서보다 스스로의 능력에 의해서 자신의 존재를 정당화시켜야 했습니다. 1924년에 그는 천재들의 집합소인 프랑스 고등사범학교에 입학합니다. 여기서 훗날의 반려자인 보부아르를 만나게 되지요. 보부아르와 사르트르는 결혼을 하지 않은 채 일생동안 서로의 반려자가 되었습니다.

사르트르는 군 복무를 마친 후 고등학교 교사로 근무해요. 1934년에 베를린에 있는 '프랑스 연구소'에서 장학금을 받았는데, 이곳에 머물면

▲발자크 기념비 앞에 선 사르트르와 보부아르

서 그는 후설, 하이데거, 헤겔 등의 저술들을 집중적으로 연구합니다. 제
2차 세계대전이 일어나자 위생병으로 군에 입대한 사르트르는 독일군이
프랑스를 침공할 때 포로가 되었다가 감옥에서 풀려난 후 파스퇴르 고등
학교에서 근무합니다. 이 시기에 초기의 주저『존재와 무』를 쓰기 시작
했고, 1942년에는 메를로퐁티*와 카뮈를 알게 됩니다. 사르트르는 이들

과 맑스주의 및 현상학에 관하여 토론을 즐겼는데요. 이들은 당시 프랑스의 반독일 저항 운동 단체인 레지스탕스 그룹과 연관을 맺고 있었어요. 1943년에 『존재와 무』가 나왔고, 희곡 『파리 떼』가 파리에서 공연됩니다. 독일군이 파리로부터 철수한 직후에는 희곡 『닫힌 문』이 공연되어 대단한 성공을 거두었지요. 1945년에 교사를 그만두고 자유 저술가로서 파리에 살면서 전후의 프랑스 젊은이들의 사상에 많은 영향을 미쳤습니다. 유명한 카페 '플로르'는 그의 단골 찻집으로 알려졌지요.

1950년, 사르트르는 보부아르와 함께 스칸디나비아, 이탈리아, 아프리카 등을 여행합니다. 1951년에 무신론적인 희곡 『악마와 신』이 공연되었고, 1952년에는 빈의 '평화를 위한 민족회의'에 참가하면서 메를로퐁티 및 카뮈와 소원해집니다. 1945년엔 소련과 중국을 여행했고요. 사르트르는 알제리에서 프랑스 식민주의 정책과 베트남에서의 미국 정책을 신랄하게 비판하기 시작해요. 그는 영국의 철학자 러셀이 스톡홀름에서 주재한 '베트남 재판'에 참가하여 미국을 침략자로 낙인찍습니다. 1960년에는 쿠바를 여행하면서 카스트로를 만나 토론하기도 해요. 이해에 그의 후기 주저인 『변증법적 이성 비판』의 제1부가 출간됩니다. 1962년, 사르트르는 모스크바에서 열린 '세계 평화 회의'에 참가하여 소련의 개방을 호소했는데요. 그해 10월에 사르트르의 집에서 프랑스 극우파 소행으로 추정되는 폭탄이 폭발했으나 사르트르는 다행히 피해를 입지 않습니다. 1963년에 자서전 『말』의 1부가 나왔고, 1964년에는 노벨문학상을 받게 되었지만 사르트르는 수상을 거부합니다. 양심적

*메를로퐁티(Maurice Merleau-Ponty, 1908~1961)는 프랑스의 철학자이다. 후설에게 많은 영향을 받았지만, 신체 행위와 지각에 대한 자신의 이론을 바탕으로 독자적인 현상학적 철학을 전개하였다. 저서에 『지각(知覺)의 현상학』, 『눈과 정신』 등이 있다.

이고 혁명적인 작가는 부르주아적이고 정치적 냄새가 풍기는 노벨상을 받을 수 없다고 선언함으로써 커다란 논쟁을 불러일으켰지요.

실존은 본질에 앞선다.

사르트르에 의하면 사물에는 주관성이 없습니다. 사물은 체험을 할 수 없고, 스스로를 의식할 수 없으며, 스스로에 대한 개념을 가질 수도 없어요. 사물의 의미를 규정하는 것은 인간의 의식뿐입니다. 인간의 의식은 항상 사물에 '지향되어' 있어요. 물론 인간도 다른 인간에 의하여 사물처럼 규정되고 판단될 수 있습니다. 그러나 인간의 내면적 구조는 사물과 다른 독특한 모습을 지니지요.

인간은 행위를 합니다. 이 같은 인간의 행위는 다른 사물의 작용과 구분되지요. 사물은 인과법칙에 의하여 발전·변화되어 가는 데 비해 인간의 행위는 아직 존재하지 않은 것, 곧 도달하려는 목표에 의하여 규정되니까요. 사물에 있어서는 현재가 과거에 의해서 규정되는 반면 인간에 있어서는 미래에 의하여 현재가 규정됩니다. 이렇게 계획 속에 있지만 아직 도달되지 않은 어떤 것이 인간의 행위에 있어서는 가장 중요한 요소예요. 아직 있지 않은 어떤 가능성에 의해서 규정된다는 사실을 사르트르는 "무에 의해서 침투된다"고 표현했습니다.

사르트르는 의식을 갖고 있는 인간을 '대자(pour-soi)', 의식 없이 그대로 있는 사물을 '즉자(en-soi)'로 표현해요. 그에 따르면 인간은 '즉자'로부터의 초월을 통해서 '대자'가 되는데, 이는 곧 의식을 얻고 가능성을 확신한다는 뜻입니다. 사르트르는 가능성을 상정하고 가능성을 선택하고 실현하는 인간의 능력을 '초월'이라 부릅니다. 인간의 존재를 규정하는 두 요소를 그는 초월과 사실성이라 보았어요. 즉자는 무의 가능성을 갖지 않는 완전히 충만한 존재이며 초월이 불가능한 존재입니다. 완전히 충만하므로 자유의 가능성이 배제되지요. 무의 가능성을 가진 존재만이 자유의 가능성을 가지니까요. 따라서 자유는 인간에게 생득적으로 부여되는 것이 아니라 가능성을 향한 계획과 더불어 얻어지는 것입니다. 가능성을 향한 계획이란 많은 가능성 중에서 어느 것 하나를 선택한다는 의미예요. 선택한다는 것, 그것은 인간에 있어서 존재한다는 것과 동일한 의미입니다. 인간은 자유에로, 다시 말하면 선택하지 않으면 안 되도록 결정되었어요. 한 사람을 탄생시키면서 그의 부모는 그를 미리 어떤 목적을 갖고 거기에 합당한 인간으로 탄생시키는 것이 아니에요. 인간은 무로 태어나 스스로의 본질을 상황에 따라 스스로 만들어가는 존재입니다. 인간은 존재하기 전에는 무이고 존재한 후에야 스스로의 인격(본질)을 만들어간다는 사실을 사르트르는 "실존은 본질에 앞선다"는 말로 표현했던 것입니다.

인간의 본질 혹은 개념은 미리 존재하는 것이 아니며 개별적인 인간의 본질은 더욱더 존재하지 않아요. 신이 존재한다면 신이 미리 인간의 본질을 규정한다고 말할 수도 있지만, 철저한 무신론자인 사르트르에게는 그것이 불가능했지요. 인간은 모든 순간 선택에 의하여 자기 자신의 본질을 만들어가기 때문에 그에 대한 책임 역시 스스로 지고 가야 합니다. 그러므로 자유와 선택과 책임은 항상 불가분의 관계에 놓여 있지요.

사르트르의 연인 보부아르의 인간관도 비슷합니다. 그녀는 유명한 저술『제2의 성』에서 "여자는 태어나는 것이 아니라 길들여지는 것이다"라고 말합니다. 여자도 순간의 선택에 의해서 자신을 만들어가므로 선택에 영향을 주는 사회 환경이 중요하다는 뜻이지요. 보부아르의 여성관은 처음부터 남녀의 본성적인 차이를 강조하는 봉건주의의 여성관이나 니체의 여성관에 비하여 매우 진보적이었어요.

인간은 자유에로 심판을 받았다.

인간에게는 항상 선택을 하며 자기 운명을 개척할 수 있는 가능성이 주어진다는 말을 사르트르는 이렇게 표현했습니다. 선택은 인간이 벗어날 수 없는 운명적인 심판 혹은 저주라고도 말할 수 있는데요. 인간은 선택을 해야 하고 그에 대한 책임을 져야 하기 때문입니다. 선택을 하지 않는 것도 일종의 선택이라고 사르트르는 역설하는데요. 개인의 절대적 자유를 강조하는 사르트르의 철학에도 허점이 있습니다. 인간은 사회적 존재이며 환경적인 조건에 의해서 항상 제약을 받는다는 사실을 과소평가했기 때문이에요. 사회가 불안정할 때는 그 누구도 완전히 자유로울 수 없으니까요.

실존주의는 휴머니즘이다.

이 말을 사르트르는 자신의 책 제목으로 사용했습니다. 휴머니즘이란 인간의 가치를 최대로 존중하는 인간 중심 사상을 말하잖아요? 신 중심의 중세 문화에서 인간 중심의 문화로 바뀐 근세 르네상스의 문화가 바로 휴머니즘의 정신을 대변해주지요. 사르트르는 실존주의, 특히 자신의 철학과 같은 무신론적인 실존주의가 가장 휴머니즘적이라고 주장합니다. 인간은 선택에 의하여 자기 자신의 운명을 만들어가고 그에 대한 책임을 자신이 직접 지기 때문이지요.

그러나 실존주의는 많은 장점에도 불구하고 한계가 있습니다. 인간은 개인만으로 생존하는 고독한 존재가 아니며 항상 사회 속에서 활동하는 사회적 존재이기 때문이에요. 사회를 떠나서 인간은 존재할 수 없어요. 말년에 사르트르는 자유론이 중심이 되는 자신의 실존주의가 지니는 한계를 깨닫기 시작해요. 그래서 개인 중심의 실존주의와 사회 중심의 맑스주의가 결합될 때에만 비로소 참된 휴머니즘적인 철학이 가능하다고 확신하게 되는데요. 이러한 확신과 더불어 집필한 철학 책이 바로 『변증법적 이성 비판』입니다. 이 책은 실존주의와 맑스주의를 접목시키려는 시도였어요. 다른 실존철학자들과 달리 사르트르는 맑스주의가 지니는 장점을 이해하고 인정하기 시작한 거예요. 이 책 말미에 사르트르는 "맑스주의가 완전한 것은 아니지만 지금까지 나온 철학 가운데 최선"이라고 평가합니다. 맑스주의가 실존주의의 철학으로 보완된다면 완전한 철학이 될 수 있다는 의미였지요. 그것은 동시에 실존주의의 보완을 의미합니다. 휴머니즘을 실현할 수 있는 철학은 인간의 영혼 문제나 사회 문제를 다 함께 고려해야 된다는 것인데요. 개인과 가정이 아무리 편안해도 자주적인 나라가 없다면 인간적인 삶을 살 수 없다는 말과 상통하겠지요?

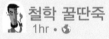

철학 꿀딴죽
1hr · 🌐

대자, 즉자, 실존은 본질에 앞선다

사르트르가 맑스주의를 높이 평가한 점이 이해가 잘 안 됩니다. 맑스주의는 공산주의의 이론이고 공산주의는 모든 면에서 나쁘다고 학교에서 배웠는데요.

그것은 반공교육이 낳은 한국 특유의 편견입니다. 맑스주의에도 사르트르가 지적하는 것처럼 많은 장점이 있습니다. 맑스주의가 가난한 자들의 입장에 서서 평등한 사회를 실현하려 한 것만 봐도 휴머니즘적이라고 말할 수 있지 않습니까? 공산주의는 원래 재산을 공동으로 소유하면서 평등하게 살자는 사회적 이념입니다. 인류의 역사에서 그러한 이념은 항상 존재했습니다. 그리고 나치에 가장 헌신적으로 투쟁한 사람들이 공산주의자들이었습니다. 그 때문에 서구 지식인들이 한때 공산주의에 동조했습니다. 카뮈, 사르트르, 피카소 등도 한때 공산당에 가입했습니다. 미국의 영화배우 찰리 채플린도 공산주의에 동조하다가 미국에서 추방되었고요. 선입견과 편견을 버리고 공산주의의 철학인 맑스주의를 옳게 평가한 사르트르는 참된 지식인이라 말할 수 있습니다.

👍 **Like**　　💬 **Comment**　　➤ **Share**

여러분, 우리는 지금까지 많은 철학자들의 사상을 간명한 문장을 통해 비판적으로 음미했습니다. 진보적인 철학과 보수적인 철학, 유물론과 관념론의 차이도 살펴보았고요. 서양 철학은 유물론에서 시작되었습니다. 그리고 유물론은 서양의 봉건 사회를 무너뜨리고 자유민주주의 사회를 개척하는 데 이념적인 무기 역할을 했지요. 프랑스 계몽주의의 유물론 철학이 없었다면 세계사를 뒤바꾼 1789년의 프랑스 혁명도 불가능했을 것입니다. 다시 말하면 시민 사회로의 혁명에 커다란 기여를 한 것이 바로 유물론 철학입니다. 그러나 우리나라에서는 봉건 통치자들의 억압으로 유물론 철학이 정당하게 발전하지 못했어요. 관념론만이 주도했지요. 그 결과 시민 계급이 성장하지 못하고 시민 계급에 의한 시민 혁명도 일어나지 못했습니다. 봉건주의로부터 자본주의에로의 발전이 자연스럽게 진행되지 못했고요. 결국 외세(일본)에 나라를 빼앗기고 자본주의 사회로의 발전도 외세의 강요에 의하여 불완전한 형태로 이루어집니다. 그런 다음에는 일제 대신에 들어선 미국이 급진적인 자본주의 생활 방식을 우리에게 강요했지요. 이에 사회는 혼란에 빠졌고 민주주의의 길은 요원해졌습니다. 더구나 외세의 강요로 나라는 분단되었고, 한 핏줄을 가진 같은 민족이 서로 원수처럼 싸우고 있는 비참한 상황이 만들어졌습니다. 이러한 상황에서 불안을 느끼는 많은 사람들이 종교나 신비주의로 도피하는 것은 자연스러운 일입니다.

지금 우리에게 가장 중요한 문제는 조국의 평화적 통일이에요. 그것을 준비하기 위해서 우리는 관념론 일변도의 철학 풍토를 벗어나 유물론의 장점을 인정하고 유물론을 받아들이며 발전시켜야 합니다. 유물론적 세계관은 우리 사회의 정신적·문화적 기초를 튼튼히 다질 수 있는 초석이 될 수 있어요. 물론 독일 고전 철학에서처럼 관념론 철학도 일정한 공헌을 했다는 것은 분명합니다. 그러나 한계도 명확하지요. 그 같은 장·단점은 시대와 연관하여 살펴볼 때 가장 확실하게 드러납니다. 해방 후 관념론 일변도로 변한 우리의 철학이 과연 그동안 우리 민족을 위해서 무슨 일을 해왔을까요? 종교를 직·간접으로 옹호하면서 철학의 독자성과 자존심을 훼손하지는 않았나요? 철학자들은 물론 우리 모두가 가슴에 손을 얹고 깊이 반성해야 할 문제입니다. 그동안 철학이 젊은이들로 하여금 통일에 무관심하게 만들거나 오히려 분단을 고착시키는 데 일조한 것도 사실이고요.

저는 여러분이 건강한 정신으로 무장하여 인생을 살아가길 바랍니다. 또한 동서고금의 많은 철학자들이 제시한 철학을 우리 민족의 운명과 연관하여 비판할 줄 아는 참다운 지식인으로 성장하기를 바랍니다. 거기에 바로 민족의 장래가 달려 있으니까요.

라이너 루필 지음, 강윤영 옮김, 『철학의 도구상자』, 청아출판사, 2009.

윌 듀런트 지음, 황문수 옮김, 『철학이야기』, 문예출판사, 2006.

『철학사 세트 전5권』, 중원문화, 2012.

한스 요아킴 슈퇴릭히 지음, 임석진 옮김, 『세계철학사』, 분도출판사, 1978.

R. Moritz/H. Rüstau/G.-R, Hoffmann (Hrsg.), *Wie und warum entstand Philosophie in verschiedenen Regionen der Erde?*, Berlin 1988.

Herbert Steiniger, *Was nützt mir Philosophie?*, Berlin 1984.

Wilhelm Capelle (Hrsg.), *Die Vorsokratiker*, Stuttgart 1963.

Hermann Ley, *Zur Geschichte des Materiaiismus im Mittelalter*, Berlin 1957.

Helmut Seidel, Scholastik, *Mystik und Renaissance-Philosophie*, Berlin 1990.

Werner Krauss/Hans Mayer (Hrsg.), *Grundpositionen der französischen Aufklärung*, Berlin 1955.

Arseni Guliga, *Die klassische deutsche Philosophie*, Leipzig 1990.

G. Plechanow, *Zur Frage der Entwicklung der monistischen Geschichtsauffassung*, Berlin 1956.

탈레스

강대석 지음, 『그리스철학의 이해 』, 한길사, 1987.

한스 요아킴 슈퇴릭히 지음, 임석진 옮김, 『세계철학사』, 분도출판사, 1978.

데모크리토스

강대석 지음, 『유물론과 휴머니즘』, 이론과 실천, 1991.

아우구스티누스

조찬선 지음, 『기독교 죄악사(상·하)』, 평단문화사(4쇄), 2000.

최천택·김상구 공저, 『미제국의 두 기둥. 전쟁과 기독교』, 책과나무, 2013.

아벨라르

정봉구 옮김, 『아벨라르와 엘로이즈』, 을유문화사, 2015.

브루노

조르다노 브루노, 강영계 옮김, 『무한자와 우주의 세계 외』, 한길사,
　2000.

베이컨

강대석 지음, 『서양근세철학:베이컨에서 칸트까지』, 서광사, 1985.

피에르 베일

강대석 지음, 『무신론자를 위한 철학』, 중원문화, 2015.

볼테르

윌 듀런트 지음, 황문수 옮김, 『철학이야기』, 문예출판사, 2006.

포이어바흐

강대석 지음, 『왜 유물론인가?』, 중원문화, 2012.
루트비히 포이어바흐 지음, 강대석 옮김, 『기독교의 본질』, 한길사, 2008.

플레하노프

강대석 지음, 『무신론자를 위한 철학』, 중원문화, 2015.
강대석 지음, 『정보화시대의 철학』, 중원문화, 2016.

레닌

레닌 지음, 박철호 옮김, 『유물론과 경험비판론』(상·하), 돌베개, 1992.

岩佐茂 지음, 교양강좌 편찬회 옮김, 『유물론과 경험비판론 해설』, 도서출
　판 세계, 1986.

쇼펜하우어

강대석 지음, 『현대철학의 이해』, 한길사, 1991.

니체

니체 지음, 강대석 옮김, 『차라투스트라는 이렇게 말했다』, 한길사, 2011.

이보 프렌첼 지음, 강대석 옮김, 『니체』, 한길사, 1997.

강대석 지음, 『니체의 고독』, 중원문화, 2014.

엥겔스

강대석 지음, 『포이에르바하와 엥겔스』, 이론과 실천, 1993.

야스퍼스

야스퍼스 지음, 강대석 옮김, 『철학적 자서전』, 이문출판사, 1984.

퍼스

강대석 지음, 『정보화시대의 철학』, 중원문화 2016.

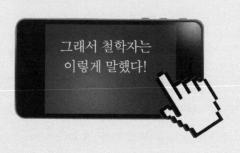